U0125378

尘封的历史

大明王朝二十二块碎片的另一面

李元骏 著

吉林文史出版社

图书在版编目（CIP）数据

尘封的历史：大明王朝二十二块碎片的另一面 / 李
元骏著 . —长春：吉林文史出版社，2023.3
ISBN 978-7-5472-9249-5

Ⅰ . ①尘… Ⅱ . ①李… Ⅲ . ①中国历史 – 明代 – 通俗
读物 Ⅳ . ① K248.09

中国国家版本馆 CIP 数据核字（2023）第 030810 号

尘封的历史：大明王朝二十二块碎片的另一面

CHENFENG DE LISHI:DAMING WANGCHAO ERSHIER KUAI
SUIPIAN DE LINGYIMIAN

出 版 人 / 张　强
著　　者 / 李元骏
策划编辑 / 刘　越
责任编辑 / 王明智
封面设计 / 知库文化
出版发行 / 吉林文史出版社
地　　址 / 长春市福祉大路出版集团 A 座　　　邮　　编 / 130117
网　　址 / www.jlws.com.cn
电　　话 / 0431-81629375
印　　刷 / 三河市龙大印装有限公司
开　　本 / 710mm×1000mm　　　　　　16 开
字　　数 / 211 千
印　　张 / 14.25
版次印次 / 2023 年 3 月第 1 版　　　　2023 年 3 月第 1 次印刷
书　　号 / ISBN 978-7-5472-9249-5
定　　价 / 58.00 元

目录

"国字脸"还是"鞋拔子脸"？
——朱元璋相貌之谜

2019 年上映的电视剧《大明风华》，在网络上引发了热议，而大家讨论的焦点之一，就是明太祖朱元璋的形象问题。在中国历朝历代的帝王中，朱元璋这位贫苦出身的明朝开国皇帝，可以说是一个传奇人物，传奇到连他究竟长什么样子，都出现了两副截然不同的面孔。

流传至今的朱元璋画像，数量众多，但大体上可以分为两类：一类是明朝宫廷出品的画像，画像上的朱元璋五官端正，眉宇间颇有几分英俊的色彩，呈现在大家面前的是一张较为标准的"国字脸"；而在另一类民间出品的画像中，朱元璋的形象就相当"雷人"了，这类画像上的朱元璋有一个极为突出的大下巴，有的脸上还有大量的麻子，呈现在大家面前的是一张可以称得上畸形的"鞋拔子脸"。

"国字脸"与"鞋拔子脸"，这差距无疑也太大了，因此一直以来，文人学者及历史爱好者们，也都对此争论不休。

有人认为，从明朝历代皇帝的画像来看，明朝皇帝普遍五官端正，因此从遗传基因的角度来说，朱元璋应该是"国字脸"。所谓"鞋拔子脸"的画像，是有人恶意丑化朱元璋，那么是谁丑化了朱元璋呢？恐怕是清朝统治者。

也有人认为，朱元璋应该是"鞋拔子脸"。所谓"国字脸"的画像，是明朝官方把朱元璋美化了，因为如果朱元璋真是"国字脸"，不至于有那么多"鞋拔子脸"的画像流传至今。

那么，历史上真实的朱元璋究竟长什么样子？到底是"国字脸"还是"鞋拔子脸"呢？要说清楚这个问题，我觉得不妨从朱元璋画像的来源入手。朱元璋的"国字脸"画像，出自明代宫廷画师，并被收藏于宫廷之中，这是无疑义的。那么，朱元璋的"鞋拔子脸"画像，又是怎么来的呢？下面我们就来抽丝剥茧，好好看一看。

先来说说近年来在网络上兴起的"清朝丑化说"。由于在清代乾隆御制本中的朱元璋画像，也是一张"鞋拔子脸"，而且不少"鞋拔子脸"版的朱元璋画像上出现了"帽正"和"广字领"等显著的清代服饰特征。一些人由此认定，朱元璋"鞋拔子脸"的画像是在清朝才出现的，朱元璋是被清朝的皇帝和文人们给恶意抹黑了，而清朝皇帝之所以要丑化朱元璋的形象，就是因为他们敌视明朝，所以要千方百计地抹黑明朝。

这样的说法，看似言之凿凿，其实是不太站得住脚的。因为明清双方虽然对峙多年，但在明末清初之际，清军却是打着为明朝崇祯皇帝报仇的旗号入关的。之后的清朝历代皇帝，也都在名义上对明太祖朱元璋给予礼遇，康熙和乾隆二人甚至还亲临朱元璋的明孝陵祭祀。所以要说清朝皇帝故意拿朱元璋的相貌大做文章进行丑化，倒也未必；而且我在查阅史料后发现，朱元璋"鞋拔子脸"的画像也并非出自清朝，而是早在明朝时就出现了。明代晚期官员张瀚在其著作《松窗梦语》中写道：

> 余为南司空，入武英殿，得瞻仰二祖御容。太祖之容，眉秀目炬，鼻直唇长，面如满月，须不盈尺，与民间所传奇异之象大不类。

张瀚所说的"奇异之象"，应该就是朱元璋"鞋拔子脸"的画像了。由此可以看出，至迟在明朝晚期，"鞋拔子脸"版的朱元璋画像就已经在民间广为流传了。

于是，又有一些人推测，弄出"鞋拔子脸"画像的，其实是朱元璋自己，他是为了不让天下人知道自己的真实相貌，故意让画师画出与自己大相径庭的画像。

应该说，古代帝王出于安全或者是保持神秘感之类的考虑，故意弄出一些与自己不像的画像，也是有可能的，但要说朱元璋故意给自己弄出“鞋拔子脸”的画像，则很不可能。因为皇帝可是九五之尊，向来都是非常要面子的，宫廷画师笔下的帝王画像，只可能美化，不可能丑化，朱元璋再怎么不想让天下人知道自己的真实相貌，也不至于非要弄出个丑陋不堪的“鞋拔子脸”来毁自己的形象吧？

既然“鞋拔子脸”画像的来源暂时说不清楚，那我们不妨再来看看史料，看看史料上是如何记载朱元璋的相貌的。

最早关于朱元璋相貌的记载，应该是在《大明孝陵神功圣德碑》的碑文中，原文对朱元璋的相貌是这样描绘的：

> 龙髯长郁，然项上奇骨隐起至顶，威仪天表，望之如神。

一些人据此认为，朱元璋确实是长了个“鞋拔子脸”。因为连明朝官方书写的纪念朱元璋的碑文中，都说朱元璋长了“奇骨”，那他相貌能不奇怪吗？

我觉得这样的推断是不靠谱的。因为“项上奇骨隐起至顶”跟长了超级大的下巴形成“鞋拔子脸”根本就不是一回事，更何况朱元璋是不是真如碑文记载的那样，脖子上长了一根奇怪的骨头直达头顶，恐怕还两说。

需要指出的是，所谓的《大明孝陵神功圣德碑》，是明成祖朱棣为了纪念其父皇朱元璋的丰功伟绩而下令制作的。朱棣是通过发动叛乱击败了侄子朱允炆夺取的皇位，“得位不正”的阴影伴随着他的一生。所以，为了彰显自己是“真龙天子”，朱棣开始了针对父皇和自己的“神化”工作，而要将一个普通人塑造成“神”，不同寻常的相貌自然是必不可少的。因此，除在纪念父皇的碑文中说朱元璋长了奇怪的骨头外，朱棣在位期间又下令重修了《明太祖实录》，并着重强调了朱元璋的相貌是：“上稍长，姿貌雄杰。”这句话翻译成现代文的意思大致就是：“朱元璋稍微长大点儿，就长得很威武很帅了！”

说来说去，无论是“项上奇骨隐起至顶”还是“姿貌雄杰”，都是朱棣刻意神化父皇的产物，而且都跟长了大下巴没什么关系。既然如此，那关于朱元璋"鞋拔子脸"的画像又是怎么来的呢？

我在查阅了大量的史料之后，最终在一本名为《古今识鉴》的书中找到了答案。关于朱元璋的相貌，这本书中是这样描绘的：

> 明公状貌非常，龙瞳凤目，天地相朝，五岳俱附，日月丽天，辅骨插鬓，声音洪亮，贵不可言。但四维滞气，如云行月出之状，所喜者准头黄明，贯于天庭。直待神采焕发，如风扫阴翳，即受命之日也，应在一千日内。

现在大家对《古今识鉴》这本书可能比较陌生，但在明代，这却是一本相当有名的书，由相士袁忠彻所著。所谓"相士"，其实就是通过给人看相来推算其命运的算命先生。明成祖朱棣为了证明自己是"受命于天"的真天子，身边自然少不了这类人的存在。袁忠彻和他的父亲袁珙，都是明初著名的相士，深得朱棣喜爱，先后在朝中为官。到了朱棣的孙子明宣宗朱瞻基在位时期，袁忠彻奉皇帝之命编写一本关于相士历史的书，该书最终在景泰二年（1451 年）编写完成，定名为《古今识鉴》。

由于袁忠彻是明朝皇帝的"御用相士"，他编写的书中自然少不了相士给朱元璋算命的内容。《古今识鉴》中关于朱元璋相貌"辅骨插鬓"的说法，其实就是说朱元璋下巴突出。在古代，这样的长相是"龙形"，非常符合相术算命学中的帝王之相。

袁忠彻应该不会想到，自己为了拍皇帝马屁，称赞其祖先有帝王之相的四个字，逐渐在民间产生了巨大的影响，催生出了一批极为夸张的朱元璋画像，而且由于流传甚广，让不少人误以为朱元璋就是长了一副"鞋拔子脸"的模样。

综合来看，朱元璋的"国字脸"画像，虽然在宫廷画师的笔下可能有一定的美化，但距离朱元璋的真实相貌，应该大体相距不远；而"鞋拔子脸"画像，则是民间根据《古今识鉴》的内容逐渐演化出的产物，并非朱元璋的本来面目。

　　其实在中国古代，所谓的奇相异貌在有关帝王的记载中多有出现，如周文王姬昌"四乳"、西楚霸王项羽"重瞳"、汉高祖刘邦"左股有七十二黑子"、蜀汉皇帝刘备"大耳"、晋武帝司马炎"长发垂地、手掌过膝"等，真真假假，实在是难以分辨。结果到了朱元璋这里，"异相"却变成了丑陋的"鞋拔子脸"，对此朱元璋倘若泉下有知，估计也只能苦笑了。

八股取士制度

——八股文作为科举文体到底从何时开始？

大家在谈到中国近代的落后原因时，总是会对一样东西深恶痛绝，那就是八股文。一直以来，人们普遍认为八股文在格式上过于死板，束缚了广大读书人的思想，阻碍了中国的发展进步。

按照普遍流传的说法，将八股文作为科举考试文体的是明太祖朱元璋，因此很多人又将对八股文的怒火发泄到了朱元璋的头上，狂骂他为了巩固统治而禁锢读书人的思想，制定了八股取士制度，使八股文成了中国古代科举制度中的毒瘤。

对于八股文在中国历史上的功过是非，这里暂时不做过多讨论。我想说的是，在这件事上，大家实在是冤枉朱元璋了。朱元璋并没有开创八股取士制度，而且他恐怕连什么是八股文都不知道。

所谓朱元璋将八股文作为科举文体的说法，源自清朝官方编著的《明史》，相关原文如下：

> 科目者，沿唐、宋之旧，而稍变其试士之法，专取四子书及《易》《书》《诗》《春秋》《礼记》五经命题试士。盖太祖与刘基所定。其文略仿宋经义，然代古人语气为之，体用排偶，谓之八股，通谓之制义。

这段记载，虽然说得比较模糊，但大体上还是将八股取士制度说成是明太祖朱元璋和他手下的大臣刘基所制定的。

除谈到八股文外，这段话还有两处内容值得注意，即"专取四子书及《易》《书》《诗》《春秋》《礼记》五经命题试士"和"然代古人语气为之"。前者是说明朝科举的出题范围较小，仅从"四书五经"中出题；后者说的是明廷规定考生不能在科举考试的文章中展现自己的思想，而必须以古人朱熹的语气来写文章。明朝科举的这两大特点，当然也可以说是两大缺点，后来也被清朝继承了下来，并对中国历史产生了不小的影响。因此，关于这两点，值得探究一下，我们在后面再细说，现在先来讲朱元璋与八股文的故事。

要说清八股取士制度到底是不是朱元璋制定的，不妨从朱元璋对科举的态度说起。其实对于究竟要以什么样的模式，为国家选拔人才，朱元璋一直都是非常矛盾的。综合《明实录》《明史》等史书的记载来看，朱元璋统治时期的人才选拔制度，经历了多次变动。

洪武三年（1370 年），朱元璋下诏开科举，以科举作为国家选拔人才的基本制度。然而仅仅是到了洪武六年（1373 年），朱元璋就下诏停止科举，转而以各级地方官府推荐的形式来选拔人才，相当于恢复了汉朝时的"察举制"。这主要是因为朱元璋发现，很多读书人虽然能在考试时写出文采斐然的好文章，可文章的内容却往往十分空洞，缺乏实际意义，这些人在考取功名做了官之后，更是没有处理政务的才能，根本就不是国家真正需要的人才。对此，朱元璋在停止科举的诏书中失望地说道：

朕以实心求贤，而天下以虚文应朕，非朕责实求贤之意也。

（《明太祖实录》卷之七十九）

不过，停止科举之后，朱元璋又发现，由地方官府荐举人才的制度，可操作空间大，容易滋生腐败，也难以为国家选拔合适的人才。经过反复考量，朱元璋最终于洪武十五年（1382 年）恢复科举，开始实行科举与荐举并行的人才选拔制度。到了洪武十七年（1384 年），朱元璋又让礼部颁布了《科举成式》,进一步规范了科举考试。

从朱元璋的这些举动可以看出,他其实并不喜欢科举制度,尤其讨厌考试中出现"虚文"。而八股文由破题、承题、起讲、入题、起股、中股、后股、束股八个部分组成,在后四个部分中,每部分又要有两股排比对偶的文字。在如此严苛的格式限制下,考生写八股文,往往是照着格式硬凑字数,文章空洞无物、内容废话连篇可以说是常态。试问讲求实才、反对虚文的朱元璋,又怎么可能会用八股文这样一种死板僵化的文体来考试呢?

其实,科举考试用八股文的说法,在《明太祖实录》等明朝官方史料中并没有出现过,而且有大量证据显示,在朱元璋时期,科举考试的文体,根本就不是八股文。

明初大学士吴伯宗,是洪武四年(1371年)的状元,他将自己在科举乡试、会试两场考试中写的文章,收入自己的著作《荣进集》中。这两篇文章写得文采飞扬,但从格式来看,却没有一篇是八股文。

有人或许会说,洪武四年时,毕竟明朝才开国没多久,八股取士制度是朱元璋后来才制定的。那我们就不妨再来看看,洪武年间后期的科举文章又是怎样的?

明初翰林学士黄子澄,是洪武十八年(1385年)会元(会试第一名)。他在科举考试中写的文章《天下有道则礼乐征伐自天子出》也流传至今,然而这篇文章也不是八股文。

值得注意的是,刘基作为明太祖朱元璋的开国功臣,在洪武四年就已经回乡隐居,后被丞相胡惟庸陷害,回京城向朱元璋谢罪,于洪武八年(1375年)去世。

从刘基的生平来看,他如果真的如《明史》中所述,与朱元璋制定了八股取士制度,那基本只能是在洪武四年以前,无论怎么说,也不可能在洪武八年之后。然而,吴伯宗、黄子澄这两人分别在洪武四年和洪武十八年的科举考试中所写的文章,却都不是八股文,就足以证明"朱元璋和刘基制定八股取士制度"之说是难以成立的。

既然洪武年间并不以八股取士,那当时科举考试所要求的文体又是什么呢？答案是经义。对此我们来看看史料：

> 考试之法，大略损益前代之制。（《明太祖实录》卷之五十五）

> 凡作四书经义，破承之下，便入大讲，不许重写官题，其余文字，并以原定格式。（《南雍志》卷一）

《明太祖实录》是明朝官方编著的史书，没什么好说的，这里简单介绍一下《南雍志》。《南雍志》这部书，虽然没什么名气，但它却是当时明朝官方最高学府——南京国子监的记录文件和南京国子监志书，相当于国子监的"内参"，出自这样一份史料上的记载，可信度不言而喻。

从《明太祖实录》和《南雍志》中的这些记载来看，明朝初期的科举文体继承自宋元时期的经义，科举制度也只是略微有所改动而已，根本没有使用八股文。

事实上，不仅在洪武年间，不存在八股取士制度，之后的建文、永乐、洪熙、宣德、正统、景泰、天顺这几个明朝的历史时期，也都没有一篇八股文传世。八股文真正出现在科举考试中，是在明宪宗朱见深成化年间。明末著名思想家顾炎武在《日知录》中对此有较详细的描述：

> 经义之文，流俗谓之八股，盖始于成化以后。股者，对偶之名也。天顺以前，经义之文不过敷演传注，或对或散，初无定式，其单句题亦甚少。成化二十三年，会试《乐天者保天下》文，起讲先提三句，即讲"乐天下"，四股；中间过接四句，复讲"保天下"，四股；复收四句，再作大结。弘治九年，会试《责难于君谓之恭》文，起讲先提三句，即讲"责难于君"，四股；中间过接二句，复讲"谓之恭"，四股；复收二句，再作大结。每四股之中，一反一正，一虚一实，一浅一深。其两扇立格，则每扇之中各有四股，其次第文法亦复如之。故今人相传谓之八股。

顾炎武虽然是大学问家，这段话所述也基本属实，但他在八股文出现的具体时间上，也没搞清楚。八股文真正在科举考试中首次出现的时间，按照华南师范大学文学院副教授李光摩对现存古代八股文的详细考证，其实是在成化十一年（1475年）。对此，李光摩副教授是这样说的：

> 成化十一年乙未科不但在考生方面出现了成熟的八股文，主考的程文也是八股格式，加之王鏊、丘濬在八股文史上所享有的至尊地位，因此认定八股文在成化十一年乙未科会试定型，最为恰当。
> （李光摩《八股文的定型及其相关问题》）

那么，在成化十一年（1475年）的科举考试中，为什么会突然出现八股文呢？如果我们好好回溯一下科举考试的历史就会发现，八股文的出现其实并不突然。

太久远的就不说了，就从北宋开始说起。北宋初年，科举的科目较杂乱，进士科考帖经、墨义和诗赋。到了北宋中期，著名改革家王安石掌权后，认为现行的科举制度弊病很大，于是进行了大幅度的科举改革，废除帖经、墨义和诗赋，转而以经义、论、策取士，其中又以经义为主。

所谓"经义"，指的是一种类型的文章，题目基本出自儒家经典书籍，而且要用儒家经典书籍中所表达的意思写成，这其实就是明清时期规定的考生在科举文章中不能展现自己的思想，必须"代古人语气为之"的开端。虽然北宋时期还没有对经义的格式做出规定，但有不少读书人为了展现自己的文采，在写经义时大量使用对仗排偶，也可看作八股文的雏形。

到了南宋时期，科举考试注重文章的格式已经基本成为惯例。据《论学绳尺》记载，这一时期的经义普遍是"其破题、接题、小讲、大讲、入题、原题诸式"。

南宋被元朝灭亡后，元廷在相当长的一段时间里废除了科举制度。后来元廷重开科举，虽然还是以经义为主，但由于受到南宋末年程朱理学兴起的影响，此时的科举考试已经出现了不少新规定。

首先，元朝科举考试的题目仅限于《大学》《中庸》《论语》《孟子》，即"四书"。其次，元朝科举考试在文章内容上要求"用朱氏章句集注，复以己意结之"，也就是要考生用南宋著名理学家朱熹的话来写文章，然后用自己的意思来总结。虽然此时官方还没有对科举文章的格式出台明确的要求，但读书人所写的文章已经越来越向八股文靠拢。元代文人王充耘甚至专门写了一本讲解经义格式的书，名为《书义矜式》。在这本书中，王充耘首创"八比一法"，被不少历史学家视为八股文的正式开端。

从上述内容可以看出，八股文并非某位皇帝处心积虑创造出来的，也并非用来禁锢读书人思想、巩固自身统治的"驭士之策"和"愚民之术"，更与明太祖朱元璋无关，它其实是中国古代的科举文体在经过漫长的演变后，自然形成的产物。实际上，不仅仅是八股文，明清科举考试的出题范围狭窄和考生只能按照朱熹的语气来写文章的规定，也同样是对宋元时期科举的继承与发展。应该说，这些自然演变出的科举规范交织在一起，逐渐让中国古代的科举制度变得死板僵化，也在一定程度上禁锢了读书人的思想，甚至为中国近代的落后挨打埋下了种子。

那么，有人或许又会问，中国古代的科举制度本来不是挺好的吗？为什么会产生这么多条条框框的规矩呢？这个问题如果要详细解答，那就真的太复杂了，既有孔孟之道本身的问题，又有程朱理学兴起的影响，估计三天三夜也说不完。所以，我就长话短说，从最实际的角度简单讲一讲。

其实出现八股文，除前文提到的考生普遍希望在科举文章中展现自己的文采外，还有一个重要因素，那就是科举考官们希望能有一套针对文章的评判标准。正所谓一千个读者眼中有一千个哈姆雷特，要评判一篇文章到底好不好，在很多时候确实是一个非常困难的问题。如果有一套严格的格式，大家都按照这个格式来写，那就可以通过是否符合格式剔除相当一部分文章，批改科举试卷自然就简单多了。同样的道理，划定科举考题的范围，统一考生在科举考试时的思想和语调，也一样能方便评判文章的好坏，乃至降低整个科举制度实施的社会成本。

国学大师钱穆在《国史新论》中这样写道：

> 明、清两代考试内容，均重经义，而又以朱子一家言为准。因诗赋只论工拙，较近客观，经义要讲是非，是非转无标准，不得不择定一家言，以为是非之准则。既择定了一家言，则是者是，非者非，既是人人能讲，则录取标准又难定。于是于"四书"义中，演变出八股文。其实八股文犹如唐人之律诗。文字必有一定格律，乃可见技巧，乃可评工拙，乃可有客观取舍之标准，此亦一种不得已。

钱穆的这番话，没有人云亦云地一味批判八股文，而是通过理性分析点出了八股文出现的原因，算是对八股取士制度做出了相对客观的评价。

严禁宦官干政
——再探朱元璋对宦官的态度

在中国历史上，有一个政治现象一直被无数文人狂喷怒骂，那就是宦官专权。在很多人看来，宦官这帮身体上有着严重缺陷的人，不好好扮演自己奴仆的角色，居然插手国家政治，甚至还敢在执掌大权之后"陷害忠良""祸国殃民"（提到宦官专权时这两条评价基本少不了），实在是太气人，太让人不爽了！不过气归气、不爽归不爽，一个不可否认的事实是，宦官由于是皇帝身边的人，靠近政治权力中心，在历朝历代着实涌现出了不少风云人物，而明朝又恰恰是宦官专权的"重灾区"，陆续出现了多位权宦。

对于明朝为何会出现如此严重的宦官专权问题，人们普遍将矛头指向了明成祖朱棣，认为是他改变了明太祖朱元璋、建文帝朱允炆严禁宦官干政的政治局面，为后来宦官专权埋下了隐患。这样的说法真的是史实吗？如果我们仔细看一看朱元璋统治时期的诸多情况就能发现，在这个问题上，朱棣实在是有点儿冤。明朝宦官干政的源头，其实来自朱元璋。

按照普遍流传的说法，明太祖朱元璋是中国历史上对宦官防范之心最强、管束最严的皇帝。他在位期间，不仅自己严禁宦官干预政事，严惩不法宦官，更是在皇宫大门口竖立了一块三尺高的铁牌，上书"内臣不得干预政事，犯者斩"十一个大字，以此告诫自己的子孙后代，要严防宦官干政。

这样的说法不能说完全没道理。各类史书多有朱元璋关于宦官言论的记载，而这些言论似乎都无一例外地表明，朱元璋这位皇帝对历朝历代宦官干政的教训有着相当深刻的认识。

洪武元年（1368年），刚当上皇帝不久的朱元璋，就曾感叹史书上记载的汉唐宦官为祸，是人主宠爱他们导致的，并表示：

> 此辈在官禁，止可命之供洒扫，给使令而已。若使宦官不预政，不典兵，虽欲为乱，其可得乎？（《大明会典》卷一）

洪武二年（1369年），朱元璋在命吏部制定内廷各机构官制时，对于宦官一职说道：

> 朕观《周礼》所记，未及百人，后世至逾数千，卒为大患。今虽未能复古，亦当为防微之计。古时此辈所治，止于酒浆、醯醢、司服、守祧数事，今朕亦不过以备使令，非别有委任。可斟酌其宜，毋令过多。（《皇明宝训·明太祖宝训》卷三）

此外，朱元璋还着重强调了自己对宦官的看法：

> 此辈自古以来，求其善良千百中不一、二见，若用以为耳目，即耳目蔽矣；以为腹心，即腹心病矣。（《皇明宝训·明太祖宝训》卷三）

那么，既然宦官这个群体在朱元璋眼中是如此情况，又该如何防范约束他们呢？朱元璋又提出了一套驾驭之策：

> 驭之之道，但常戒敕，使之畏法，不可使之有功。有功则骄恣，畏法则检束，检束则自不敢为非也。（《明太祖实录》卷之四十四）

到了洪武四年（1371年），朱元璋感慨于东汉的宦官专权问题，再度严肃地说道：

> 朕谓此辈但当服事宫禁，岂可假以权势，纵其狂乱。吾所以
> 防之极严，但犯法者必斥去之，不令在左右，戒履霜坚冰之意也。
> （《明太祖实录》卷之六十三）

事实上，朱元璋对宦官的严格管束，绝不仅仅是停留在嘴上，更是落实到行动中。为了防止明朝重蹈历史上诸多王朝宦官专权的覆辙，朱元璋采取了一系列措施。

洪武二年（1369年），朱元璋不仅严令宦官不得读书识字，还明确规定宦官只用于洒扫侍奉，不得兼外臣文武衔，不得穿外臣冠服，官职最高不得超过四品，每月禄米为一石，衣食于内廷。

洪武五年（1372年），朱元璋又发布了一道严苛的旨意：凡宦官中有心怀恶逆，出不当言论的，凌迟处死；有知情而替其隐瞒的同罪；知情不报的斩首；知情举报的赏银三百两。

除此之外，朱元璋还禁止内廷宦官与外廷官员"文移往来"，严防太监与大臣内外勾结，并将原本的典礼司改为典礼纪察司，作为内廷的监察机构，负责处理宦官的不法行为。对于敢于触碰底线的宦官，朱元璋更是毫不客气。

洪武年间，有一名没有在史书上留下姓名的太监，在朱元璋身边侍奉多年，一直以来勤勤恳恳。然而，洪武十年（1377年）五月的一天，这名太监不知是因为一时疏忽，还是因为常年来深得朱元璋的赏识而忘乎所以，居然在朱元璋面前谈起了政事。朱元璋听后，脸色大变，当天就将他罢斥遣还乡里，并终生不再起用。

照此来看，朱元璋不管在语言上、制度上，还是在实际行动上，似乎都是严禁宦官干政的。明、清两朝的文人也普遍对朱元璋的这些言行赞不绝口，更是将他视为历代帝王中严禁宦官干政的典范。然而事实上，朱元璋虽然是一位雄才大略的君主，但他在管控宦官方面，却并不像很多人说的那样严谨，在《明实录》《明史》《国榷》等大量史书中，都出现了不少

他任用宦官参与国家军政事务的记载。接下来，我们就来看看朱元璋信用宦官的另一面。

首先要说的是朱元璋派宦官参与国家经济政治事务。洪武八年（1375年）五月，朱元璋派宦官赵成赴河州负责购买马匹。洪武十年（1377年）三月，朱元璋应户部请求，派遣宦官、国子监监生、刑部官员各一人，核定商税定额。

除派宦官参与国家经济政治事务外，朱元璋还让宦官介入司法，在洪武年间的一些案件中不乏宦官的身影。洪武十二年（1379年）三月，朱元璋派宦官陈景向靖江王朱守谦宣旨。陈景在宣读了朱守谦之父朱文正当年的种种罪行后，警告朱守谦不得再与奸邪小人来往，以免重蹈其父的覆辙，并当场下令逮捕了朱守谦身边的一些宵小（为非作歹的人）。洪武二十六年（1393年）三月，洪武四大案之一的"蓝玉案"爆发，朱元璋派宦官而聂向晋王朱棡传旨，命朱棡火速惩办蓝玉在山西的党羽。

对于重要敏感的军事事务，朱元璋也让宦官参与。洪武元年（1368年）九月，朱元璋派宦官赴北平，犒劳北伐将士。洪武十一年（1378年）十月，朱元璋派宦官吴诚赴总兵指挥杨仲名的军营视察军事方略（观方略）。同年十一月，杨仲名率军击破五开蛮，报捷至京城，朱元璋又派宦官尚履、吕玉到军中"观兵阅胜"。

在朱元璋统治天下的洪武年间，宦官的活动还不仅限于国内，他们更是频频被朱元璋任命为使节，从事外交活动。洪武二年（1369年）四月，朱元璋派宦官金丽渊致书高丽，并将高丽在大明境内的流亡之人送还。洪武十六年（1383年）正月，朱元璋派宦官梁珉赴琉球，赐予中山王察度镀金银印。同年九月，因琉球内乱，朱元璋又让梁珉颁布敕令，命琉球境内的各方势力罢兵。

对于自己制定的宦官"不得兼外臣文武衔"的规定，朱元璋其实也没有完全遵守。洪武五年（1372年），朝廷在四川纳溪、白渡两地设置盐马司，任司丞的为宦官。洪武十年（1377年），朝廷设置定远牧监，担任监副和御良的，都是宦官。

此外，朱元璋还下令将文武诰券、贴黄、印信、选簿、勘合、符验、信符放置在内廷，如果外廷官员有事需要上述文件，就必须赴内廷参对，这就让内廷对外廷形成了一定的制约。

朱元璋让宦官参与国家的经济、政治、军事、外交等事务的相关记载，其实还有很多，限于篇幅就不一一列举了。这些记载充分表明，朱元璋对宦官虽有管束，但并没有绝对禁止宦官干政。还有一个不可忽视的事实，正是在朱元璋统治时期，明朝的内廷机构迅速发展膨胀。

洪武二年（1369 年），吏部在朱元璋"毋令过多"的指示下定内廷诸司官制，内使监奉御六十人、尚宝一人、尚冠七人、尚衣十人、尚佩九人、尚药七人，再加上其他各机构，宦官总数不过二百人。然而在之后的二十多年时间里，明朝无论是内廷机构的数量，还是宦官的人数，都是一增再增。到了洪武三十年（1397 年），明朝内廷已经发展成了十二监、八局、四司，也就是俗称"二十四衙门"的规模。这二十四衙门都由宦官领导，而在它们之上，却又没有管理机构，这无疑为后来宦官在明朝政坛上的崛起，奠定了制度基础。

按理说，既然朱元璋对历史上的宦官专权现象十分警惕，又采取了一系列措施来防止宦官干政，那他为何又会"自坏其法"，允许宦官参与到国家政治事务中呢？我觉得不外乎以下几个原因：

第一，宦官作为皇帝身边的奴仆，与皇帝朝夕相处，会在潜移默化中给皇帝施加影响，即便是像朱元璋这样对宦官有着防范之心的皇帝，也会在日复一日的相处中，对这些恭恭敬敬的奴仆产生信任感，难免会在一些具体事务上任用他们。

第二，朱元璋是一个掌控欲很强的人，他利用"胡惟庸案"废除了中国古代实行了上千年的宰相制度，将国家大权紧紧掌握在自己的手中。然而随着权力的进一步集中，朱元璋被迫事必躬亲，直接面对大量政务。在一个泱泱大国纷繁复杂、千头万绪的事务面前，朱元璋纵然再勤政，以其个人有限的时间和精力，也实在是难以应付。因此，绕开朝中烦琐的流程，直接让身边的宦官给自己办事，也就成了朱元璋的必然选择。

第三，朱元璋有着多疑的性格，他对朝中的官员普遍持不信任的态度，更害怕大臣权力过大对皇权造成威胁。对于该如何防止出现权臣，朱元璋说过这样的话：

> 上下相维，大小相制，防耳目之壅蔽，谨威福之下移，则无权臣之患。（《明太祖宝训》卷四）

因此，朱元璋在防范宦官干政的同时，又有意扶持宦官势力，来抑制大臣的权力，以形成内外廷相制约的局面。

这里顺便再谈一个广为流传的故事，那就是朱元璋下令在皇宫门口竖立了一块严禁宦官干政的大铁牌。一直以来，这块铁牌都被广大历史学家和历史爱好者所津津乐道，更被视为朱元璋严禁宦官干政的一大证据，但其实现在大家谈及此事的历史依据，主要是源于清朝官修正史《明史》中的记载，原文如下：

> 洪武十七年铸铁牌，文曰，"内臣不得干预政事，犯者斩"，置宫门中。

虽然《明史》对此事的记载很明确，然而一个很有意思的情况是，此事在《明实录》等明朝的官方史料中却没有留下任何痕迹。试问如果朱元璋真的搞过这么一块铁牌，那这件如此重要的东西从被放置在南京的皇宫门口，再到被搬迁至北京的皇宫门口，明朝的官方史料，能没有记载吗？

事实上，所谓朱元璋设立禁止宦官干政铁牌的说法，源于明朝的一些野史书籍，《明史》之所以采纳这种说法，很可能是清廷出于宣扬禁止宦官干政的政治需要。如果将明、清两朝的官方史料对比起来看，这块所谓的"铁牌"，在历史上很可能并不存在。

总体来说，虽然在朱元璋统治时期宦官的权力较小，还远远达不到专权的地步，但恰恰是朱元璋在开了宦官干政先例的同时，又没有设立具有权威性的机构来控制宦官，这才导致了日后宦权在明朝的膨胀。倘若朱元璋知道自己重点防范的宦官在自己死后屡屡登上明朝的政治舞台兴风作浪，真不知会做何感想？！

将人处死后剥皮展览
——朱元璋是否真的用"剥皮实草"惩治贪官？

众所周知，明太祖朱元璋是一位对腐败深恶痛绝的皇帝，历来用严刑酷法来惩治贪官，而在他的诸多惩贪措施中，最出名的莫过于"剥皮实草"了。

剥皮实草，又名"剥皮楦草"，即将人处死之后，剥下完整的人皮，往人皮里填充稻草后，再悬挂示众。相传朱元璋由于对贪官恨之入骨，下令在全国范围内对贪污受贿一定数额以上的官员施以此刑，还在各府县衙门的附近设立专门作为陈列贪官人皮的场所，以此警示天下官员。

一直以来，人们对朱元璋的这种做法褒贬不一：有人认为，对于贪赃枉法之徒根本无须同情，朱元璋的做法值得点赞；也有人认为，贪官固然可恶，但朱元璋将他们处死之后还剥皮展览，实在是有违人道。

虽然大家对此看法不同，但似乎很少有人对"剥皮实草"本身的真实性提出质疑。事实上，史学界一直存在"剥皮实草"并非史实的声音，如已故明史学会会长商传就在其著作《明太祖朱元璋》（下）中这样写道：

> 历史上朱元璋对贪官们确实实行过"法外之法"，就是不按照法律的规定加重处理，可是并没见到过"剥皮实草"的记述。

在很多人眼里，"剥皮实草"称得上是铁板钉钉的史实，然而为何又会有著名历史学家觉得它并不存在呢？我们还是先从史料出发来看一看。

关于"剥皮实草"最出名的记载，出自海瑞向明神宗的上疏，原话如下：

太祖初，剥皮囊草，洪武三十年定枉法八十贯绞之律。

关于海瑞上的这份奏疏，在明朝官方编著的《明实录》和清朝官方编著的《明史》两部官方史书中均有记载，当属史实无误。但问题是，海瑞作为一个明朝中晚期的人物，对于约两百年前的明初洪武年间之事真的了解吗？他所说的就一定是史实吗？对此，非常有必要结合别的史料来求证一番。

中国古代的史书大体上分两类：一类是由官方编著的正史，另一类是由民间编著的野史。与内容零散混乱的野史相比，官方出版的正史在可信度上显然要高得多，也历来都是历史学家研究历史的基本资料。记载"剥皮实草"的官修正史有两部，即前文提到过的《明实录》和《明史》，但这两部正史都是通过引用海瑞的奏疏提及"剥皮实草"，在记载朱元璋统治时期情况的《明太祖实录》和《明史·太祖本纪》中，却没有关于此事的记载。试问如果朱元璋真的在全国范围内推行过这样一种酷刑，难道会被明、清两朝的史官们无视至此吗？

其实对于"剥皮实草"，不仅在两部官修正史中没有明确记载，在明初颁布的国家法律《大明律》和普法案例集《大诰》中，也都没有出现。有的历史学家分析，朱元璋不在《大明律》和《大诰》中提及"剥皮实草"，是因为觉得自己在执政期间所用刑罚过于残酷，为了让后世的皇帝不再使用这些酷刑，所以才故意不提及这方面的内容。这样的看法不能说全无道理，不妨来看看朱元璋主持编著的《皇明祖训》里，对此是如何记载的：

朕自起兵至今四十余年，亲理天下庶务，人情善恶真伪无不涉历。其中奸顽习诈之徒，情犯深重、灼然无疑者，特令法外加刑，意在使人知所警惧，不敢轻易犯法。然此特权时处置，顿挫奸顽，非守成之君所用常法，以后子孙做皇帝时，止守《律》与《大诰》，并不许用黥刺、腓、劓、阉割之刑。云何？盖嗣君宫内生长，人情善恶未能周知，恐一时所施不当，误伤善良。臣下敢有奏用此刑者，文武群臣即时劾奏，将犯人凌迟，全家处死。

从这段朱元璋对子孙后代的训诫之语可以看出，他确实将《大明律》和《大诰》的内容作为后世皇帝施行刑罚的规范，并不准使用黥刺、腓、劓、阉割之刑。有意思的是，"剥皮实草"这种酷刑却依旧没有被提及。按理说，如果朱元璋不想让后世的皇帝使用这一酷刑，大可以在祖训中明确写出来，可他连提都不提，就不免更让人怀疑这一刑罚存在的真实性了。

既然明、清两朝的官方资料不足以证明"剥皮实草"的存在，那我们不妨再看看民间的野史中是如何记载的。我查阅了一下，记载"剥皮实草"的书籍大致有《野记》《稗史汇编》《万历野获编》《廿二史札记》等，但这些书籍基本都成书于明朝中晚期和清朝，鲜有明初的作品，在此不妨列举其中的两段内容以供辨析：

太祖开国时，亦有赃官剥皮囊草之令，遭此刑者，即于所治之地留贮其皮，以示继至之官，闻今郡县库中尚有之，而内官娶妇者亦用此刑，末年悉除此等严法，且训戒后圣，其词危切，况臣下乎。（《万历野获编》卷十八）

又案《草木子》，记明祖严于吏治，凡守令贪酷者，许民赴京陈诉。赃至六十两以上者，枭首示众，仍剥皮实草。府、州、县、卫之左特立一庙，以祀土地，为剥皮之场，名曰"皮场庙"。官府公座旁，各悬一剥皮实草之袋，使之触目惊心。（《廿二史札记》卷三十三）

先来说说《万历野获编》的记载。《万历野获编》这本书于历史研究而言，确实有一定参考价值，作者沈德符是明朝晚期文人，就生卒年来说，比海瑞还要晚一些，而且沈德符在文中也说了，被朱元璋下令剥下的贪官之皮，听说在现在一些郡县的仓库里还存放着（"闻今郡县库中尚有之"），说白了就是这些人皮我沈德符其实也没亲眼见过，只是听说罢了。

点评了《万历野获编》的记载，再说说《廿二史札记》。《廿二史札记》的作者是清朝中期的著名文人赵翼。由于赵翼名气大，在史学研究方面也颇有成就，后人往往对他的记载深信不疑。关于朱元璋在全国范围内对贪官施行"剥皮实草"酷刑的说法，也正是基于《廿二史札记》中的这段内容流传开来的。

不过有意思的是，赵翼在文中说自己的这段记载来源于明初官员叶子奇写的《草木子》，可是现存的《草木子》中却并没有关于"剥皮实草"的记载。对此，有历史学家认为，《草木子》这部书在流传至今的过程中，出现了部分内容散失的情况，我们今天看到的《草木子》，已经是"缩水版"了。

这样的说法固然有一定道理，但也只不过是一种推论，并不能证明曾经的《草木子》里就一定记载了"剥皮实草"，而且赵翼的这段记载，在赃款的计量单位上，似乎也存在问题。按照文中"赃至六十两以上者，枭首示众，仍剥皮实草"这句话来看，六十两显然是白银的计量单位。可是根据《明实录》和《明史》记载，早在洪武八年（1375年）时，朱元璋就下令在全国范围内禁止使用白银作为货币，规定交易必须使用铜钱和宝钞，而古代钱的计量单位是"贯"，并不是"两"。海瑞奏疏中"洪武三十年定枉法八十贯"的说法，也有力印证了这一点。

所以，赵翼的说法疑点较多，很难作为"剥皮实草"真实存在的证据。

那要这么说来，朱元璋是没有施行过"剥皮实草"了？其实也不是。要进一步说清楚这个问题，还需从著名历史学家陈学霖的考证入手。

陈学霖在其所著的《明初的人物、史事与传说》一书中，详细探讨了"剥皮实草"的真实性问题。在文中，陈学霖列举了一则非常重要的史料，原文如下：

都督毛骧近侍左右，凡驾出，骧披金甲，悬宝剑，执戟侍卫，出入掖庭无禁。至是，掌选受贿坏法。事露，上亲于中书堂谕曰：

"汝之恶极矣。"遂以骧之胸背刺"奸党毛骧"四字，剥皮贮草，置
于都府堂上以警后来。刳心肺示众，其妻子皆斩之，以所披金锁甲
钦赐蓝玉。

　　这则史料，出自明初俞本写的《纪事录》。看到这里，大家可能会有疑
问，这个名叫"俞本"的人是谁啊？他写的事件可信吗？对此，我要告诉大
家的是，俞本是一个追随朱元璋多年的军人，他早年加入红巾军，曾担任朱
元璋的帐前先锋，明朝建立后，亦在军中任职。此人虽然职位不高，但毕竟
是一个亲身经历过朱元璋统治时期，并近距离接触过朱元璋的人物，因此他
的记载可信度很高。

　　按照俞本的记载，曾担任都督的毛骧就因为受贿被朱元璋下令"剥皮贮
草"，足见在洪武年间，"剥皮实草"之刑确实存在。

　　综合以上各份史料记载，朱元璋确实曾用"剥皮实草"这样一种骇人听
闻的酷刑来惩处贪官，但这一酷刑的施行应该只是极个别的现象，并非常态。
正因如此，朱元璋在主持编著《皇明祖训》时，并没有提到要禁用"剥皮实
草"。因为既然我朱元璋自己都极少用这种刑罚，那又何必再列出来告诫后世
子孙呢？而后世关于朱元璋在全国范围内对贪官施以"剥皮实草"之刑的说
法，则属于以讹传讹，虽然看似符合朱元璋以严刑峻法惩治贪官的一贯作风，
其实并非历史真相。

别让我背上杀害叔叔的罪名

——朱允炆真的下令不准伤害朱棣吗？

对明朝历史稍有了解的人都知道，明太祖朱元璋去世后不久，燕王朱棣就因建文帝朱允炆削藩而起兵造反，最终击败了自己的侄子夺取皇位，史称"靖难之役"。

建文帝作为当时合法继位的皇帝，手握全国绝大部分兵马钱粮，却败给了仅有一隅之地，人力、物力、财力都十分有限的朱棣，实在是让人唏嘘的同时，更让人感到费解。后世的不少历史学家在谈到建文帝的失败原因时，总会提到一句他自己说的话："别让我背上杀害叔叔的罪名。"（"毋使负杀叔父名"）

在很多人看来，朱允炆真是傻得可爱，实在是太仁义、太爱惜名声了。朱棣都造反了，朱允炆居然还念叔侄之情，叮嘱自己手下的将士们在打仗时不要伤害朱棣，而朱棣也正好钻了这个空子，常常亲自带兵在千军万马中来回冲杀，让前来镇压自己叛乱的官军将士们气得发抖又只能干瞪眼。朱允炆这道不准伤害朱棣的命令，不仅成了朱棣的护身符，更是成了官军头上的紧箍咒，极大地挫伤了官军的作战积极性，间接导致了这位仁义皇帝最终的失败。

不过我想说的是，这个广为流传的说法恐怕并非历史真相，建文帝朱允炆很可能并没有下过这样的旨意。

关于此事的最早记载出现在《袁氏家训·主德篇》中，原文如下：

北师初起，命众徂征，上戒约将士曰："萧绎举兵入京师，而令其下曰：一门之内自极兵威，此不仁之极也。"今与燕王对垒，毋放冷箭，毋纵神器，使朕有杀叔父名。燕王闻之，战则挺身独出，归则单骑殿后，屡濒危地而不敢害王者，不死此之谓矣。

之后，这一说法被明、清两朝的不少文人写进了自己的书里。清朝官方编著的《明史》也将其采纳，用"毋使负杀叔父名"一句话简单带过。

由此可以看出，所谓建文帝下令不准伤害朱棣的说法，其实源头不过是一本私家家训而已。为了进一步说明这一说法的可信度不高，我还需要说一说这本家训的成书背景。

《袁氏家训·主德篇》具体成书于何时似乎已经难以查清，大致是在明朝前期，该书的作者为袁颢，其生平在历史上也鲜有记载。就目前可查到的资料来看，袁颢出生于永乐中期，与建文帝并无交集，他在家训中写入不少关于建文帝的内容，其实与他父亲袁顺的坎坷经历有关。

袁顺本是一个在地方上颇有名望的乡绅，曾经与建文帝的重臣黄子澄、王叔英有过往来。朱棣率军占领南京之后，袁顺曾与黄子澄等人密谋推翻朱棣，让朱棣大为光火。袁顺的行为很快给袁家带来了巨大的灾难。袁家成员遭到了官府的通缉，家产被抄没，袁顺也因为躲避官府的缉拿而流亡多年。

作为袁顺的儿子，袁颢对于自己家族中的父辈惨遭明成祖朱棣迫害的事，自然是有着切肤之痛的，这让他在自己所写的家训中，对建文帝朱允炆充满了同情与赞许，对明成祖朱棣充满了敌视与憎恨。在谈到建文帝为何会失去天下时，袁颢在文中一再突出建文帝的仁义，语句中频频流露出惋惜之意。因此，他将建文帝不忍心伤害自己叔叔的谣言写进自己的书里，又或者是在写书时编了一个这样的故事，完全在情理之中。

总而言之，出现在一本带有明显情感倾向的家训中的记载，可信度不高，很难作为历史证据。

而且如果抛开史源出处，转而从"靖难之役"的战况来看，建文帝下令不准伤害朱棣的说法也难以成立。

综合《明实录》《明史》《明史纪事本末》等史料记载来看，在历时三年的艰难苦战中，朱棣不乏身处险境的例子，官军也绝非"毋放冷箭，毋纵神器"，而是频频欲置朱棣于死地，在此不妨举两个例子：

建文二年（1400 年）四月，白河沟之战。此战双方"大战良久，飞矢雨注"，朱棣先后换了三匹战马，射光了三筒箭，连佩剑都砍断了。混战中，官军先锋大将平安持槊刺向朱棣，朱棣左躲右闪，多次差点被刺中，后因平安马前失蹄，朱棣才脱离险境。

建文三年（1401 年）闰三月，藁城之战。此战"南军（建文帝的官军）矢下如雨"，将朱棣本人的旗帜射得如同刺猬一般。事后，朱棣派人将自己的旗帜送回北平，让世子朱高炽收藏起来，以此让后世都知道"今日遇祸之难"。

从藁城之战的情况来看，既然朱棣的旗帜都被箭射成了刺猬，那要说官军只射旗帜不射朱棣本人，实在是不太可能。最合理的解释是，官军将大量箭矢射向朱棣，而朱棣则是在手下将士的拼死遮挡保护下才幸免于难，战后朱棣对自己差点儿丧命的事自然也是心有余悸，将其称为"遇祸之难"。

既然官军在实战中表现如此，难道还能说朱允炆下过不准伤害朱棣的命令吗？

盛怒之下杀人十族
——朱棣诛方孝孺十族争议

大家都知道，中国古代在刑罚上是实行连坐制的，而株连的最大范围是"诛九族"（也有学者认为"夷三族"其实比"诛九族"范围更大，这里姑且不讨论这个）。然而在中国历史上，确有一个非常不幸的人，破天荒地遭遇了"诛十族"，连他的学生和朋友都被算作一族惨遭杀害。这个人相信大家应该也不陌生，他就是明初建文帝的重臣方孝孺。

按照一直以来流传的说法，方孝孺之所以会被明成祖朱棣诛杀十族，是因为他拒绝给朱棣起草登基诏书，并出言激怒了朱棣的结果，这件事如果详细展开来说，事情大致如下：

当燕王朱棣的大军进入南京，建文帝朱允炆下令在皇宫中点火并失踪后，朱棣让号称天下"读书种子"的方孝孺为自己草拟登基诏书。原本是建文帝手下文学博士（官职名）的方孝孺对朱棣篡夺皇位的行为极为愤慨，穿着丧服走上皇宫大殿痛哭。朱棣尴尬之余，只得劝他说："先生何必自寻苦恼，我只不过是效法周公辅佐成王罢了。"

方孝孺反问道："成王在哪里？"

朱棣："他自焚死了。"

方孝孺："为何不立成王的儿子为皇帝？"

朱棣："国家依赖年长的君主。"

方孝孺："为何不立成王的弟弟？"

朱棣强忍怒火答道："这是我的家事。"随即让人将笔墨给方孝孺，并说道："诏示天下，非先生起草不可！"

方孝孺挥笔写下"燕贼篡位"四个大字，写完后就将笔扔在地上，哭喊道："死就死，诏书不可起草！"

朱棣怒喝道："你死了，难道不顾自己的九族吗？"

方孝孺厉声回答道："就算你杀我十族又如何！"

朱棣压抑已久的怒火终于如滚烫的岩浆般喷发了，他下令搜捕方孝孺的九族亲属和硬生生用方孝孺的学生、朋友凑出来的"第十族"成员，并将他们押到方孝孺面前一一杀害，最后将方孝孺凌迟处死。

这个将方孝孺的忠心耿耿和朱棣的凶残暴戾展现得淋漓尽致的故事，在各种关于明朝历史的书籍中频频出现，也让"诛十族"这一超级惨案深入人心。不过今天我要告诉大家的是，方孝孺本人被朱棣下令处死固然是事实，他的家人也因此受到了牵连，但"诛十族"这个流传甚广的说法，却恐怕并非历史真相。

要说清楚方孝孺到底有没有真的惨遭"诛十族"，自然还是要从史书上的记载入手。前文说过，中国古代的史书分两类：一类是由官方编著的正史，另一类是由民间编著的野史。与内容零散混乱的野史相比，官方出版的正史在可信度上显然要高得多，也历来都是历史学家研究历史的基本资料。记载了方孝孺之死的官修正史有两部：一是明朝官方编著的《明实录》，二是清朝官方编著的《明史》。两者相比之下，显然又是《明实录》更原始、可信度更高，所以我们就先来看一看《明实录》中的相关记载：

丁丑，执奸臣齐泰、黄子澄、方孝孺等至阙下，上数其罪，咸伏辜，遂戮于市。(《明太宗实录》卷九下)

诏恤先臣方孝孺遗胤。孝孺在建文朝以侍读学士直文渊阁，当靖难师入，以草诏不从，致夷十族。(《明熹宗实录》卷二十二)

以上这两段记载，前一段出自记载明成祖朱棣统治时期历史的《明太宗实录》，后一段出自记载明熹宗朱由校统治时期历史的《明熹宗实录》，前一段没有提到"诛十族"，后一段则说方孝孺"致夷十族"。必须指出的是，《明熹宗实录》是在明朝崇祯年间编著的，此时距离方孝孺被杀已经过去二百多年，时间间隔如此久远的记载，真实性要打个问号。

既然《明实录》中的记载可信度存疑，那么我们不妨再看看《明史》中是怎么说的：

> 丁丑，杀齐泰、黄子澄、方孝孺，并夷其族。(《明史》卷五·本纪第五·成祖一)

从这段内容来看，编著《明史》的清朝史官们也并没有采纳"诛十族"的说法。

看了正史中的相关记载，我们不妨再回溯历史，搜索一下这所谓的"诛十族"原本到底是出自哪里。

从目前可以查到的资料来看，这一说法最早出自一部私人作品——《野记》，在此也将相关原文列出：

> 文皇既即位，问广孝谁可草诏。广孝以方对，遂召之。数往返，方竟不行，乃强持之入，方被斩衰行哭。既至，令视草，大号，署不从。强使搦管，掷去，语益厉，曰："不过夷我九族耳！"上怒云："吾夷尔十族！"左右问何一族，上曰："朋友亦族也。"于是尽其九族之命，而大搜天下为方友者杀之。

《野记》为"江南四大才子"之一的祝允明（枝山）所著，成书于明朝正德六年（1511年），其成书时间距离方孝孺被杀已经过了一百多年，而且对于自己的这部作品，祝枝山在序言中就说得很明白：

比暇，因慨然追忆胸膈，获之辄书大概，网一已漏九矣。或众所通识，部具它策，无更缀陈焉。盖孔子曰："质则野，文则史。"余于是无所简校焉。小大粹杂错然，亡必可劝惩为也，大略意不欲侵于史焉尔。

由此可以看出，《野记》本就是作者在收集各种传闻后写成的小说类书籍，就史学角度而言价值并不高。不过就是这样一个源自私家小说的说法，却被明、清两朝的不少文人写进了自己的作品中，相关的故事情节也在各种记载中不断演化，逐渐变成了前文中的内容。

很有意思的是，虽然不少书籍将"诛十族"描述得绘声绘色，但其中的内容却又存在一些明显的漏洞。

例如，在《皇明逊国臣传》和《明史纪事本末》等书中，朱棣在逼方孝孺起草登基诏书时，都自称"朕"，而按照古代基本的礼法制度，登基诏书是在皇帝登基的当日用以昭告天下的官方文件，诏书的内容需事先经过详细的草拟和审阅。因此从时间顺序来看，让方孝孺草拟登基诏书时，朱棣尚未登基称帝。既然还没有正式当上皇帝，那打着"清君侧"旗号起兵造反的朱棣，自然不可能用"朕"来称呼自己。

再如，在《方正学先生年谱》中，朱棣让方孝孺草拟登基诏书，结果方孝孺挥笔写下了"建文五年永乐篡位"八个大字，让朱棣大发雷霆。这一记载有两个错误：一是方孝孺死于建文四年（1402 年），而并非中国历史上不存在的建文五年；二是朱棣让方孝孺草拟登基诏书时，尚未决定以"永乐"作为年号，方孝孺自然不可能未卜先知，写下所谓的"永乐篡位"。

从史料记载的情况来看，"诛十族"之说源于明朝中期，在当时影响并不大。到了明末清初，此说才成为主流，不仅在《皇明逊国臣传》《方正学先生年谱》《明史纪事本末》《明儒学案》《国榷》等大量书籍中出现，甚至还被写进了明朝的官方史书《明熹宗实录》。这样一个在当事人死后一百多年才出现、在当事人死后两百多年才流行起来的说法，其实可信度很低。

如果再结合明末清初的历史背景，其实也就不难看出"诛十族"这一说法为何会广为流传了。

明朝末年，腐朽的大明王朝在内忧外患中大厦将倾。面对危局，明廷和不少深受儒家思想熏陶的文人开始大力宣扬忠君报国的思想，试图通过思想动员来挽救国家，而因为效忠建文帝惨遭处死的方孝孺，无疑是践行忠君理念的典型代表，如果再为其配上惨绝人寰的"诛十族"，自然就更能引发广大文人的共鸣，激励大家为皇帝和国家而牺牲。

"诛十族"在明末是一面思想宣传的旗帜，在清初则成了用来攻击明朝皇帝的宣传武器。

清军入关后，由于当时的清朝统治者被汉人视为"胡虏夷狄"，其统治的合法性受到质疑。因此，清朝统治者自然要想尽办法证明自己的统治是"顺天应人"，而要证明这一点，最好的说法就是明朝皇帝暴虐无道，所以才被自己取而代之。在这样的情况下，"诛十族"这样的典型案例自然会被拿出来大书特书。当然，随着时间的推移，清朝的统治日益稳固，"诛十族"的利用价值逐渐降低，到了清朝中期编著《明史》时，这一可信度很低的说法便被抛弃了，转而变成了含糊其词的"并夷其族"。

酷刑处死三千多人

——朱棣下令将三千宫女凌迟是否真有其事？

围绕明成祖朱棣一生的所作所为，除"诛十族"外，还有一桩相当出名的惨案，就是所谓的"凌迟三千宫女"。一直以来，这两个骇人听闻的恐怖故事广为流传，被不少人视为朱棣凶残暴戾的证据。既然前面已经探讨了"诛十族"的真实性，那么接下来，我们不妨再来审视一下"凌迟三千宫女"是否真有其事。

关于这一惨案，要从朝鲜向大明朝贡说起。明初时期，作为大明藩属国的朝鲜，除向明朝进贡大量的物品外，还挑选了不少女人献给明朝皇帝。

朱棣的后宫中就有不少朝鲜女人，其中有一位妃子权氏，很受朱棣宠爱。

永乐八年（1410 年），朱棣率军出征，特地将权氏带在身边。结果权氏在大军凯旋时，死于临城，让朱棣伤心不已。

不过伤心归伤心，权氏死后，大家都认为她是死于突发疾病，并不认为她是被人谋害的。可是不久后，一个人的告发，却让权氏之死演变成了后宫争宠所引发的谋杀。

这个站出来揭发所谓事实真相的人，是后宫中的另一位朝鲜女人——吕氏，由于她是一名朝鲜商贾的女儿，因此在史书上被称为"贾吕"。贾吕向朱棣表示，权氏突然死去，其实是因为被一个朝鲜女人吕氏在茶水中放了毒药。

朱棣闻言，勃然大怒，下令将吕氏及数百名宦官宫女处死，酿成了永乐年间后宫中的第一起大惨案。

仅仅是因为一个人的几句话就导致数百人惨死，实在是让人有不寒而栗之感。那么，这个贾吕所说的，究竟是不是事实呢？其实并不是。对此，史书上是这样描述的：

> 先是，贾人子吕氏入皇帝宫中，与本国吕氏以同姓，欲结好，吕氏不从，贾吕蓄憾。及权妃卒，诬告吕氏点毒药于茶进之。

从这段记载来看，贾吕在入明成祖的后宫后，想以同胞同姓的关系与吕氏交好，但遭到了吕氏的拒绝。贾吕为此怀恨在心，于是就借着权氏之死诬告吕氏。

不过成功铲除了吕氏的贾吕，后来自己也倒了霉。她与另一位宫女鱼氏私通宦官，结果被朱棣得知。虽然朱棣因为宠爱两人暂时没有追究，但两人由于十分害怕，竟上吊自杀。

两人死后，朱棣再次发怒，下令将贾吕的婢女们抓起来刑讯。这些人在严刑拷打之下屈打成招，居然说出了要谋害朱棣的口供。

在古代，任何事情一旦涉及"谋反弑君"，那必然会骤然升级。听闻皇宫里竟有人要谋害自己，朱棣更是怒不可遏，再度下令严查。

于是又有大批宫女被抓起来严刑拷打，不少宫女经受不住酷刑，为了少受点儿苦，开始"满嘴跑火车"，将跟自己有过矛盾的，甚至只是见过面的人都牵扯了进来，让这个案子如同滚雪球一般越滚越大，因此被牵连的宫女竟达两千八百人之多。

最终，朱棣不仅下令将这些人全部凌迟处死，还亲临刑场观看，甚至亲自动手将人凌迟（"亲临剐之"）。有宫女临死前怒骂朱棣道："你自己阳痿，所以才有人私通年少的宦官，我们何错之有？"（"自家阳衰，故私年少寺人，何咎之有？"）

朱棣闻言自然更是气得七窍生烟，他又让画师画了贾吕与小宦官抱在一起的画像，以此警示宫廷中的宦官宫女。

由于此次惨遭凌迟的宫女有两千八百人之多，再加上之前又有数百宦官宫女被处死，于是衍生出了"明成祖凌迟三千宫女"的说法。

与历史上的很多争议话题一样，人们对"明成祖凌迟三千宫女"，也是众说纷纭，有人觉得可信，有人觉得不可信。要说清这件事到底是不是真的，自然还是要从记载的史书入手。前文说过，相对野史，正史中的记载一般来说是比较靠谱的。那么，明成祖大肆虐杀宫女，是出自正史吗？是的，它的确是出自正史，然而有意思的是，它不是出自中国的正史，而是被记载在朝鲜的《李朝实录》里。

《李朝实录》，又名《朝鲜王朝实录》，是朝鲜李氏王朝官方所编著的史书。按理说，一件事如果记载在官方史书中，应该是比较可信的。

实际上，《李朝实录》明确记载了这件事的来源，即"后尹凤奉使而来，粗传梗概，金黑之还，乃得其详"。

对于这句话，大家可能看得云里雾里，那我就向大家解释一下。所谓"尹凤"，是一个朝鲜人的名字，他本是朝鲜宦官，后被朝鲜国王献给了大明，一生中曾多次代表大明出使朝鲜。除此之外，"金黑"也是一个朝鲜人的名字，她是韩氏（朝鲜献给大明皇帝的另一位女人）的乳母，跟随韩氏来到大明皇宫，后被放回朝鲜。

所以，这句话的意思其实就是尹凤出使朝鲜后，回国大致说了一下朱棣杀宫女的事，后来金黑回到朝鲜，才有了对此事的详细描述。也就是说，所谓"明成祖凌迟三千宫女"的说法，主要是出自一个乳母之口。这样的说法真的可信吗？

虽然朝鲜的《李朝实录》将朱棣大肆凌迟宫女之事说得有鼻子有眼，但这一惨案毕竟发生在中国，所以我们很有必要看一看中国的史书上对此事是如何记载的。然而让人奇怪的是，翻遍中国流传至今的所有史书，无论正史还是野史，都完全没有关于此事的记载。要知道，中国的各类史书中关于朱棣残暴虐杀事迹的记载可谓是数不胜数，除了最出名的"诛十族"，还有残酷处死建文帝的旧臣齐泰、黄子澄、景清、胡闰、铁铉等。倘若朱棣真的将大量宫女凌迟处死，如此惨案自然不会被广大文人们所无视，应该会有大量记载才对。

其实，不仅中国的史书中没有任何关于此事的记载，同时期身在北京的帖木儿帝国使团，也同样没有记载此事。

按照《李朝实录》的说法，朱棣将两千八百名宫女凌迟，是在永乐十九年（1421年）四月，当时正值帖木儿君主沙哈鲁所派遣的使团访问中国之际。这个使团中的部分成员有写日记的好习惯，详细记录了自己在中国的经历。这些见闻后被编著为《沙哈鲁遣使中国记》一书，成了明代中国与中亚国家交往的重要资料。

按理说，凌迟数千人这样的大事不可能完全不走漏风声，即便当时和后世的中国人全都因为惧怕皇权而不敢将这件事写下来，外国使者也不至于忌讳如此。所以，在中国史料和《沙哈鲁遣使中国记》中都没有相关记载的情况下，仅凭《李朝实录》中的"孤证"，实在是难以让人信服。

事实上，如果再结合当时的情况，就更能说明此事当属无稽之谈。

其实，就在永乐十九年（1421年）四月八日，北京发生了一件举国震惊的大事——皇宫的奉天、华盖、谨身三座大殿，被雷击中后引发了大火，在大火中焚毁了。

这样的事在现代人眼中，当然没什么大不了的，毕竟古代没有避雷针，且房屋结构又多为木制，遇上暴风雷雨天气，房子被雷劈了很正常，但古人却没有这样的科学意识，在崇信天意的他们看来，皇帝是"天子"，其权力是上天授予的，既然上天用雷电劈了皇宫，那必定是因为皇帝这个"儿子"没当好，干了很多坏事，把老天爷给激怒了。

所以这件事一发生，全天下最恐惧和狼狈的人无疑就是身为皇帝的朱棣了。战战兢兢的他不仅亲自去寺庙祈祷，还多次下诏反省，要求大臣们如实奏报国家是否存在税赋过高、贪污腐败、冤假错案等情况。试问明成祖在如此处境下，难道还会不顾"上天示警"，将大批宫女凌迟处死吗？

对凌迟这种酷刑稍有所了解的人都知道，要将一个人身上的肉一刀刀割下，还要保证受刑之人能长时间不死，这可是个高难度的技术活，非专业的刽子手难以完成。

因此要将两千八百人凌迟处死，其工作量之大可想而知，即便朱棣有心要将如此多的宫女凌迟处死，以当时的技术条件，恐怕也很难完成。

再则，如果朱棣真的杀了这么多宫女，那必然要大量征集民间女子充实后宫。可在永乐十九年的当年及之后，《明实录》等史书上却并没有与此有关的记载，这也从一个侧面说明，朱棣并未大量处死宫女。

其实，不仅是各方面的情况不支持这一说法，就连《李朝实录》中的相关记载也存在很多漏洞。

如果说朱棣诛杀吕氏及数百名宦官宫女，是一时糊涂被贾吕给忽悠了。那么，对于贾吕和鱼氏私通宦官之事，朱棣在她们活着的时候没有追究，在她们死后却突然发怒，将大量宫女抓起来严刑拷打，显然太不符合逻辑。

至于有宫女说因为朱棣阳痿，才导致有人私通宦官，这更属滑稽。当时的朱棣是否真的阳痿，姑且不论（毕竟年纪一大把了，也是有可能的）。问题是，如果皇帝不行，那宫里面受过宫刑的宦官难道就行了吗？

更绝的是，朱棣居然还为此命画师绘制贾吕和小宦官相抱的画作，并在皇宫中公开展览。要知道，自己的女人出轨这样的事情，对于任何男人来说，都是极为丢人的，就更别说君临天下的皇帝了。历来皇宫中若发生了此等丑闻，皇帝都是想方设法加以掩盖。难道偏偏这朱棣是个例外，非但不遮遮掩掩，反而要将此事大肆传播，让整个皇宫里的人都知道自己被太监背叛了吗？

如果再看一看《李朝实录》中关于此事的另一段记载，就更可以说明此事的真实性如何了。

> 仁宗欲送还金黑，宫中诸女秀才曰："近日鱼吕之乱，旷古所无。朝鲜国大君贤，中国亚匹也。且古书有之，初佛之排布诸国也，朝鲜几为中华，以一小故，不得为中华。又辽东以东，前世属朝鲜，今若得之，中国不得抗衡必矣。如此之乱，不可使知之。"仁宗召尹凤问曰："欲还金黑，恐泄近日事也，如何？"凤曰："人各有心，奴何敢知之？"遂不送金黑，特封为恭人。

这段话的大致意思是：明成祖朱棣死后，明仁宗朱高炽想要让金黑回朝鲜，结果一些宫女说朱棣将大量宫女凌迟处死之事（"鱼吕之乱"）闹得太大，而朝鲜不仅国家大，君主也贤明，不是中国所能抗衡的，中国发生了如此变故，不能让朝鲜方面知道。明仁宗为了向朝鲜方面隐瞒此事，于是暂时不放金黑回朝鲜，而是转而封她为恭人。

这样的记载真可谓是天方夜谭。当时的朝鲜是明代中国的藩属小国，多年来一直恭恭敬敬地向中国纳贡称臣，国力更是完全无法与中国相比。朱高炽根本不可能为了隐瞒宫廷惨案，而将金黑扣留。

应该说，朱棣因为后宫争宠问题杀了一些宦官宫女，是有可能的，但并非像《李朝实录》中所记载的那样，以凌迟酷刑处死了数千人。

既然事情并非如此，那这个名叫金黑的朝鲜女人又为何要在回到朝鲜后胡说八道，虚构这样一桩特大惨案呢？我认为这和明初的殉葬制度有关。

明成祖朱棣死后，大量妃嫔宫女殉葬，其中朝鲜女人韩氏也在殉葬之列。看到自己养大的"女儿"被迫自杀去陪伴已死的皇帝，作为乳母的金黑只怕是心如刀绞。因此，她在回到朝鲜之后，对朱棣极尽抹黑之能事，开始了一系列编故事的历程。

还需要指出的是，明朝和朝鲜的关系其实颇为微妙。就明初来说，由于明成祖朱棣多次派人到朝鲜索要美女及贡品，引发了朝鲜朝野上下的普遍不满（要东西也就算了，还从我们手里抢了这么多的美女，也太欺负人了）。当时的朝鲜君臣虽然不敢违背大明皇帝的旨意，但在私下里，也不免要骂几句。在这样的情况下，金黑的话正对朝鲜君臣的胃口，被收录进《李朝实录》里，自然也就不足为奇了。

教书先生化身祸国权宦
——全面解析围绕在王振身上的是是非非

前文说过，明朝是宦官专权的"重灾区"，陆续出现了多位权宦，而在这些权宦中，第一个登上国家政治舞台执掌大权的就是王振。

作为明朝历史上一个非常出名的太监（只可惜名声不好），王振从默默无闻到权倾天下，再从权倾天下到兵败身死，其人生经历也实在堪称传奇。可以说，王振的出现不仅开启了明朝宦官专权的历史，也改变了明朝的国运。

一、教书先生？

如果要说这王振在当太监之前是干什么的，很多人估计会脱口而出："教书先生。"的确，按照一直以来流传的说法，王振原是一名学官，也就是明朝官方学校里的教书先生，后因书教得不好，自愿净身入宫成为宦官。一些历史学家甚至据此分析，正是因为王振曾经当过学官，有一定的文化基础，这才让他在入宫之后如鱼得水，逐渐执掌大权。

然而，我现在要告诉大家的是，这样的说法其实并非史实，王振是自幼入宫，并未当过教书先生。

关于王振当过学官的最早记载来源于《闲中今古录摘抄》，原文如下：

> 永乐末，诏许学官考满乏功绩者，审有子嗣，愿自净身入宫中训女官辈。时有十余人，后独王振官太监。正统初居中得宠，至张

太后崩权倾中外。

《闲中今古录摘抄》为明朝中期的文人黄溥编辑，本就是一本可信度不高的野史书籍。之后，王振担任过学官的说法虽然被不少野史书籍所引用，但明清两朝的官修正史却都未将其采纳。如果我们查阅其他一些史料就能发现，王振其实并没有当过学官。

正统九年（1444年），已经大权在握的王振由于信奉佛教，在北京兴建了智化寺。王振本人为智化寺书写了文章，刻碑放置在智化寺前，名为《敕赐智化禅寺报恩之碑》，该碑至今仍然存在。在碑文中，有这样一小段话：

> 臣窃唯一介微躬，生逢盛世，爰自早岁，获入禁庭，列官内秩，受太宗文皇帝眷爱，得遂问学，日承诲谕。

所谓"太宗文皇帝"，也就是明成祖朱棣。从王振的这段自述可以看出，他应该是在年龄相当小的时候就入宫当了太监（"爰自早岁，获入禁庭，列官内秩"），后来因为得到明成祖朱棣的赏识，才在宫廷中开始学习（"受太宗文皇帝眷爱，得遂问学"）。

明朝官方史料《明英宗实录》中的相关记载也能与之相印证。正统十一年（1446年）正月，极度宠信王振的明英宗，下旨褒奖王振，文中提道：

> 尔振性资忠厚，度量宏深，昔在皇曾祖时，特以内臣选拔事我皇祖，深见眷爱，教以诗书，玉成令器。（《明英宗实录》卷一百三十七）

这两份极有说服力的史料都说明，王振是在入宫之后，才在明成祖的赏识下得以学习文化知识，而并非原本就是教书先生。

二、贤明宦官?

王振，山西蔚州（今河北省蔚县）人。从前文列举的《敕赐智化禅寺报恩之碑》和《明英宗实录》中的相关内容可以看出，王振入宫之后，由于表现突出，受到了明成祖朱棣的赏识，得以在宫中读书，还被派去侍奉太子朱高炽，这成了他发迹的起点。

明仁宗朱高炽去世之后，王振又得到了明宣宗朱瞻基的喜爱，被任命为东宫典玺局郎，侍奉太子朱祁镇。善于体察人心的王振借伺候太子朱祁镇的机会，与年幼的朱祁镇建立起了深厚的感情，为自己后来的执掌大权打下了基础。

宣德五年（1430 年），王振被明宣宗提拔进入了协助皇帝批阅奏疏的内廷权力核心部门——司礼监，正式开始参与国家政治事务。宣德十年（1435 年）正月，明宣宗去世，年仅九岁的太子朱祁镇继位，是为明英宗，改年号为"正统"。同年九月，王振被任命为司礼监掌印太监，坐上了宦官中的头把交椅。属于王振的时代即将到来。

虽然成了宦官中权力最大的人，但王振距离真正意义上的"专权"似乎还很遥远。因为明英宗虽然只是一个不能独立处理朝政的孩子，但此时的朝中，上有地位尊崇的张太皇太后（明仁宗皇后、明宣宗生母），下有以内阁大学士杨士奇、杨荣、杨溥为代表的一帮老臣。杨士奇、杨荣、杨溥三人，号称"三杨"，不仅在朝中根基深厚，更是深得张太皇太后信任，总揽国家政务。

面对强势的张太皇太后和大臣，富有野心的王振暂时选择隐忍。他不仅对张太皇太后毕恭毕敬，在"三杨"等人面前也表现得十分谦恭。为了讨好"三杨"，王振每次到内阁传旨都站立在门外，以示自己不敢进入之意，直到"三杨"招呼他进屋坐，他才摆出一副受宠若惊的模样进入屋内。

不过或许出乎很多人的意料，对太皇太后和朝中重臣恭敬的王振，对年幼的明英宗似乎却很不客气。从《复斋日记》《罪惟录》这两本史书的记载来看，王振对明英宗的管束用严厉来说也不为过。

明代宫廷有一种专门为皇帝开设的讲学活动，名叫"经筵"。继位后的朱祁镇，虽然贵为天子，但毕竟只是一个孩子，同样有着普通孩子淘气不爱读书的一面。对于小小年纪的他来说，参加枯燥冗长的经筵，听一堆之乎者也的东西，实在是太折磨人了。对经筵忍无可忍的明英宗很快选择逃课。一次经筵时，明英宗自顾自地溜到西海子游玩去了，把主讲老师晾在一边。

得知宫里出了皇帝逃课这样让人哭笑不得的事情，王振没有丝毫犹豫，立即将此事禀报给了张太皇太后。张太皇太后大怒，不仅急忙派人将明英宗召到自己面前，严厉训斥了许久后才让其离开，还将陪伴明英宗游玩的宦官下狱治罪。

除了揭发逃课问题，王振对明英宗的其他"不良行为"，也给予纠正。

一次，明英宗闲来无事，让身边的一个宦官吹箫给自己听，结果正好遇到王振前来。那个吹箫的宦官一见王振来了，吓得急忙逃走。王振追上他说："尔事皇上，当进正言，谈正事，以养圣德。而乃以此淫声惑上听乎？"当即下令将这个宦官打二十大板以示惩戒。

明英宗身边有一个常年为其梳头的宦官，向皇帝乞求恩典。明英宗想要授予他奉御之职，于是传旨给王振，让他去办。结果王振却说："官职是用来奖赏给有功之人的，此等卑贱的技艺、微薄的功劳，赏给金帛就可以了。"（"官所以待有功，此贱技微劳，赏以金帛可也。"）在王振的坚持下，明英宗最终没有授予这个宦官奉御一职。

又有一次，明英宗正与身边的宦官玩击球时，王振前来。明英宗一看到王振来了，当即停止玩乐。估计王振是顾及皇帝的面子，当时并没有说什么。到了第二天，王振在明英宗面前跪下说道："先皇帝为了一个球子，几乎误了天下大事。陛下重蹈其爱好，江山社稷怎么办呢？"（"先皇帝为一球子，几误天下。陛下复蹈其好，如社稷何？"）明英宗听后，羞愧到无地自容。此事传出之后，成为美谈。"三杨"为此赞叹道："宦官中还有这样的人啊？"（"宦官中宁有是人？"）

除了劝谏皇帝，王振对于张太皇太后出宫拜佛的行为更是用一种极为巧妙的方式予以纠正。

据《琅琊漫抄》记载，张太皇太后崇信佛教，常带着明英宗到北京功德寺上香，有时干脆就不回皇宫，而在寺庙里过夜。王振虽然也信佛，但却认为后妃留宿佛寺不妥当。为了能在不得罪张太皇太后的情况下，让她不再留宿佛寺，王振命人铸造了一尊精美的佛像，放置到功德寺，然后让明英宗对张太皇太后说道："母后大德，儿无以为报，已命装佛一堂，请于功德寺后宫，以酬厚德。"张太皇太后闻言大喜，命中书舍人书写金字藏经放置于功德寺的东、西二房。由于功德寺中放置了佛经，为表达敬重之意，就不能在此就寝，张太皇太后也就不再出宫了。

关于王振这些堪比名臣的举动，由于是出自野史书籍，因此被不少人认为是一些文人瞎编的，并不可信。不过，王振作为一个名声极差的太监，历来文人们对其唯恐不能多骂几句、多踩几脚。如果他没有做过上述这些事，文人们恐怕也不会为这样一个他们眼中该死的太监，去编这么多"正能量"的故事。

其实，这些记载的真假并不太重要。关键是，这些野史内容无疑向大家透露出一个信息，那就是王振这个人虽然因为"土木堡之变"等原因声名狼藉，但他在民间的形象却并非一团漆黑，而是有着被人所称颂的另一面。

尤为值得注意的是，王振虽然是一个太监，但却对军事表现出了浓厚的兴趣。正统元年（1436 年）十月，明英宗在王振的安排下，登上将台检阅军队，命诸将演示骑射。当时兴致勃勃进行阅兵的明英宗和王振不会想到，他们对军事的热爱，不仅让自己遭了殃，更是差点儿毁了大明王朝。

三、麓川之役

热爱军事的王振很快在征伐麓川一役上崭露头角。

在元朝时，西南地区出现了一个相当强大的政权——勐卯龙，其领土和势力范围大致在现在的云南西南部、缅甸北部和印度东北部。勐卯龙崛起后，多次击败元朝军队，让元朝君臣头痛不已。

明太祖朱元璋建立明朝后，勐卯龙首领思伦法迫于明军强大的军事压力，选择向大明臣服。洪武十七年（1384 年），朱元璋下令于勐卯龙辖地设立麓川平缅宣慰使司，以思伦法任宣慰使。此后，明朝文献基本都以"麓川"称呼勐卯龙。

思伦法虽然归顺了明朝，但野心不减，曾先后两次造反与明军交战，后因战败，才被迫再度臣服。

到了明英宗父皇明宣宗所统治的宣德年间，经过了数十年休养生息的麓川在时任首领思任法的带领下，又开始了针对周边地区的扩张行动。西南地区的局势逐渐变得紧张起来。

面对咄咄逼人的思任法，明廷一度采取了招抚的策略。正统元年（1436年）三月，思任法派人上疏，以附近的土司部落木邦侵占自己的辖区而自己辖下的百姓人少为借口，表示无力补交拖欠朝廷的贡银。为了安抚麓川，朝廷在"三杨"的主持下，免除了麓川从宣德元年（1426年）到宣德七年（1432年）拖欠的贡银。然而，思任法得寸进尺，依然不断侵扰周边地区。

正统三年（1438年）十二月，思任法大举出兵，先后进攻腾冲、南甸，并攻占了孟养。眼看自己的军事行动颇有成效，思任法野心进一步膨胀，他自封为"滇王"，大有裂土称王之势。明英宗得知此事后，派遣刑部主事杨宁前往宣谕招抚，但此时的思任法极为嚣张，已经根本不愿再服从朝廷。

西南局势已然如此，以"三杨"为代表的一帮大臣，居然还是坚持用招抚解决问题，结果只能是麓川势力不断扩张，明廷在处理西南问题上变得越来越被动。

面对危局，王振站出来劝明英宗以武力解决问题。经过一番讨论和准备，明廷于正统四年（1439年）正月派黔国公沐晟、左都督方政、右都督沐昂率军讨伐麓川，宦官吴诚、曹吉祥监军。由于地形、瘴气及麓川军的拼死抵抗，明军此次讨伐行动时胜时败，耗时日久，却未能取得决定性的战果。

看到战事并不顺利，朝中的主和派迅速抬头。正统六年（1441年）正月，明廷召开廷议，商讨解决麓川问题，这次廷议进行了五天之久，主和派与主战派在朝堂之上进行了激烈交锋。

廷议上，刑部右侍郎何文渊以上古尧舜时期平息苗人叛乱之事为例子，主张效仿尧舜，以德行教化麓川，并认为麓川在南陲不过一弹丸之地而已，疆域不过数百里，人民不过万余，以大军征伐，无往不克，然而得其地不可居，得其民不可使，所以并不该为此兴兵。

从何文渊的这番话可以看出，他对麓川的情况根本不了解，因为现实中的麓川虽然疆域人口远不及大明，但也并非疆域不过数百里、人民不过万余的弹丸之地。至于他所谓"效法尧舜，以德服人"的论调，更是迂腐到了荒唐可笑的地步。

然而就是这样一种盲目且迂腐的观点，在文官群体中却大有市场。内阁大学士杨士奇、翰林侍讲刘球等人均支持何文渊，力主和平解决麓川问题。特别值得注意的是，刘球在本次廷议期间上了《谏伐麓川疏》，在反对征讨麓川的同时，认为朝廷应该多注意西北的蒙古人问题，加强西北的防御。

对此，主战的英国公张辅、兵部尚书王骥等人尖锐地指出：上古尧舜时期的情况与现在并不相同，如今思任法屡屡起兵攻城略地，与朝廷对抗，而朝廷如果一味言和，对他姑息纵容，不仅会导致西南局势继续恶化，更会让麓川附近的木邦、车里、缅甸等势力看轻大明，留下无穷的后患。

对军事有着浓厚兴趣的王振依然坚决主战。明英宗在王振等人的劝说下决心继续用兵。

之后，明朝又先后两次大举用兵，经过艰难苦战，才擒斩思任法，并迫使思任法的儿子思禄臣服。至此，原本强大的麓川政权，其疆域大幅萎缩、人口大幅减少，在之后的一百多年里，基本不敢再向大明挑战。

对于明朝正统年间的征讨麓川之役，传统史学界评价不高。一些历史学家把麓川之役视为明英宗听信了王振谗言的结果，觉得明朝为了麓川这样一个西南地区的小土司，耗费大量的人力、物力、财力不值得。他们还往往从刘球《谏伐麓川疏》中建议朝廷加强西北防御的说法出发，将麓川之役与后来的土木堡之变联系起来，认为正是明朝长期将战略重心放在西南，忽视了北部边疆问题，这才导致蒙古瓦剌部的势力迅速膨胀，酿成了土木堡之变这样的惨剧。

然而事实上，土木堡之变的发生是诸多因素导致的结果，将其一味归因于麓川之役，甚是牵强，而且麓川在明初是一个相当强大的政权，更是西南地区的麻烦制造者，如果不是明军果断出击，以强大的武力将其重创，西南地区很可能会永无宁日。更何况，征讨麓川并非王振一人决策，而是明廷经过激烈商讨的结果，所以即便这场战争不该如此兴师动众，也不该过分归咎于王振。

麓川之役让明英宗看到了朝中的一些文官是何等的迂腐，自然也让他对积极主战的王振有了更多的信任。王振也趁此机会为自己积累了丰厚的政治资本。

四、争夺权力

如果说在麓川之役之前王振大体上还能和以"三杨"为首的文官群体保持一致的话，那么麓川之役后则是双方从合作走向对立的开始。

眼看王振深得皇帝信任，权势日益增大，文官群体逐渐不安起来。杨士奇在觐见张太皇太后时旁敲侧击地表示，皇帝身边的宦官如有心术不正的，应该立即罢斥。虽然富有政治经验的杨士奇没有指名道姓，但明眼人都看得出来，这所谓的心术不正者指的就是王振。本就意欲夺权的王振在得知此事后，大为光火，加快了打击"三杨"的步伐。

正统四年（1439年），时任福建按察司佥事的廖谟下令将一名驿站的驿丞打死。关于廖谟为何要打死这个驿丞，由于史书上没写，所以无从知晓。然而由于廖谟是杨士奇的同乡，而被打死的驿丞又是杨溥的同乡，这就让这桩本来算不上重大的案件变得复杂起来。

杨溥因为怨恨廖谟打死了自己的同乡，认为应该将廖谟以死罪论处。杨士奇则认为，廖谟是因公事而杀人，应该从轻处理。两人争议不决，只好请张太皇太后裁决。王振趁机对张太皇太后说道："杨溥和杨士奇两人都因同乡的缘故而各怀私心，这桩案件如果按杀人偿命来判太重，可如果按因公杀人来判又太轻，将廖谟降职才是最合适的。"（"二人皆挟乡故，抵命太重，因公太轻，宜对品降调。"）

张太皇太后认为王振所言有理，于是将廖谟降为同知。就这样，王振巧妙地利用"三杨"的内部矛盾插了一手，让张太皇太后看到了杨溥和杨士奇私心作祟的一面。

为了能进一步染指大权，野心逐渐膨胀的王振，开始将手伸向了外廷的权力中枢机构——内阁。他对杨士奇说道："朝廷的事依赖你们三位老先生。然而你们三人年事已高，不能像之前那样勤于政务了，以后该怎么办呢？"（"朝廷事赖三位老先生。然三公亦高年倦勤矣，后当何如？"）杨士奇虽然明白王振的意思，但他不愿让王振派人插手内阁，于是含糊其词地说道："老臣当尽瘁报国，死而后已。"一旁的杨荣明白王振深得皇帝宠信，不宜得罪，于是说道："先生何必说这样的话。我们这一辈人老了，没有能力继续效力了，当挑选新人侍奉君王。"（"先生安得为此言。吾辈老，无能效力，当以人事君耳。"）王振闻听此言，很是高兴。

不久后，杨荣推荐曹鼐、苗衷、陈循、高谷四人进入了内阁。杨士奇为此大为不满，埋怨杨荣。杨荣回答说："他王振厌恶我们这些人，我们纵然立于内阁，他又能容得下我们吗？一旦内廷中递出来写有皇帝旨意的片纸，命某某进入内阁，我们就没办法了。现如今这四个人都是我们的人，对我们来说又有什么损伤呢？"（"彼厌吾辈，吾辈纵自立，彼容能已乎？一旦内中出片纸，命某某入阁，则吾辈束手矣。今四人竟是我辈人，何伤也？"）

从这番话可以看出，杨荣真可谓是久经官场的老狐狸，他这一招以退为进，玩得非常漂亮。不过遗憾的是，王振也不是省油的灯，而曹鼐、苗衷、陈循、高谷这四个人在朝中根基尚浅，是根本无法与王振相抗衡的。

正统五年（1440 年）二月，杨荣请假回老家祭扫先人墓地。杨荣没想到的是，在此期间发生的一件事让自己被王振抓到了把柄。

靖江王朱佐敬因为与自己的弟弟朱佐敏不和，之前曾被弟弟弹劾。所以，他为了替自己辩白，在派人向明英宗上奏疏的同时，还准备了一笔钱给杨荣送去，希望杨荣能在皇帝面前替自己美言几句，结果正好碰上杨荣回老家扫墓。

朱佐敬的这一举动很快被东厂侦知。王振得知此事后，大喜过望，又禀报给了明英宗。明英宗听后十分生气，下旨斥责了朱佐敬。此时杨荣还蒙在鼓里。他在扫墓结束后不顾身体突发疾病，硬是强拖病体启程回京，结果在途经杭州时病逝。

杨荣虽死，但王振还想利用朱佐敬行贿一事继续做文章，后因杨士奇出面竭力调解，这才作罢。

杨荣去世，让执政多年的"铁三角"开始瓦解。到了正统七年（1442年），张太皇太后去世，更让王振少了宫廷中的一大束缚。权力的宝座距离王振越来越近了。

不久后，杨士奇又因儿子的违法犯罪问题受到了牵连。杨士奇久经官场，先后侍奉五位明朝皇帝，一生可谓是兢兢业业，然而却偏偏有一个"坑爹"的儿子。杨士奇的儿子杨稷常年倚仗父亲的权势胡作非为，甚至公然杀人。

杨稷的恶行不仅让自己遭到弹劾下狱论死，更把杨士奇推到了十分难堪的境地。深感没脸继续在朝中混下去的杨士奇以年老生病为由，请求辞职。明英宗念在杨士奇以往的功劳上，下旨安慰勉励，但杨士奇受此打击，身体日渐不支，在正统九年（1444年）去世了。

杨士奇死后，"三杨"仅剩杨溥一人，处于孤立无援的境地。深感无力抗衡王振的他，虽然屡屡请辞，但一直未获批准。正统十一年（1446年），杨溥去世。至此，朝中最后一块能让王振有所忌惮的绊脚石也不复存在。王振执掌大权的时代终于真正来临。

五、政治作为

虽然王振全面掌权大致在正统十一年，但其实他在明英宗继位之后，就开始利用自己与皇帝的紧密关系插手朝政，而王振早期的一大"作为"就是教导明英宗严以驭下。

正统元年（1436年）十二月，兵部尚书王骥等人奉旨商议边疆事务，然而过了五天都没有回奏，让明英宗十分生气。在王振的指导下，明英宗召来王骥，当面指责说："你们这是欺负朕年幼啊！"（"卿等欺朕年幼耶！"）当天就将王骥及兵部侍郎邝埜关入监狱。

不久后，英国公张辅在处理政务时也没有及时向明英宗回奏。明英宗看在张辅是战功赫赫的老臣份上，没有直接将他治罪，而是将涉及此事的科道言官们每人杖责二十。

正统三年（1438 年）七月，明英宗先后将礼部尚书胡濙、户部尚书刘中敷、刑部尚书魏源、户部侍郎吴玺、刑部侍郎何文渊关入监狱。魏源不久后被释放，却又于同年十二月与都御史陈智一起再次入狱。

到了正统六年（1441 年），有言官弹劾刘中敷专权擅政。此事经审理后，刘中敷原本被判了流放，但允许其出资赎罪。不过此时的明英宗并不想真的治刘中敷的罪，将他赦免后官复原职。然而不久后，刘中敷的一个举动再次触怒了皇帝。

同年冬天，刘中敷与侍郎吴玺、陈瑺一起上疏提议，将御用的牛马分给民间的牧民饲养。刘中敷等人提出这项建议应该是出于为国家节省开支的考虑，但将皇帝的牛马放到民间去养，也不免显得有些荒谬。结果此议呈上去之后，皇帝还没发火，刘中敷、吴玺、陈瑺三人就遭到了言官“变乱成法”的弹劾。明英宗顺水推舟，下令将三人下狱论斩。不过，明英宗也并非真心要杀了他们，在将三人下狱之后，又很快让他们戴着枷锁到长安门外作为“反面教材”示众，过了十六天后释放。当时正值蒙古瓦剌部派使团入贡，明英宗召见刘中敷，问他马匹、骆驼、草料和豆类的数量，结果刘中敷支支吾吾答不上来。明英宗见状，气不打一处来，直接将刘中敷、吴玺、陈瑺三人再次下狱论斩。最终，刘中敷被释放为民，吴玺、陈瑺流放边疆。

正统十一年（1446 年）三月，发生了安乡伯张安与自己的弟弟争夺朝廷所发俸禄的丑事，明英宗接报后，命大臣们处理。然而，面对这样一桩并不复杂的案件，户部、刑部、大理寺、都察院之间竟互相推诿，都不愿意接手。明英宗闻讯大怒，又将户部尚书王佐、刑部尚书金濂等一批官员关进了监狱。

在明英宗和王振的高压政策下，朝中的言官充分发挥了监察作用，动辄指出大臣们的过错，大量的贵族官员受到弹劾，也有不少人受到不同程度的惩处。对此，当时和后世的很多文人痛斥王振“教坏”了明英宗，肆意迫害大臣。例如，清朝官方编著的《明史》就这样评价道：“而中官王振假以立威，屡摭大臣小过，导帝用重典，大臣下吏无虚岁。”

我认为，这样的说法其实有失偏颇。王振教导明英宗“用重典”，固然有为明英宗和自己立威的因素，但正所谓"苍蝇不叮无缝的蛋"，在明仁宗、明宣宗两代皇帝"宽仁治国"的大背景下，到了正统年间，明朝的很多官员确实是被宽松的政治氛围给惯坏了。这帮人对待国事敷衍推诿，捞取私利却勇为先锋。朝堂之上，效率低下、人浮于事的情况已经变得越来越严重。明英宗和王振将包括元老重臣在内的众多官员下狱，不仅强化了皇权，更给庸懒懈怠的官僚们敲响了警钟。

还有一点值得注意的是，上述这些被下狱的高级官员，其实大部分都只是被关了一小段时间后，就又被放出来官复原职了。真正受到革职或是流放等处罚的，只是极少数而已。这说明王振也只是将下狱作为一种警示手段，并非铁了心要迫害官员。

除以下狱为手段警示朝廷大臣外，王振还对那些敢于为非作歹的贵族官员，包括太监也很不客气。他辅佐明英宗，对当时的权贵违法现象进行了强有力的监管。

正统元年（1436年）五月，司礼监太监范听奉命前往广东，负责盘查接收进贡物品。结果范听这人很不老实，利用这次出差的机会索要贿赂。案发之后，范听被锦衣卫逮捕监禁，后来他虽然被明英宗赦免，但赃款赃物全被没收。

同年闰六月，内官监太监宋义私下收留逃兵作为自己的奴仆，后来又因故发怒将这个奴仆逼死。案发之后，明英宗下令将宋义送入都察院。后经审理，宋义被处斩。明英宗和王振还以此为例，发出榜文向宦官们申明相关禁令。

正统二年（1437年）四月，明英宗命锦衣卫与监察御史一起查办了太监金英等人"非法经营"一案。金英等人为了"创收"，不仅开设了十一处店铺，还利用自己的权势与无赖子弟相勾结，强行以赊账的形式收购商人们的货物，为害市面。由于金英在明宣宗时期就已经是司礼监太监，在内廷中资历深、影响大，因此并未受到严惩，但他扰乱经济秩序的行为还是得到了制止。

同年十月，南京守备太监罗智、袁诚手下的奴仆不仅仗着自己有后台公然杀人，而且在贩卖木竹筏时强行过关不交税。事后，该奴仆被监察御史韩阳派人擒获治罪。另一位监察御史李在修认为，罗智、袁诚对自己的奴仆太过放纵，应该给予惩治，于是上疏弹劾。明英宗接到弹劾的奏疏后，命罗智、袁诚据实说明相关情况。虽然罗智、袁诚最终得到了明英宗的宽恕，但这无疑也给有权有势的大太监们敲响了警钟，光是自己不犯法是不够的，更要管好自己的手下。

正统八年（1443 年）九月，清平伯吴英、中书吴亮、太监金英等人私自在南海子放牧，并倚仗权势强抢百姓的草料。事发后，这些人全部被锦衣卫逮捕。虽然从后来的情况看，他们应该并没有受到多严厉的处罚，但仅仅是这点过错就被逮捕下狱，也足见明英宗和王振对贵族和宦官的管束之严。

正统十三年（1448 年），陈王夫为了得到原本应由贾福承袭的指挥一职，向南京刑部侍郎齐韶行贿。齐韶收受了陈王夫的贿赂之后，就运作帮陈王夫谋取指挥职务，但南京大理寺少卿廖庄为人正直，坚决拒绝了齐韶的"暗箱操作"。齐韶为人残忍严苛，之前就曾经利用手中的权柄制造冤假错案。他为了能让陈王夫当上指挥，干脆罗织罪名，将贾福杖打致死。陈王夫深恨廖庄阻碍自己的好事，通过关系诬陷廖庄，硬是让他进了监狱。

就这样，事情越闹越大，引起了朝廷的警觉。王振派人将齐韶抓进锦衣卫诏狱严加审讯。经过审理，齐韶的诸多罪行被曝光，最终被斩首弃市。蒙冤入狱的廖庄获释。关于陈王夫的结局，史书上没写，但估计也是难逃法网。

王振的政治作为还远不止整治权贵的违法行为那么简单。事实上，他在治国理政方面有不少建树都值得好好说一说。

自明朝永乐年间以来，朝廷长期面临江南地区大量拖欠赋税的问题，而且随着时间的推移，情况变得越来越严重。到了宣德五年（1430 年），政治能力极强的周忱临危受命，出任江南巡抚，总督税粮。

周忱到任之后，很快摸清了江南赋税拖欠的症结，除税额较高外，更因为江南地区的大量地主富户与官府相勾结，不断将朝廷下派的负担转嫁到贫苦农民头上，导致大量农民被迫逃亡。因此，他根据江南地区的实际情况，推行了以"平米法"为主的一系列改革措施,不仅成功为朝廷收取了拖欠的赋税,还减轻了贫苦农民的负担。

周忱雷厉风行地推行赋税改革,严重侵犯了江南豪门地主的利益,引发了他们的强烈不满。朝中不少与江南地主阶级有利益联系的官员,也纷纷上疏弹劾周忱,试图把他搞下台。

在反对派的巨大压力下,周忱不仅官位岌岌可危,就连自己所推行的改革举措也风雨飘摇,面临着被废止的可能。关键时刻,还是王振站出来力挺周忱,才让他转危为安。

由于麓川之役期间,周忱在江南理财有功,及时为朝廷供应了急需的大量钱粮,让王振赞不绝口,王振成了周忱在朝中的有力支持者。当然了,王振之所以愿意支持周忱,有一个不可忽视的因素,那就是他是北方人,与江南的地主富户基本没有利益关联,所以自然愿意任用周忱这样的能臣,为国家增加财政收入。

不过,后来随着王振命丧土木堡,周忱在景泰年间作为王振的"党羽"而受到打压,被迫离开官场。他所推行的"平米法"也被景泰帝下令废止,这不能不说是明朝历史的一大遗憾。

除周忱外,右副都御史陈镒在巡视陕西、甘肃、宁夏等地时,不仅妥善处理了灾情,还根据实际情况,上疏建议将陕西府库中的粮食划拨作为军队的军饷,不再发放宝钞,得到了朝廷的准许。王振见陈镒能干,于正统九年(1444年)推荐他担任了右都御史。

耿九畴在担任盐运司同知期间,不仅为官清廉,而且大力革除积弊,在治理盐业方面取得了相当好的政绩。王振因此说通明英宗,于正统十年(1445年)将他提拔为都转运使。

石璞在担任地方官时,不仅断案如神,而且在处理地方事务上颇有作为,因此受到王振的提携,于正统十三年(1448年)被任命为工部尚书。

明初官员、文学家魏骥才华横溢,曾在明成祖时期参与《永乐大典》的编撰,一生著述颇丰。王振对这位德高望重的老臣十分敬重,称呼他为"先生"。("独严重骥,呼先生。")

从王振对这些官员的态度来看，他并非像很多人认为的那样，是一个依仗皇帝宠信祸乱朝纲的太监。相反，王振在很多时候算得上是一位伯乐，对于官员中的千里马，他不仅慧眼识才，而且拔擢重用。

六、擅权乱政

从上述这些内容来看，王振这个人基本上能算得上是一位正面人物，那他的名声又为何会如此之差呢？难道仅仅是因为宦官专权和土木堡之变吗？其实不是的。接下来，我就要和大家说一说王振的另一面，也就是他阴暗的一面。

王振虽然慧眼识才，但又非常爱听奉承话，屡屡重用一些巴结自己的官员。在这类官员中，最出名的当数王佑。王佑原本是工部郎中，善于察言观色，靠着狂拍王振的马屁成为兵部侍郎。在古代，男人普遍留一把长胡子，而太监由于受过宫刑是没有胡子的。王佑为了讨好王振也将胡子剃掉。一次，王振问王佑："王侍郎你怎么没有胡须啊？"王佑回答说："老爷您都没有胡须，我这做儿子的哪里敢有？"（"老爷所无，儿安敢有？"）此事传出之后，一时间成为笑谈。

献媚者远不止王佑一人。徐晞在正统元年（1436年）担任兵部侍郎，被派往甘肃负责军务。由于当时蒙古人屡屡进犯甘肃，徐晞觉得在甘肃做官不是个好差事，于是就向王振行贿，让他帮帮忙，给自己换个地方。王振收了钱后，就想办法把徐晞调到南京，担任南京兵部侍郎。之后的徐晞又因为在麓川之役时督办军饷有功，被提拔为兵部尚书。实际上，徐晞得以升官主要还是因为他和王佑一样，善于讨好王振，时常给王振送礼的缘故。

看到王佑和徐晞都因为走王振的后门扶摇直上，官员们纷纷行动起来，携带钱财前来拜见王振者挤破了头。久而久之，王振干脆在潜规则上明码标价，所有前来拜见的官员最低奉送白银一百两，只有奉送白银一千两及以上的，才给予酒食款待。

大量的阿谀奉承者因"孝敬"王振得到升迁，在此列举几个比较出名的例子：都督同知沈清被封为修武伯，吏科都给事中孟鉴、光禄寺卿奈亨先后升任户部侍郎，鸿胪寺卿杨善先后升任礼部侍郎、左副都御史，福建参政宋彰升任福建布政使。

随着依附王振的官员越来越多，王振的政治势力迅速延伸到朝廷和地方的各个要害部门，而且由于王振贪财纳贿，大量的官员皆以敛财向王振行贿为能事，以致官场风气大坏，国家机器日益被腐败所侵蚀。当时的大臣李贤对此痛心地评价道：

> 由是以廉者为拙，以贪者为能，被其容接者若登龙门，上下交征利，如水去堤防，势不可止。（《古穰集》卷三）

王振善于玩弄权术，他对于官员们，采取的是既拉又打的策略，对于依附自己的给予升迁，而对于不买自己账的则是狠狠打击。

在前文麓川之役的部分，曾经提到翰林侍讲刘球反对征讨麓川。这个刘球真可谓是正统年间的一位悲剧角色，结局相当悲惨。

正统八年（1443 年）五月，皇宫的奉天殿不幸被雷给劈了。如此"上天示警"，在崇信天意的古代算得上是一件大事。明英宗为此下旨，让大臣们上疏直言，朝廷在国事上是否存在过失。

刘球趁此机会，向皇帝上疏，提出了十条建议，包括希望皇帝总揽大权，选用儒臣任职太常寺官员，整修武备以防外患，等等。

刘球的这道奏疏呈上去之后，很快就有厌恶他的官员借题发挥了。钦天监监正彭德清是刘球的同乡，也是王振的心腹，一直对刘球不肯依附王振不满。彭德清向王振指出，刘球在奏疏中希望皇帝总揽大权的说法，其实正是指责王振专权。（"此指公耳。"）

王振闻听此言，恼恨至极。如果说之前刘球反对征讨麓川，王振还能容忍的话，那这次刘球劝皇帝总揽大权，就真的是触碰到了王振的底线。

王振下定决心，要整死刘球。不过问题是，刘球只是上了一道奏疏，根本谈不上违法犯罪，要整死他，似乎并不容易。不过正所谓欲加之罪，何患无辞，既然是深得皇帝宠信的王公公要整人，罪名总是能找到的。王振和他的党羽们很快将目标锁定在了一个名叫董璘的人身上。

董璘原本是翰林院编修。刘球上疏后，选用儒臣任职太常寺官员的建议得到了明英宗的首肯，遂命吏部推举太常寺官员。董璘得知此事后，充分发扬了毛遂自荐的精神，自请入职太常寺。

一心要收拾刘球的王振立马将刘球的上疏和董璘的自荐联系了起来，声称刘球其实与董璘私下勾结，上疏为董璘谋取官职。在王振一党的运作下，刘球、董璘双双入狱，而且是由锦衣卫掌管的诏狱。

这人一旦进了诏狱，那接下来的事情就好办了。在王振的指示下，刘球在狱中惨遭杀害。直到景泰年间，这位敢于直言的官员才获得了平反。

山东提学佥事薛瑄是山西河津（今属山西省运城市）人，算是王振的同乡。他是明初著名的儒家理学大师，而且文采斐然，在朝野上下名气很大。王振曾问"三杨"："我的家乡人中有谁可以当京官的？""三杨"推荐了薛瑄。王振于是让明英宗召薛瑄至京城，任命为大理寺少卿。

按照官场上的惯例，官员得到提拔后，应当去向提拔自己的上级官员道谢。然而，薛瑄是个饱读圣贤书的老顽固，偏偏不吃这一套，一直没有去拜见王振。"三杨"见薛瑄如此"不懂规矩"，十分着急，让薛瑄的老朋友李贤去劝薛瑄，结果被薛瑄一口回绝。

之后的一天，文武百官齐集东阁议事。王振到场后，大家纷纷下拜，唯独薛瑄挺立不动。王振得知这杵着不动的是薛瑄后，非但没有发火，反而主动走上前向他屈身作揖。然而薛瑄大概是看不起太监的缘故，竟然还是一动不动，连最基本的作揖之礼都没回一个。王振见薛瑄在大庭广众之下如此不给自己面子，虽然嘴上没说什么，但心里已经是憋了一肚子火，自此恨上了薛瑄。

又过了一段时间，一位指挥去世，他的小妾十分貌美，被王振的侄子王山看上。这位小妾贪图王家的权势，同意改嫁给王山，但按照当时的纲常伦理，丈夫死后妾要改嫁，必须经过正妻的同意，而这位指挥的正妻不知是因为与小妾有矛盾，还是非常注重礼教，就是不肯让小妾改嫁。小妾一气之下，就去官府诬告说自己的丈夫是被正妻毒死的。

这下，这位指挥的正妻倒大霉了，被抓到都察院审问，结果在严刑拷打之下屈打成招。此案到了大理寺审核环节，薛瑄看出是一桩冤案，于是接连多次将其驳回。早就对薛瑄不满的王振得知此事后大为光火，决定借此机会把这个老顽固给整死。很快，有言官在王振的指使下，站出来弹劾薛瑄收受贿赂、包庇罪犯，薛瑄也因此下狱论死。

虽然蒙冤入狱，而且不久后即将被处死，但此时的薛瑄却充分展现出了一代大儒的风采，显得十分淡定。他在狱中以读书自娱，静待死亡来临。薛瑄的三个儿子为了救父亲，表示愿意以一子代死，其余二子充军为代价，为薛瑄赎罪，也遭到了王振的拒绝。

到了行刑之日，王振看到自己的仆人在灶台前哭泣，就上前询问缘故。仆人悲痛地说道："闻今日薛夫子将刑也。"王振一听，不禁心头一怔，看来这薛瑄还真是影响力极大，就连自己身边的仆人都对他的死如此痛惜。正好之前兵部侍郎王伟曾上疏申救薛瑄，王振于是顺水推舟，卖了王伟一个人情，将薛瑄免死释放为民。

国子监祭酒李时勉上疏请求改建国子监，明英宗命王振前往国子监视察。这个李时勉在明初也算是个传奇人物。他在永乐年间因为上疏触怒了明成祖朱棣蹲过监狱，后来在洪熙年间，又因为上疏讥讽明仁宗朱高炽险些被打死。这样一位连皇帝都不怕的"忠臣"，显然不会买王振一个太监的账。结果王振到后，李时勉对王振根本就不怎么搭理。平日里见惯了阿谀奉承之徒的王振，被李时勉的"傲慢无礼"气得不行，决定找李时勉的麻烦。

然而李时勉不仅为官清廉，在本职工作上也向来是兢兢业业。王振找来找去，还就是挑不出毛病。不过前文已经说了，欲加之罪，何患无辞，在王振这里，就算你没罪，也能给你弄出罪来。

不久之后，王振终于把李时勉的"罪名"给找到了，这个罪名非常有意思，叫"擅伐官树入家"。原来，国子监的彝伦堂旁有一棵巨大的古树，枝繁叶茂。李时勉嫌这棵大树碍事，妨碍国子监的学生列班听课，于是就命人砍掉了大树上的一些树枝。

　　王振听闻此事后，大喜过望，他突然变身环保主义者，将下令砍树的李时勉抓了起来，让他戴枷在国子监门口示众。当时正值酷暑，倒霉的李时勉戴着重型枷锁一连被罚站了三日，王振都没有放过他的意思。这下，国子监的学生不干了，他们不仅聚集在皇宫门口大声呼喊，还纷纷上疏，要求释放李时勉，连皇帝和太后都被惊动。最终，明英宗下令将李时勉释放。

　　正统九年（1444年）七月，朝中突然出了一件莫名其妙的事情，明宣宗之女顺德公主的丈夫、驸马都尉石璟突然被捕入狱。其实石璟入狱的原因十分滑稽，是因为他痛骂了自己家中的一个名叫吕宝的奴仆，而恰巧这个吕宝是阉人。王振得知此事后，觉得石璟歧视阉人，不给自己面子，于是将他抓进了监狱。虽然石璟不久后即被释放，但王振如此做派，也实在是滥用权力到了荒谬的地步。

　　同年十月，监察御史李俨也被捕入狱，而李俨入狱的原因也很滑稽，是因为他在光禄寺监督收纳祭祀用品时，正值王振前来视察，结果他见了王振没有下跪，让王振心中不爽。相比身为皇亲国戚的石璟，李俨入狱之后就没那么幸运了，他被流放到了辽东的铁岭卫。

　　到了正统十一年（1446年），有一位很有名望的官员遭到了王振的打压，他就是在后来的明朝历史上大放异彩的于谦。当时的于谦是兵部侍郎、河南和山西巡抚，他为官清廉，每次进京办事都是两手空空。王振见于谦迟迟不拿钱财来"孝敬"自己，心生怨恨。正好官员中，有一位名字类似于谦的监察御史常忤逆王振，结果王振把两个人搞混了，误以为这位监察御史就是于谦，于是下决心对于谦进行报复。

　　关于王振打压于谦的具体情况，各类史书记载不一。按《明史》记载，于谦被王振罗织罪名后下狱论死，在狱中待了三个月之后，王振发现自己把人搞错了，这才又把于谦放了出来，任命其为大理寺少卿；而按《明史纪事本末》记载，于谦只是被王振降职为大理寺少卿，并没有提到入狱之事。

　　值得注意的是，于谦被降职之后，河南、山西的大量官吏百姓伏阙上书，请求留用于谦，一些藩王也站出来为于谦说话。王振见众怒难犯，于是恢复了于谦的河南、山西巡抚之职。这足以说明，王振虽然专权跋扈，但也并非不计政治后果的狂徒，对于政绩突出、深得人心的官员，他还是能够容忍的。

王振权倾朝野，他的亲属也沾光获得高升。王振的侄子王山先是被任命为锦衣卫千户，后又成为锦衣卫同知。王振的另一个侄子、王山之弟王林，也被任命为锦衣卫指挥佥事。

照正常的历史轨迹，王振将在明英宗的宠信下长期执掌大权，其家族势力也会在朝中不断膨胀。然而正统十四年（1449 年），"土木堡之变"的发生彻底改变了这一切。

七、土木堡之变

要论王振为什么会背上千古骂名，那自然是因为"土木堡之变"了。这场导致皇帝被俘的惨败不仅断送了王振的性命，更差点断送了明朝的国运。

明初，北元势力被明军击溃后，蒙古大体上分裂成鞑靼和瓦剌两大势力，这两大部对明朝时而臣服，时而反叛，屡有战事发生。在明成祖朱棣凌厉的军事打击下，原本强大的鞑靼受到了重创。相比之下，瓦剌虽然也受到了打击，但损失不大，反而趁着鞑靼的衰落逐步崛起。宣德年间，瓦剌首领脱欢立元朝皇室后裔孛儿只斤·脱脱不花为大汗，自立为太师，并派兵东征西讨，征服了鞑靼。正统四年（1439 年），脱欢去世，其子也先继承太师之位，继续奉行扩张政策，又征服了兀良哈。至此，也先大体上统一了蒙古各部，对明朝构成了严重威胁。

按惯例，蒙古各部向明朝称臣，每年派遣使团向明朝进献以马匹为主的贡品，而明廷除了会回赐一定的财物，还会按照使团的人数对使团成员进行赏赐。由于明廷的赏赐较为丰厚，蒙古各部也乐于朝贡。也先掌权之后，为了多捞好处，频繁派出庞大的使团来到北京朝贡讨赏，所进贡的马匹也常以次充好。不仅如此，也先派出的使团在进入大明境内之后往往蛮横无理，时常骚扰地方，使团中更不乏密探，暗中搜集情报，刺探明朝的虚实。明廷对也先的行为十分厌烦，派人通知也先，让他每年派使团朝贡一次即可，而且使团人数必须在三百人以内，然而也先对此置之不理。

正统十四年（1449 年），也先再度派出两千多人的使团前来"朝贡"，为了多要赏赐，谎称使团人数为三千人，带来的马匹质量也参差不齐，有大量劣马掺杂其中。

王振对也先借朝贡之名讹诈大明钱财的行为忍无可忍，命礼部核实瓦剌使团的人数，按使团的实际人数给予赏赐，并派人详细查验进贡的马匹，因马匹质量普遍较差，削减马价五分之四，以此作为回赐的依据。王振的举动让也先大为光火，他随即发动了进攻大明的战争。

王振这次针对瓦剌使团的举动被人狂喷怒骂。很多人认为是王振不计后果的过分强硬，导致了土木堡之变的发生。然而事实上，也先发动对大明的战争，根本就是蓄谋已久，朝贡所引发的争端不过是借口而已。客观而论，王振的强硬举动其实很难说有什么不妥之处，如果一味放纵瓦剌，非但难以避免战争，而且会让国家蒙受更多的钱财损失，当更久的冤大头。

另外值得一提的是，以往很多人在谈到王振和土木堡之变时，总会说王振是卖国贼，在私下里向瓦剌走私兵器等物资。其实，就《明英宗实录》的记载来看，虽然负责镇守大同的太监郭敬干过向瓦剌倒卖兵器的勾当（"私遗胡寇兵器"），但并没有证据证明他的上司王振也参与其中。将走私兵器这样的罪名强行安到王振头上，其实是缺乏史料依据的无端指责。

正统十四年（1449 年）七月，也先下令分兵四路向大明发起进攻，东路由脱脱不花率领进攻辽东；中路分成两路，一路由也先本人率领进攻大同，一路由阿剌知院率领进攻宣府；另派一支军队作为西路军，进攻甘州。关于西路军的统帅有一定争议，不过这一路本就是不重要的偏师，在此也就不进行过多讨论了。

明朝方面对瓦剌的此次进攻并非毫无准备。早在同年六月，明英宗就命成国公朱勇从京营中挑选了四万五千人，分成两路：一路三万人，由平乡伯陈怀、驸马都尉井源率领前往大同；另一路一万五千人，由都督王贵、吴克勤率领前往宣府。不过由于此番瓦剌准备充分，四路军队攻势凌厉，造成了明军很大的伤亡。尤其是也先亲自统率的一路瓦剌军，于七月十一日在猫儿庄大败大同右参将吴浩部明军，并杀死吴浩，给明廷相当大的震撼。

得知前线危急，明英宗在王振的建议下，决定御驾亲征。皇帝要亲征的消息传出后，立即引发了朝中大臣们的激烈反对，但明英宗一意孤行，急令大臣们做各项准备工作。

京城御驾亲征的大军尚未出动，前线又传来败报。七月十五日，负责在大同总督军务的西宁侯宋瑛、总兵官、武进伯朱冕，左参将都督石亨等人率军在阳和与瓦剌军激战，结果明军全军覆没。宋瑛、朱冕皆死难，石亨逃回大同。按照《明英宗实录》的记载，明军的此番惨败是负责监军的太监郭敬导致的，相关原文如下：

时太监郭敬监军，诸将悉为所制，师无纪律，全军覆败。（《明英宗实录》卷一百八十）

从这一小段简短的史料原文来看，编写《明英宗实录》的明朝史官们虽然把战败的责任安在了郭敬的头上，但又说得含糊其词。考虑到中国古代的文人向来有给太监扣屎盆子的传统，郭敬在这件事上不免有背黑锅之嫌。顺便提一下，这个郭敬在全军覆没之际靠躲在草丛中捡回了一条命。逃过一劫的他见到了自己的上司王振，并对后来的战局产生了相当大的影响。

七月十六日，明英宗正式率领大军从北京出发，王振与大批文武官员随之扈从。应该说，这次御驾亲征从开始准备到正式出发，不过四五天的时间，这对于一场大规模战争的备战工作来说，实在是太仓促了。在各方面准备并不充分的前提下仓促出征，实乃兵家大忌。

关于这次御驾亲征的后续情况，我们不妨先放一放。因为我认为事情发展到这一步，有两个问题是需要好好探讨一番的：一是此次御驾亲征究竟是谁主导的；二是此次御驾亲征，明军出征的人数。

先来看第一个问题，历史学家在谈到土木堡之变时，总会痛骂王振，将土木堡之变视为他挟持明英宗出征的结果。那么，这次御驾亲征，明英宗真是被王振挟持着进行的吗？显然不是。

所谓王振挟持明英宗的说法，最早出现在《古穰杂录》中，原话是："振不与大臣议，挟天子率师亲征。"由于《古穰杂录》的作者李贤是亲身经历过土木堡之变的明朝官员，因此他的这番话影响巨大，后世的《明史纪事本末》《明史》等作品，都采纳了这一说法。

其实，只要稍加思索就可以发现，这所谓的"挟"不过是文人惯用的春秋笔法罢了。此次御驾亲征发生的时间是正统十四年（1449 年），明英宗已经二十四岁了，是一个已经掌握了实权的成年皇帝，既非没有权力的傀儡，也非不谙世事的孩童。相反，王振能大权在握，恰恰是明英宗宠信他的结果。明英宗与王振的关系恰似主人与奴仆。因此这次御驾亲征，王振可以请着皇帝去，求着皇帝去，但绝不可能挟着皇帝去。

事实上，这次御驾亲征固然与王振的建议有关，但真正拍板决定的依然是明英宗。文人们给王振扣上一顶"挟天子率师亲征"的帽子，其实是故意混淆主次关系，把土木堡之变的责任推到王振这个太监头上。

说完了第一个问题，接下来再来谈谈明军的人数。按照一直以来流传的说法，这次明英宗御驾亲征所统率的军队非常庞大，有五十万人之多。不过也有不少人在分析了当时京城及附近地区明军的数量后认为，以短短几天的准备时间来看，此战明军根本不可能达到五十万人。那么，明军真有五十万那么多吗？由于官方史料上没有当时京城及附近地区明军数量的详细记载，因此从这个角度切入分析实在太过麻烦，而且得出的结论也未必准确，所以我们不妨还是来看看个人著述对此是如何记载的。

明朝涉及土木堡之变的官方史料《明英宗实录》，并没有明确记载此战明军的人数，只在伤亡人数上含糊其词地用"官军人等死伤者数十万"一笔带过。既然官方没说这一仗出动了多少人，那这"五十万"的说法又是来源于哪里呢？

其实"五十万"之说，最早出自刘定之所著的《否泰录》，原文为："官军私属共五十余万人。"值得注意的是，刘定之虽然是经历过正统时期的官员，但并未亲身经历过土木堡之变，因此他的记载也不免有道听途说乃至是刻意夸大的成分，而且他在文中所说的五十万，指的是"官军"与"私属"相加后的人数，也就是明军将士和各种随行人员的总数，并非军队人数。

刘定之给出的"五十万"之说，被明、清两朝大量的野史书籍所采纳引用，而且很有意思的一点是，到了清朝之后，各类史书都说明军出动了五十万或五十余万，不再提及"私属"，实际上已经与刘定之的记载大不相同了。

其实，关于土木堡之战的明军人数，还有一则可信度相当高的记载，源于李贤所写的另一本书，名为《天顺日录》，原文如下：

> 二十余万人中伤居半，死者三之一，骡马亦二十余万。衣甲兵器尽为胡人所得，满载而还。

李贤曾跟随明英宗亲征，后在大军溃败后侥幸逃回。因此他在书中给出的说法，显然比刘定之的更可信。不过《天顺日录》中的"二十余万"，指的是明军在土木堡溃败时的人数，那么明军在出征时又有多少人呢？

由于明军在土木堡溃败前，已经经历了两次大战，尤其是在鹞儿岭之战中损失了四万人，所以明军出征时的人数应该还要更多一些。如果说明军在土木堡溃败时"二十余万"的说法，指的是二十万出头的话，那明军从京城出发时大致为二十五六万人，如果人数再多，实在是不太可能。因为明廷不仅难以在几天的时间内集结如此多的士兵，更无力承担如此兵力的后勤保障。

明英宗率领大军从北京出发之后，一路沿唐家岭、龙虎台、居庸关、榆林站、怀来、雷家站向前推进。过居庸关之后，大军接连遭遇风雨天气，全军士气日益低落。七月二十三日，大军到达宣府，再度遭遇了极为猛烈的风雨天气。随行的大臣们纷纷上疏，请求皇帝留在宣府，不要继续前进。王振大怒，下令将这些上疏的大臣们安排进军队中领略军阵，帮他们壮胆。

第二天，大军到达鸡鸣山。据《明英宗实录》记载，此时明英宗将军中的各项事务都托付给王振，而王振凭借皇帝的授权，狂耍威风。成国公朱勇等人有事禀告，在王振面前需屈膝跪行。王振命户部尚书王佐、兵部尚书邝埜管理军中的老营，结果两人没有听令，先行出发。王振因此大怒，让两位尚书跪在草丛中，直到天黑才让他们回去。

实事求是地说，王振让朱勇屈膝跪行，固然是过分了，但王佐、邝埜二人不听号令擅离职守，王振惩处他们，并没有什么不妥之处，更不应该将其视为王振飞扬跋扈的证据。

大军到达鸡鸣山后，军中的怯战情绪已经十分严重（"众皆危惧"），钦天监监正彭德清、翰林学士曹鼐都劝王振考虑皇帝的安危，不要再继续率军前进，但王振不听。此时的王振应该还不知道，瓦剌军队在得知明军大举进击后，已经退到塞外埋伏起来，尚未遭遇敌军的大军其实已经离危险越来越近了。

大军离开鸡鸣山后，沿万全峪、怀安、天城继续前进。七月二十八日，大军到达阳和城南面，众人看到地上布满了之前阳和之战遗留下来的大量尸骸，不免心惊胆战，士气更为低落。

八月一日，大军到达大同。第二天，大军在大同再度遭遇骤雨。本欲继续前进的王振见到了从阳和之战中死里逃生的郭敬。郭敬告诉王振："瓦剌军队已经埋伏妥当，如果大军继续前进，正好中了瓦剌人的奸计。"（"若行正中虏计。"）王振闻听此言，心生畏惧，于是说通明英宗班师。

这次御驾亲征进行到这里，又出现了一个问题，那就是大军的返程路线。据《明英宗实录》记载，明英宗原本与大臣们商定，大军从紫荆关回京，王振是蔚州人，开始也存了邀请皇帝驾临自己的家乡、光宗耀祖的心思，便也表示同意，但走到半途他又怕大军会踩坏自己家乡地里的庄稼，于是又说通明英宗，率领大军从宣府一线回京。（"初议从紫荆关入，王振，蔚州人也，始欲邀驾幸其第。继而又恐损其乡土禾稼，复转从宣府行。"）

清朝官方编著的《明史》，在关于王振的传记中，采纳了这一说法，由于内容与《明英宗实录》中的大体一致，这里就不列原文了。不过有意思的是，在《明史》有关曹鼐的传记中，却又出现了截然不同的记载：

> 振欲邀帝至蔚州幸其第，不听，复折而东，趋居庸。（《明史》卷一百六十七·列传第五十五）

由此来看，王振本来是想邀请明英宗驾临自己的家乡蔚州并从临近的紫荆关返回京城的，然而明英宗不听，执意向东，率领大军前往居庸关。

《明史》作为一部庞大的官修正史，内容自相矛盾之处甚多，实在是给今天的我们再看明朝历史带来了很大的困扰。这则出现在《明史》中的记载到底源于何处，已经难以查证。但它似乎向大家透露出一个信息，即明英宗对王振也并非一直言听计从的，他有自己的主张。事实上，从宣府、居庸关一线回京的行军路线，不管是不是出自王振的提议，最后做出决策的都是明英宗。所以在这个问题上，一味痛骂王振，却对明英宗的过失避而不谈，实在是有失公允。明英宗之所以放弃相对安全的紫荆关一线，改走宣府，应该是想在回京途中寻找瓦剌军队作战。毕竟对于明英宗朱祁镇来说，自己是堂堂大明皇帝，如此兴师动众御驾亲征，要是连一仗都没打就灰溜溜地回到京城，也实在是太没面子了！

必须指出的是，大军从靠南的紫荆关一线回京只是相对安全一些，远非绝对安全。事实上，紫荆关一线地形相对平坦，不像宣府、居庸关一线多山地，更利于瓦剌骑兵展开追击。大军从这条路线回京，未必就能躲过瓦剌军的魔爪。

由于这次大军返程的路线大体上与之前的进军路线一致，这里就不细说了。八月十二日，大军到达之前进军时经过的一处开阔地——雷家站，突然停住不再前进。一些历史学家分析，明英宗很可能是因为不甘心就这样回到京城，试图利用雷家站开阔的地形展开部队，以便与瓦剌军交战。

然而对于此时的明英宗来说，计划已经赶不上变化。到了八月十三日傍晚，明英宗突然接到奏报，自己的后卫部队已经被瓦剌军消灭了。

在得知明朝大军开始返回之后，也先充分利用自己的军队多骑兵的特点，开始了追击。到了八月十三日，瓦剌军盯上了明军的后卫部队，并果断发起了攻击。

当时负责给大军断后的是由恭顺侯吴克忠、都督吴克勤两兄弟率领的一支军队。关于这支军队有多少人，由于史书上没写，我们已经不得而知，但他们既然担负断后的重任，人数应该不会太少。非常不幸的是，吴克忠虽然是一员勇将，但他率领的军队却在与瓦剌军的激战中迅速崩溃，吴克忠、吴克勤均战死，仅有吴克忠的儿子吴瑾得以逃脱。

明英宗接到败报后，急令成国公朱勇、永顺伯薛绶率军四万前往迎战。这支军队前进到鹞儿岭后，遇到了瓦剌军的埋伏，全军覆没，朱勇、薛绶皆战死。

当明英宗再次接到败报之后，终于开始慌了。意识到情况不妙的他急令大军继续前进，试图摆脱瓦剌军的追击。八月十四日，明军再度启程出发，但很快在土木堡停了下来。接下来，就是大家所熟知的剧情，大军在土木堡一败涂地，明英宗被瓦剌军队俘虏。

按照一般的说法，由于在土木堡东南方二十里处有一座城，即怀来城，所以如果大军不是停在土木堡，而是及时进入怀来城，则之后的战况很可能大不相同。那么，明军为什么会滞留土木堡呢？一直以来，很多人在谈到这件让人扼腕叹息的历史事件时，总是会对王振发出愤怒的声讨："就是王振这个祸国殃民的死太监，为了等待一千多辆辎重车，将大军强行停留在了土木堡，这才导致了后面的悲剧！"

不过我现在要告诉大家的是，事实恐怕并非如此。所谓"王振为了等待辎重车而让大军停留在土木堡"的说法，最早出自《否泰录》。原文为：

> 日尚未晡，去怀来城仅二十里，欲入之保怀来城。振辎重千余
> 辆在后未至，留待之，遂驻土木。

《否泰录》给出的这一说法，在清代先后被《明史纪事本末》和《明史》所引用，而《明史》又是由清朝官方编著的官修正史，所以影响极为巨大。不过有意思的是，《否泰录》的作者刘定之在写了本书后，又成了《明英宗实录》的副总裁官，然而在《明英宗实录》中，却并没有出现王振为了等待辎重车而让大军停留土木堡的记载。这就说明，刘定之在自己私人作品中给出的这一说法，并没有得到明朝史官们的认可，不足为信。

那么，如果不是因为等辎重车，大军又是因为什么原因没有及时进入怀来城呢？北京大学历史系教授李新峰在《土木之战志疑》一文中，提出了一

个颠覆性的观点，即当大军行进到土木堡时，怀来城实际已被瓦剌军队占领了！明军之所以没有进怀来城，不是因为他们不想进，而是根本就进不了。对于李新峰教授的这个观点，我觉得值得好好讨论一下。

在明代，宣府是北京附近的军事重镇，而在宣府以东，又有独石、永宁、马营、赤城、怀来等城，大体由北向南构成一道防御体系，与宣府互为掎角之势。当土木堡之变发生时，负责镇守宣府的是总兵官杨洪，而负责镇守独石、永宁等地的是杨洪的儿子，即担任代理都指挥佥事的杨俊。

前文说过，也先分兵四路发起进攻，而进攻宣府的是由阿剌知院率领的一路瓦剌军。这支瓦剌军发起进攻后，虽然没能攻克重镇宣府，但却在宣府以东地区取得了很大战果。以杨俊为首的宣府东线将领们在瓦剌军队的凌厉攻势下表现不佳，纷纷率部弃城逃遁。明朝官方史料对此记载如下：

> 镇守居庸关都指挥佥事孙斌奏，守备怀来署都指挥佥事康能，及怀来、隆庆、龙门卫指挥千百户易谦等，各领军余，挈家弃城，来本关避贼，请治其罪。（《明英宗实录》卷一百八十一）

> 巡抚大同宣府副都御史罗亨信劾守备赤城堡指挥郑谦、徐福，雕鹗堡指挥姚瑄先于七月内，闻贼入境，弃城挈家奔走，以致怀来、永宁等卫亦行仿效，乞正其罪，以为边将不忠之戒。从之。（《明英宗实录》卷一百八十二）

在北京保卫战中立下大功的名臣于谦，对此痛心地评价道：

> 遇达贼临城，不能效力死守，辄将独石、马营归贼，并仓储、钱粮尽行捐弃在逃，以致士卒溃散，城池失守，开贼突窜之路，因而辱国丧师，至今令人痛恨。（《宣府镇志》卷四十二）

值得注意的是，明军弃城而逃，不等于瓦剌军占领城池。于谦也只是说"独石、马营归贼",但并没有提到怀来城是否被瓦剌军占领。其实不只是《宣府镇志》,其他如《明英宗实录》等史料也都没有明确说清当时怀来城的具体情况。也就是说,当大军到达土木堡时,怀来城究竟有没有落入瓦剌军队之手,是一个历史之谜。

不过我认为,即便当时怀来城没有被瓦剌军占领,但在宣府东线各地明军大溃逃,怀来城北面的独石、马营均已经被瓦剌军占领的情况下,无论是明英宗还是王振,都是不敢率军前往怀来城的。因为此时瓦剌的兵锋已经逼近,大军如果继续向怀来城前进,很可能会在怀来城附近遭到截杀,这不等于是自投罗网吗?

综合来看,大军停留在土木堡,是各方面因素导致的,而其中非常重要的一个问题当属情报缺失。明英宗这次御驾亲征的本意是率军与瓦剌军主力决战,然而大军出发之后,却显得十分盲目,直到到达土木堡之前,似乎尚不知明军在宣府以东的防线已经崩溃,独石、马营均已落入敌手。而当大军到达土木堡后,也先和阿剌知院率领的两路瓦剌军队已经前后包夹,对明军大体上形成了包围之势。此时,虽然距离土木堡不远的宣府仍在明军手中,但宣府守军由于兵力有限,只能选择闭门坚守,不敢出城作战。明英宗御驾亲征所率领的大军,其处境已经非常不妙。

八月十四日,也就是明英宗率大军到土木堡的当天,大军就面临一个极为糟糕的情况——缺水。土木堡地势较高,无水可饮,而南面十五里外的河流此时已经被瓦剌军占据。明军士兵掘地二丈余,都没能找到水,顿时军心大乱。

在出兵切断明军水源的同时,瓦剌军在进攻方面也没闲着,开始猛攻土木堡附近的隘口麻峪口。明军都指挥郭懋率军拼死阻击,才挡住了瓦剌军队前进的脚步。然而到了当天晚上,进攻麻峪口的瓦剌兵越来越多,郭懋也快支撑不住了。

在正式开讲明军在土木堡的大溃败之前,我觉得应该再说一说此时瓦剌军的兵力情况。关于土木堡之变,一直流传着"两万瓦剌军战胜五十万明军"的说法,不过前面已经说了,明军并没有五十万人,那么瓦剌军,真的只有两万这么少吗？其实应该也不是。

关于土木堡之变时瓦剌军兵力为两万的说法，还是出自《否泰录》，"其实虏众仅二万"。不过从土木堡之战的战况来看，明军在土木堡是遭到了也先和阿剌知院率领的两路瓦剌军的前后包夹，陷入了进退不得的境地，而要围住二十余万人的明军，单靠两万瓦剌兵显然不太可能。既然如此，那么当时合围土木堡的瓦剌军，究竟有多少人呢？《明英宗实录》中的一则记载，比较有说服力。

> 是日，虏众奉上皇至紫荆关北口，副都御史孙祥遣指挥刘深出见上皇。岳谦与深言，此处达子三万，止有精壮者二万，又有二万从古北口入。（《明英宗实录》卷一百八十四）

这段话说的是土木堡之变后的同年十月，也先带着被俘的明英宗前往紫荆关北口，又派遣一路军队从古北口入侵。考虑到此时距离土木堡之变才过了约两个月，因此这两路瓦剌军应该就是之前合围土木堡的也先部和阿剌知院部。从记载的兵力来看，一路三万人，另一路两万人，合计五万人。再考虑到瓦剌军在土木堡之战中应该有一定的伤亡，那之前兵临土木堡的瓦剌军应该为五万到六万人。也就是说，土木堡之变，瓦剌军的确是以少胜多不假，但双方的兵力对比并不像以往流传的那样夸张。

论证了瓦剌军的兵力，接下来再说回战局。到了八月十五日，明英宗本欲率军突围，然而此时大军营地周围出现大量瓦剌骑兵。明英宗害怕大军一旦离开营地会遭遇不测，只得作罢。此时明军虽然被围，但人数众多，营垒也较为坚固，也先一时也不敢大举进攻。接下来的情况，不同的史料记载又有所不同。

据《否泰录》记载，也先为了迷惑明军，派使者到明军营中求和，处于困境中的明英宗大喜过望，急忙让曹鼐草拟诏书，与也先议和。议和之后，口渴难耐的明军将士们顾不上敌军是否有诈，纷纷离开营地找水。也先趁机挥师猛攻，大批骑兵冲入明军中刀砍矛刺，混乱中的明军一败涂地。

也先派使者假意与明军议和之事，虽然在《否泰录》中有较为详细的记载，但在《明英宗实录》和《天顺日录》中却都没有出现，这两部史书上只是说也先假装退兵，诱使明军离营取水，然后再四面围攻，将明军击溃。

从整个土木堡之战各方面的情况来看，《否泰录》的史料价值远不如《明英宗实录》和《天顺日录》。因此我认为，也先假意议和这件事，可信度不高，很可能并不存在。

当然不管是假意议和也好，假装退兵也罢，一个客观事实是，土木堡的明军被瓦剌军给引诱出来了，并遭到了瓦剌军的围攻。不过二十余万明军的迅速崩溃，除了瓦剌军趁乱进攻之外，还有一个被很多人忽视的因素，那就是内部的倒戈叛乱。

> 御马监少监跛儿干伏诛，跛儿干本降虏，给事宫禁数十年，及土木之败，即助虏反攻，射内使黎定。既又为虏使来，有所需索，命执而诛之。（《明英宗实录》卷一百八十四）

这段史料的大致意思是，这个名叫"跛儿干"的人本是归降明朝的蒙古人，作为宦官在皇宫中当差数十年，成了御马监少监。他跟随明英宗出征，当明军在土木堡兵败时，就趁机助瓦剌军攻击明军，并用弓箭射杀一个名叫黎定的内使。之后，跛儿干投靠瓦剌，又作为瓦剌使者出使明朝索要财物，结果被明廷诛杀。

除《明英宗实录》外，曾出使瓦剌的明朝官员李实也在其著作《北使录》中写道：

> 也先人马四围，大战，大军倒戈，自相蹂践。

这些记载都表明，当土木堡之变发生时，明军出现了叛徒作乱的情况。内部起火无疑让混战中的明军雪上加霜，进一步恶化了局势。

敌军四面猛攻，又出现内乱，身处一片混乱中的明英宗，眼见突围不成，干脆下马坐了下来，结果很快被瓦剌兵俘虏。英国公张辅、泰宁侯陈瀛、驸马都尉井源、户部尚书王佐、兵部尚书邝埜等大批随行的贵族官员死难。

接下来要说一说王振的死因。一提到王振之死，估计很多人又会脱口而出："王振是在土木堡明军溃败之际，被护卫将军樊忠用铁锤给捶死的。"

不过现在我要告诉大家的是，这个大家所熟知的说法，很可能并非史实。

关于王振之死，明、清两朝的官修正史都是含糊其词。《明英宗实录》中，用"振等皆死"四个字一笔带过；而在《明史》中，则说王振被乱兵所杀。至于野史，那说法就更乱了，有说王振是被瓦剌兵所杀的，也有说王振是被护卫将军樊忠所杀的。其中"樊忠杀王振"的说法，由于先后被《国史唯疑》《国榷》《明史纪事本末》这三本影响较大的野史书籍所采纳，所以流传甚广。

其实关于王振之死，还有一种非常权威的说法，那就是自杀。这一说法，出自《英宗谕祭王振碑》，原文为：

车驾北征，振以腹心扈从，将臣失律，并以陷没，即引刀自刭。

景泰八年（1457年）正月，朱祁镇通过"夺门之变"，重新登上了失去八年之久的皇位，改年号为"天顺"。重新当了皇帝的朱祁镇依旧对王振念念不忘，不仅给王振补办了葬礼，还在王振生前所修的智化寺中给王振建了一间祠堂，赐额名"旌忠"，并刻碑纪念，这就是《英宗谕祭王振碑》的由来。这块历经历史变迁的石碑至今仍保存在北京智化寺中，早已成为宝贵的历史资料。

《英宗谕祭王振碑》作为皇帝下令制作的石碑，碑文内容理应是十分严谨的，而且土木堡之变时，明英宗与王振应该是待在一起的，王振挥刀自刭，极有可能是明英宗亲眼看见之事。

王振自杀这一可信度极高的说法没能流传开来，无疑跟人们对王振普遍存在的偏见有很大关系。因为在大家看来，像王振这种祸国殃民的太监是根本不可能用自杀来"殉国"的。相反，这个酿成土木堡之变的"罪魁祸首"，就应该被樊忠这样的忠义之士用铁锤砸个脑袋开花，这样才大快人心嘛！

其实正所谓冰冻三尺，非一日之寒，土木堡之变的发生与诸多因素有关，涉及明朝军事制度的弊病，明廷自仁、宣宗以来对蒙古瓦剌部崛起的忽视，等等。作为皇帝的亲信，王振对于土木堡之变这一惨剧当然是有责任的；但自明代以来的很多人不去指责身为最高统治者的明英宗朱祁镇，反而一味痛骂王振，甚至不惜以虚构史实的方式对其抹黑，实在是有失偏颇。

明朝的第一代权宦王振是一个复杂的人物，他在掌权期间，既有不少政治作为，又干了不少乱政之事。原本或许会顶着功过参半的名声寿终正寝的他，最终因土木堡之变背上了千古骂名。我在这里写这么多，并没有给王振翻案的意思，只是想告诉大家，我们在看待历史人物时要注意深入和全面，切忌被"脸谱化"的刻板印象所误导。

独霸后宫暴行累累

——万贵妃恐怕被抹黑了

常言道："女大三，抱金砖。"那如果女大十七呢？在中国古代的男权社会，老夫少妻、老夫少妾的情况十分常见，至于坐拥三宫六院的皇帝，就更不用说了。然而在明朝，却有那么一位皇帝一直近乎疯狂地宠爱一个比他大十七岁的女人。这位皇帝就是明宪宗朱见深，而那位深得他隆宠的大龄妇女就是明朝历史上大名鼎鼎的万贵妃了。万贵妃这样一个在年龄上比明宪宗大出许多的女人，能如此得宠，其实与明宪宗的早年经历有关。

明宪宗朱见深是明英宗朱祁镇的长子。按常理来说，作为皇长子的朱见深理应一辈子顺风顺水，名正言顺地成为太子，然后稳稳当当地登上皇位。然而，他父皇的一次军事冒险不仅让他一度从太子之位上跌落，更给他年幼的心灵留下了巨大的阴影。

正统十四年（1449 年），由于蒙古瓦刺部侵犯边境，明英宗御驾亲征率领大军北上讨伐，结果在土木堡遭遇惨败，明英宗被瓦刺军队俘虏。那一年，作为皇长子（还没有被立为太子）的朱见深年仅两岁。

土木堡之战的惨败让大明王朝瞬间陷入了风雨飘摇之中。大臣们为了稳定人心，决定拥立明英宗的弟弟朱祁钰为皇帝，但当时有一定政治影响力的孙太后并不愿意。后来经过商议，孙太后与群臣达成妥协，在立朱祁钰为皇帝的同时，立朱见深为太子。

就这样，朱见深虽然成了太子，但皇位上坐的却不是他的父皇，而是他的皇叔。在如此复杂的局面下，朱见深的太子之位自然是摇摇欲坠。也就是在此时，一个女人走进了朱见深的生活。这个女人就是宫女万氏，因为受到孙太后赏识，被派来伺候太子。当时不会有人想到，孙太后这样一个极为正常的做法，竟在日后引发了一场为世俗道德所不容许的不伦之恋。

朱祁钰当了皇帝后，在于谦等人的辅佐下击退了瓦剌军的入侵，声望如日中天。一年后，朱祁镇被瓦剌放回。为了保住自己已经到手的皇位，朱祁钰对这个辱国丧师的哥哥自然是一点儿也不客气，将他软禁在南宫，派人严加看管。

软禁了兄长、坐稳了皇位的朱祁钰，自然不会甘心皇位被侄子继承，于是在景泰三年（1452年）废掉朱见深的太子之位，改封沂王，立自己的儿子朱见济为太子。

虽然名义上还是亲王，但由于敏感尴尬的身份，此时的朱见深，地位可想而知。坐在皇位上的朱祁钰对朱见深极为猜忌，派人将他严加看管。朱见深就在这样险恶的环境中慢慢长大，整日提心吊胆，生怕哪天小命不保。唯一让他感到安慰的是宫女万氏不离不弃，一直无微不至地照顾着他，让他在这个凉薄的世界上仍能感受到一丝温暖。

转机在景泰八年（1457年）。这一年，朱祁钰病重，朱祁镇通过"夺门之变"重新登上皇位。战战兢兢多年的朱见深自然又一次成了太子，并在朱祁镇去世后继承了皇位，是为明宪宗。

当了皇帝的朱见深深念万氏的厚恩，想要册封万氏为皇后，后在太后和大臣们的强烈反对之下只得作罢，转而以都督同知吴俊之女吴氏为皇后。

吴氏当上皇后之后，由于嫉恨万氏受宠，借故下令杖责万氏。得知万氏挨打，明宪宗怒不可遏，很快废掉吴皇后，改立妃子王氏为皇后。

明宪宗为了万氏，不顾群臣反对，坚持把刚立不久的皇后给废了，其对万氏感情之深，由此可见一斑。

成化二年（1466年），已经三十七岁的万氏生下了明宪宗的第一个儿子，明宪宗为此大喜过望，不久后册封万氏为贵妃。然而这位小皇子出生还不到一年，就生病夭折了，令明宪宗和万贵妃痛心不已。之后万贵妃虽一直未能再生育，但明宪宗依旧对她宠爱如故。

不过深蒙明宪宗宠爱的万贵妃，却也因此背上了骂名。按照一直以来的说法，情况是这样的：

万贵妃仗着皇帝的宠爱，独霸后宫、暴行累累。她自己长期生不出孩子，又唯恐别的妃子为皇帝生出皇子，于是一旦皇宫中有妃子出现怀孕的迹象，万贵妃就派人下堕胎药。妃子柏氏有幸生下了二皇子朱祐极，但朱祐极也被万贵妃害死。

后明宪宗宠幸了宫女纪氏，纪氏怀孕。万贵妃听闻后，自然也派人给纪氏下了堕胎药，所幸未能堕胎成功。后来，万贵妃派去给纪氏下药的宫女良心发现，欺骗万贵妃说纪氏是生病，不是怀孕，万贵妃于是放心。

后来纪氏生下了一个儿子，又被耳目遍及整个皇宫的万贵妃探知。气恼至极的万贵妃让太监张敏去将这个孩子溺死。然而张敏也是一个心地善良的人，他痛心地说道："皇上还没有儿子，怎么能放弃这个儿子呢？"（"上未有子，奈何弃之？"）于是他将这个孩子藏了起来，由一些太监宫女秘密用蜂蜜喂养。万贵妃日夜想要找到这个孩子，却找不到。（"贵妃日伺无所得。"）

当时已经被废的原皇后吴氏居住在皇宫中的冷宫——西内，她听闻这个消息后，就把这个孩子接到西内抚养。

转眼到了成化十一年（1475 年），一次张敏为明宪宗梳头时，明宪宗看到镜子里自己的白发，感叹道："朕快老了，却还没有儿子啊！"隐藏秘密许久的张敏意识到机会来了，他伏地叩头对明宪宗说道："皇上，您其实已经有儿子了！"明宪宗大惊之余，急忙问儿子在哪里。张敏回答说："我说出这件事，已是死到临头，望皇上为皇子做主。"知晓内情的司礼监太监怀恩也趁机叩头说道："张敏说得没错，皇子秘密养在西内，今年已经六岁了，一直隐藏着不敢让您知道。"

明宪宗闻言大喜，当天就来到西内，派人迎接自己的儿子。得知皇帝派人来接皇子，纪氏悲喜交加，她清楚自己的儿子终于熬出头了，却也明白万贵妃不会放过自己，自己死期将至，于是抱着儿子痛哭："儿子你这一去，我不可能活了。儿子你见到身穿黄袍有胡须的人，他就是你的父皇。"

已经六岁的皇子，这才与自己的父皇明宪宗相认。看着眼前的儿子，明宪宗端详了许久，喜极而泣："这是我儿子啊，像我！"（"我子也，类我！"）随即向群臣公布喜讯，皇子之母纪氏，也被册封为妃。

得知消息的万贵妃怒气冲天，就派人害死了纪氏。张敏明白万贵妃肯定不会放过自己，于是吞金自杀。

这个在皇宫的角落里隐藏了六年之久的孩子，被明宪宗取名朱祐樘，并立为太子。由于万贵妃在后宫中势力太大，明宪宗的生母周太后唯恐这个来之不易的孙子遭她的毒手，于是将其接到自己身边抚养。

然而万贵妃贼心不死，一日，她不怀好意地请朱祐樘去她的宫中吃饭。临走前，周太后叮嘱朱祐樘："你去了万贵妃那里，千万别吃任何东西！"朱祐樘牢记奶奶的话，见了万贵妃后，万贵妃给他食物，他就说吃饱了。万贵妃于是又请他品尝羹汤，朱祐樘推辞不过，干脆说："恐怕有毒吧。"（"疑有毒。"）

一脸假笑的万贵妃听罢，差点儿当场晕倒，哭喊道："这孩子才几岁就这样子，以后不得吃了我啊！"（"是儿数岁即如是，他日鱼肉我矣！"）

此后，朱祐樘就在周太后的呵护下健康成长，并在明宪宗死后继位，也就是明孝宗。

这个流传甚广的故事，在描述明孝宗朱祐樘幼年悲惨经历的同时，也让万贵妃的阴险毒辣深入人心。其实这个故事虽然编得绘声绘色，但如果仔细审阅，就能发现不少漏洞。

第一，如果万贵妃真是频频派人让别的妃嫔堕胎，甚至害死皇子，将整个后宫搅得天怒人怨。那她的这些劣迹，明宪宗不可能毫不知情。明宪宗纵然再宠爱万贵妃，也不可能对自己的亲生骨肉惨遭残害无动于衷，放纵万贵妃到如此地步。

第二，既然万贵妃将下药堕胎、溺死皇子这样的"重任"分别交给一名宫女和太监张敏，那这两个人肯定都是万贵妃的心腹。然而他们居然都在关键时刻"良心发现"，宁死也要保全纪氏和她的孩子，这可能吗？

第三，张敏将孩子藏起来之后，万贵妃"日伺无所得"，那证明她对张敏藏孩子的事是知情的。以万贵妃在后宫中的权势之大、耳目之多，居然找不到一个孩子？更何况，既然张敏"背叛"了万贵妃，那万贵妃理应将这个"叛徒"弄死才是。连皇后都能轻易扳倒的万贵妃，要收拾张敏这样一个小太监，自然是比踩死一只蚂蚁还要容易。可偏偏阴险毒辣的万贵妃，在对待张敏的问题上却似乎又变成了菩萨心肠，非但没有找张敏的麻烦，反而还允许他为皇帝梳头，这说得通吗？

第四，据《明实录》等史料记载，明宪宗的皇二子朱祐极生于成化五年（1469 年），死于成化八年（1472 年），而皇三子朱祐樘生于成化六年（1470 年）。也就是说，当朱祐樘出生时，朱祐极其实还活着，明宪宗是有儿子的。既然如此，张敏接到万贵妃溺死皇三子的命令时，又怎么可能说"上未有子"这样的话呢？

第五，既然朱祐樘被秘密养在皇宫中长达六年之久，那知道他藏身之处的太监宫女恐怕不少。然而这些人却都不惧万贵妃的淫威，一个个冒死守护这个孩子，六年来竟无一人向万贵妃举报讨赏，这思想觉悟未免也太高了吧！

第六，历朝历代对皇帝的子女都有严格的监护、记录制度，绝不是皇宫里随便冒出个孩子，凭借两个太监的说辞和皇帝的一句"像我"，就能被确认为皇子乃至立为太子的。面对突如其来的"儿子"，难道身为皇帝的朱见深就这样稀里糊涂地认了？他就不怕"喜当爹"吗？

第七，周太后是明宪宗的生母，辈分与地位均在万贵妃之上，因此纵然万贵妃在后宫中权势再大，周太后也不怕她。既然周太后知道万贵妃很可能没安好心，又怎么肯让朱祐樘去万贵妃那里做客呢？难道她就不怕失去这个年幼的孙子？

虽然漏洞百出，但一直以来，大量的文人学者和历史学家们还是将这个故事视为史实，以此痛斥万贵妃是祸乱后宫的妖女。其实这也不能怪他们，因为这个故事虽然编得很不严谨，但却出自一部非常具有权威性的史书，那就是由清朝官方编著的《明史》。

我在前面已经说过，对待历史要具体问题具体分析。既然清朝官方编著的《明史》，在关于万贵妃的记载上存在问题，那我们就再看一看明朝官方编著的《明实录》，在这方面又是如何记载的。

其实对待万贵妃这个人物，《明实录》和《明史》在主基调上可以说是一致的，都是持批判态度。在《明宪宗实录》中，对万贵妃大体上进行了四个方面的抨击：一是万贵妃"专宠"，独霸明宪宗的宠爱；二是万贵妃在生活上极为奢侈，超过了贵妃应有的待遇规格，存在逾制问题；三是万贵妃的不少家属都凭借着万贵妃的关系获得了都督、都指挥、千百户等官职，可谓"一人得道，鸡犬升天"；四是如钱能、覃勤、汪直、梁方、韦兴这些官员太监中的奸佞小人，都以万贵妃为靠山，搜刮百姓、作威作福、陷害忠良。

《明宪宗实录》虽然在批判万贵妃方面费了不少笔墨，但对《明史》中所记载的万贵妃派人害嫔妃堕胎、害死皇子、害死纪氏等恶行，却一概没有提及，还明确说纪氏是病死。

需要说明的是，按照明朝的实录编著惯例，当一位皇帝死后，由继任的新皇帝组织人员编著实录，记载先皇统治时期的情况。也就是说，《明宪宗实录》，其实是明宪宗的儿子明孝宗在位期间，组织一批大臣、文人撰写的。

从《明宪宗实录》对万贵妃的记载来看，明孝宗显然是不喜欢父皇的这位贵妃，由他下旨编写的实录，字里行间颇有对万贵妃挑刺的意思。

首先，"专宠"和"逾制"这两条对万贵妃的指责，很难站得住脚，至少主要责任不在万贵妃身上。试问万贵妃"专宠"，那还不是因为明宪宗宠她吗？生活奢侈、规格逾制，那不也是明宪宗给她的吗？《明宪宗实录》不敢将这些问题归咎于明宪宗，转而一味指责万贵妃，明显有失偏颇。

其次，万贵妃的亲属凭关系做官的事也没什么好批判的。因为在整个明代，贵妃的亲属被授予都督、都指挥、千百户等职，本就是惯例。事实上，这恰恰说明万贵妃是一个在政治上识大体的人，并没有因为自己得宠就给家人过多的优待。

至于所谓"奸佞小人"投靠万贵妃为非作歹的说法，就更是显得牵强了。钱能、覃勤、汪直、梁方、韦兴这几个人，到底是不是奸佞小人，姑且不论。

万贵妃得皇帝专宠，朝中的官员和宫中的太监为了拍皇帝的马屁，自然也会想方设法讨好万贵妃。即便在这些阿谀奉承者中，有一些人干了不少坏事，也不该把责任推到深居后宫的万贵妃头上。

按理说，如果万贵妃真的有让别的妃子堕胎、害死皇二子朱祐极和明孝宗的生母纪氏等恶行。那明孝宗继位之后，理应将万贵妃的这些罪状公布天下，再将万贵妃的亲属赶尽杀绝，甚至把万贵妃掘墓毁尸吧（当时万贵妃本人已死）。

然而非常有意思的是，即便是在对万贵妃鸡蛋里挑骨头，没理由创造理由也要骂几句的《明宪宗实录》里，都没有这些记载，所以还能说万贵妃干过这些事吗？

明孝宗对万贵妃亲属的态度也很能说明问题。明孝宗继位后，收到过不少官员请求严惩万氏族人的奏疏。对此，明孝宗反应十分冷淡，仅仅下令将万贵妃的弟弟万喜革职抄家而已，并没有找万家复仇的意思。

所以，无论从哪个角度说，《明史》中关于万贵妃诸多恶行的记载，都是不真实的。按理说，《明史》作为官修正史，内容理应严谨，却又为何会出现如此不靠谱的故事呢？只要略微探究一下就可以发现，这与一个名叫毛奇龄的人有很大的关系。

毛奇龄，清初著名文人，曾在康熙年间担任过明史馆纂修官，参与了《明史》部分内容的编写工作。除此之外，他还写过一本名为《胜朝彤史拾遗记》的书，内容为明朝的宫闱秘史。《胜朝彤史拾遗记》中对于万贵妃的描述，跟《明史》中的相关内容几乎一模一样。也就是说，《明史》中之所以会出现这些万贵妃的"黑料"，其实是因为毛奇龄把自己在《胜朝彤史拾遗记》中写的部分内容，搬到了《明史》里。

既然《明史》里的这部分内容来自《胜朝彤史拾遗记》，那么《胜朝彤史拾遗记》里的相关内容又来自哪里呢？我觉得应该是来源于两本书，一是《徐襄阳西园杂记》，二是《谷山笔麈》。在此不妨给大家看一看这两本书中的相关原文：

宪皇溺爱万妃，后宫无敢僭宠者。惟宫人纪氏偶获一幸，遂有娠。万妃百计摧辱，娠固无恙。乃摈居西宫，与废后吴氏同居，内外不通。后生子，无乳，馁几殆。忽有应爪一牝鸡从空坠于庭，内侍获而畜之，日生卵，取以和粥糊喂之，遂得生。宪皇不知也。时王皇后无子，宪王一日命内监理发，鉴镜嗟叹。内监曰："官家嗟叹，岂以未有太子故耶？"宪皇颔之。内监曰："太子生西宫已六岁矣，复何虑？"具道其故。宪皇惊喜，握发径造西宫，斧门而入。皇子胎发披面，见宪皇即走入怀中。宪皇即抱之还宫，遂立为太子，是为孝宗。纪氏亦出居宫中，甫一月而卒。人谓为万妃所鸩。(《徐襄阳西园杂记》卷上）

纯皇之诞孝庙也，时万贵妃宠冠后廷，宫中有孕者，百方堕之。孝穆太后旧为宫人入侍，已而有孕。贵妃使医堕之，竟不能下，乃潜育之西宫，报曰："已堕。"上不知也。一日，上坐内殿，咄嗟自叹，一内使跪问故，上曰："汝不见百官奏耶？"小内使应曰："万岁已有皇子，第不知耳。"上愕然，问："安在？"对曰："奴言即死。"于是太监怀恩顿首曰："内使言是。皇子潜养西宫，今已三岁，匿不敢闻。"上即敕百官语状。明日，廷臣吉服入贺，遣使往迎皇子。使至，宣诏，孝穆抱皇子泣曰："儿去，吾不得活。儿见黄袍有须者，即儿父也。"皇子衣小绯袍，乘小轿子，拥至奉天门下。上抱置之膝，皇子辄抱上颈，呼曰："爹爹。"上悲泣下。是日颁诏天下。时孝肃居仁寿宫，恐皇子为皇妃所伤，乃语上曰："以儿付我。"皇子遂居东朝。自是，诸宫报生皇子者相继矣。一日，上出，贵妃召太子食，孝肃谓太子曰："儿去毋食也。"太子至中宫，贵妃赐食，曰："已饱。"进羹，曰："羹疑有毒。"贵妃大恚，曰："是儿数岁即如是，他日鱼肉我矣。"悆不能语，以致成疾。初，孝穆为宫人时，有宫人当直宿者病，而强孝穆代之，遂有孕云。孝庙既生，顶上有数寸许无发，盖药所中也。传云："太子迎入东朝，贵妃使使赐孝穆

死。或曰孝穆自缢。"万历甲戌，一老中官谓予道说如此。(《谷山笔
麈》卷二)

将这两段话结合一下，大体上就是《胜朝彤史拾遗记》和《明史》中有
关万贵妃的恶行内容了。要进一步说明《徐襄阳西园杂记》和《谷山笔麈》
里的内容是否可信，还需要说一说这两本书的作者的情况。

《徐襄阳西园杂记》的作者是徐咸，正德六年（1511年）进士，后担任
过知府，所处的时代距离明宪宗时期不远。虽然时间间隔不远，但徐咸这样
一个级别不高的地方官，根本没有可靠的渠道了解后宫里的事情，他所写的
不过是传闻而已。

相比徐咸，《谷山笔麈》的作者于慎行是个高官，他在万历年间历任礼部
侍郎、礼部尚书等职，还一度成为太子少保兼东阁大学士。

那么，出自于慎行这样一位明朝高官笔下的内容，真实性就高吗？恐怕
也不高，甚至可以说非常之低。首先，于慎行所处的时代，距离明宪宗时代
已经过了约一百年。一个人记载百年前的事，不是参照别人的记载，就是道
听途说，内容出现失真是再正常不过的事情。更重要的是，对于自己所写的
这部分内容，于慎行其实给出了明确的出处，也就是文中的最后一句："万历
甲戌，一老中官谓予道说如此。"

所谓"老中官"，就是老太监。也就是说，《谷山笔麈》中记载的关于万
贵妃的种种劣迹，是于慎行在万历年间从一个老太监口中听来的。其实对于
这些，于慎行本人也未必相信，只是作为八卦消息写进书里图个乐罢了，后
来的一些人却将其奉为信史，无疑很不妥当。

既然《徐襄阳西园杂记》和《谷山笔麈》里的记载不靠谱，那靠谱的记
载有没有呢？我认为是有的，如《謇斋琐缀录》。

《謇斋琐缀录》的作者是成化年间的内阁大学士、兵部尚书尹直。作为明
宪宗手下的大臣，尹直是当时诸多事件的亲历者。因此他的记载可信度自然
非常高。

据《謇斋琐缀录》记载，当得知宫女纪氏怀孕之后，万贵妃既生气又痛

苦（"恚而苦楚之"）。明宪宗为了安慰万贵妃，于是让怀孕的纪氏以生病为由搬到皇宫外的安乐堂（明代安置生病太监的地方）去住，然后告诉万贵妃："纪氏不是怀孕，是肚子里长了瘤子。"皇子出生后，明宪宗又秘密派人看护照顾。后来万贵妃得知消息，惊讶地说道："为何唯独不让我知道？"（"何独不令我知？"）于是她连忙穿好衣服，向明宪宗道贺，还派人赏赐了纪氏母子很多财物，并择良辰吉日将他们接入皇宫。（"遂具服进贺，厚赐纪氏母子，择吉日请入宫。"）

对此，《明实录》中也明确记载，明孝宗朱祐樘出生于皇宫外，直到六岁时，明宪宗才向群臣公布了这个皇子存在的消息，并让礼部官员为小皇子取名，可以与《篸斋琐缀录》中的相关内容相互印证。

不仅如此，根据成化年间的内阁大学士商辂所写的《国本疏》，朱祐樘在进皇宫之后，其实被万贵妃抚养了一段时间。在这份奏疏中，商辂盛赞万贵妃对朱祐樘"躬亲抚育，保护之勤，恩爱之厚，逾于己出"。

虽然商辂写这样一份奏疏，可能存有对万贵妃不太放心，提醒明宪宗注意小皇子安全的隐含意思，但朱祐樘被万贵妃抚养过，必然是事实，而且事实也证明，万贵妃并未加害于他。

另外，关于张敏的结局也值得一提。《篸斋琐缀录》《双槐岁钞》《张氏族谱》等书，都记载了这位曾照顾过朱祐樘的太监，死于成化末年或是成化二十一年（1485年），并非《明史》中记载的在成化十一年（1475年）吞金自杀。这也从侧面说明，《明史》对万贵妃种种恶行的记载是不可信的。

不过，虽然万贵妃并未真正迫害过纪氏母子，但与此有关的谣言却不胫而走，成为当时和后世不少人茶余饭后的谈资。

例如，成化年间的文人黄瑜就在《双槐岁钞》中这样写道："既有娠，万氏知之，百方苦楚，胎竟不堕。"意思是万贵妃知道纪氏怀孕后，千方百计为难纪氏，想让她堕胎，但是没有成功。在谈到纪氏之死时，黄瑜又写道："京师藉藉。谓薨于鸩也。"暗指是万贵妃毒死了纪氏。

综合来看，万贵妃虽然在得知纪氏怀孕之后，因为妒忌而生气痛苦，但她并未迫害过纪氏与朱祐樘，也没有害死朱祐极，更没有让大量的嫔妃堕胎。

可是由于明宪宗宠爱万贵妃，导致朱祐樘在皇宫外出生，并一度不为人知，这就给了许多人以想象空间，出现了不少关于万贵妃恶毒的不实谣言，而且随着时间的推移，谣言更是在不断地添油加醋中持续发酵，万贵妃在各种书籍中被越描越黑，最终成了现在人们所熟知的模样。

看到这里，大家应该明白了。《明史》中出现那么多万贵妃的所谓恶行，其实是毛奇龄误信谣言的结果。我现在要告诉大家的是，事情恐怕没这么简单。因为《明史》作为一部断断续续编著了一百多年的官修正史，有庞大的编写团队，更有严密的考证与审阅制度，其中的内容远不是一两个纂修官所能决定的。如果说汇集了清代史学精英的明史馆，连万贵妃的事情都没能力考证清楚，那就不免显得滑稽可笑了。既然如此，清朝史官们对万贵妃的记载，就不可能是误信谣言所致，而是别有用心的抹黑。

那么，清朝的史官们为何要抹黑万贵妃呢？答案应该是政治目的。作为清朝官方出版的史书，《明史》的政治倾向性是很强的，对明朝尤其是对明朝皇帝多有抹黑之举，而明宪宗宠爱一个比自己大十七岁的女人，这样的不伦之恋，无疑是一个很好的切入点。只要将万贵妃塑造成独霸后宫、暴行累累的女魔头，那一直放纵这个女魔头作恶的明宪宗，显然就是一个懦弱无能的昏君了。说白了，抹黑万贵妃，其实是为了抹黑明宪宗，进而达到贬低明朝的目的。

在明朝历史上，享尽荣华富贵的万贵妃，却也是一个可怜人。原本品行尚可的她，因为与明宪宗年龄悬殊的爱情而屡遭非议。对于她的种种诋毁与抹黑，更是在她死后都久久不能平息。虽然我才疏学浅，但我还是决定，尽自己所能，去驱散历史的迷雾，还万贵妃一个公道。

祸国殃民？战功赫赫？
——太监汪直的传奇人生

在古代，太监由于身体残缺，历来都是被人们鄙视的。不过正所谓三百六十行，行行出状元。一个不可否定的事实是，太监由于是皇帝身边的人，靠近政治权力中心，在历史上着实涌现出了不少风云人物。太监要想出人头地，也是要论资排辈的，然而凡事都有例外，在明朝，就有这样一个太监，小小年纪就获得了皇帝的极度信赖，被授予大权。这个人就是我接下来要跟大家说一说的传奇太监——汪直。

在明朝的众多太监中，汪直是一个知名度非常高的人物，一些历史学家将他与王振、刘瑾、魏忠贤并列，称为"明朝四大权宦"。不过我觉得，汪直虽然一度权力很大，但如果将他与其他三个人排在一起，那也未免太高看汪直了。

王振、刘瑾、魏忠贤这三个大太监，在权力巅峰时期，不仅是太监中的天字第一号人物，放眼全国，那也是一人之下，万人之上。汪直和他们比起来，就不免显得寒碜了。在汪直掌权时期，不仅有一个地位在他之上的司礼监掌印太监怀恩，而且尚铭、梁芳这两个皇帝的亲信太监，大体上也能跟汪直平起平坐。

既然如此，那么汪直又为何会被刻意拔高呢？说起来，这还真是汪直自己的问题，因为这个人实在是太能来事、太能折腾了，他的所作所为不仅给国家带来了不小的影响，也给他自己带来了丰富多彩的传奇人生。

一、年幼得宠

成化元年（1465年），由于两广地区的"大藤峡之乱"越演越烈，明宪宗派大军征讨。明军平定乱局后，将大量包括女人和孩子在内的战俘押回京城，男的阉割后进宫当太监，女的进宫当宫女。在这些人中，有两个人以各自不同的方式影响了之后的明朝历史，第一个是前文提到过的明孝宗生母纪氏，第二个就是大名鼎鼎的汪直了。

关于汪直这个人，到底是哪一年出生的，由于史书上没写，我也不知道，但从现存的史料记载来看，汪直无论是入宫还是掌权，年龄都是非常小的。

据《明宪宗实录》记载，成化十三年（1477年）五月，内阁大学士商辂在弹劾汪直的奏疏中说："今汪直年幼，未谙世事。"另外在《明宪宗实录》关于同年二月的条目中，也对汪直的过往进行了简要介绍："汪直，昭德宫内使也，年幼最得宠，升御马监太监。"

虽然两则记载都没有明说汪直的年龄，但在古代，年幼一般指的是十四岁及以下。综合《明宪宗实录》里的相关内容来看，汪直被明宪宗委以重任，开设新特务机构——西厂，应该是在十四岁左右，而他之前被任命为御马监太监时，年龄就更小了。

在正式介绍汪直的详细经历之前，还是有必要先简单介绍一下御马监和西厂。御马监是明朝内廷中仅次于司礼监的机构，不仅掌管部分禁军，还为皇帝打理牧场、皇庄、皇店。至于西厂，大家应该都在武侠剧里见过，它和东厂、锦衣卫一样，都是明朝的特务机构。汪直能先后掌管御马监和西厂这样两个炙手可热的部门，足见明宪宗对他的信任，考虑到此时的他还只是一个未成年的孩子，就更让人有不可思议之感。

那么，小小年纪的汪直为何能被委以重任呢？其实这和万贵妃有很大关系。前文说到，据《明宪宗实录》记载，汪直在入宫之后，曾为"昭德宫内使"。昭德宫是万贵妃的寝宫。由此可以推断，汪直应该是在伺候万贵妃方面做得很不错，于是在万贵妃的推荐下又得到了明宪宗的赏识，以至于先后执掌御马监和西厂。

看到这里，有人可能会有疑问，既然已经有了东厂、锦衣卫这两大特务机构，那明宪宗为什么又要设立一个西厂呢？

其实，明宪宗之所以要增设西厂，原因出在东厂和锦衣卫身上，要怪就怪这两帮人实在是太不争气了。

成化十二年（1476 年）七月，北京城内出现大量关于"黑眚"流窜伤人的传闻。黑眚是中国古代传说中的一种怪物，浑身散发着黑气，行动十分迅速，总在夜间出没伤人。一时间，整个京城人心惶惶，很多百姓夜里不敢熄灯，生怕黑眚来袭。

一天早朝时，不知哪个不长眼的喊了一句："黑眚来了！"奉天门的侍卫们顿时乱成一团。明宪宗闻讯后急忙起身，想找个地方躲躲。一旁的司礼监太监怀恩生怕皇帝开溜会导致皇宫大乱，一把抓住明宪宗的衣服不让他走。大概也是觉得自己身为九五之尊，惊慌失措地逃跑实在太没面子，被怀恩拽住不放的明宪宗勉强镇定下来，这才让宫内局势逐渐稳定。

"黑眚风波"闹得沸沸扬扬之后，很快又出现了"李子龙事件"。

李子龙本名侯得权，是明朝成化年间的一个滑稽人物。关于这个人原来是干什么的，各种史书上的记载有较大出入，有的记载说他原本是一个和尚，也有的记载说他原本是一个道士。当然，不管是当和尚还是当道士，这人都不是什么正经人。他十分擅长干画符驱邪之类的事，应该还会表演一些魔术类的小把戏，竟把皇宫中以韦舍为代表的一批太监骗得团团转。

由于黑眚传闻给太监们造成了极大的恐惧心理，一些迷信李子龙"法术"的太监，竟私自让李子龙进入了皇宫大内，而李子龙也确实胆大，竟然就此在皇宫中玩弄把戏、发展信徒，看这架势，是要在宫里常住了。

天下没有不透风的墙，在皇宫中活动了一段时间的李子龙，最终被锦衣卫逮捕后处死。虽然"妖人"已经伏诛，但一个非官非吏的江湖骗子居然骗进了皇宫，骗到了皇帝的眼皮子底下，还是让明宪宗在惊讶之余后怕不已：今天江湖骗子能进皇宫，那明天宫里要是再出现个刺客呢？这东厂和锦衣卫都是干什么吃的？真是养了一群废物。

又惊又怕的明宪宗越想越窝火，越想越气，他决定在东厂和锦衣卫之外，再设立一个特务机构，一来保护自己的安全，二来也让自己进一步了解宫外发生的事。一个新的特务机构——西厂，就在这样的背景下诞生了。

既然要另起炉灶，那这个新炉灶的负责人自然十分关键。明宪宗心中的人选是深受自己和万贵妃赏识的太监汪直。为了进一步测试汪直的办事能力，明宪宗命汪直外出探查情况。汪直于是频频出宫，此时的他行事低调，身穿布衣小帽，有时骑驴，有时骑骡，穿梭于北京城的大街小巷，很快打听到大量情况，并汇报给了明宪宗，让明宪宗十分满意。

二、西厂初立

成化十三年（1477年）正月，名为"西缉事厂"，简称"西厂"的新特务机构在北京灵济宫前正式挂牌成立，汪直成了"钦差总督西厂官校办事太监"，统领西厂。

事实证明，汪直年纪虽小，心却不小，他立志要做一番大事，为国建功立业。既然特务机构的头子想干大事，那机会总会有的。很快，一个人就撞到了西厂的枪口上。

这个人名叫杨晔，时任建宁卫指挥使，官职虽然不高，但家世却十分显赫，是明初内阁大学士杨荣的曾孙。不过身为名臣之后的杨晔，所作所为却非常丢祖宗脸，他与父亲杨泰倚仗官职和家族势力，在福建地方上横行霸道，甚至公然打死人。

闹出人命之后，杨晔的恶行被奏报至朝廷，朝廷派刑部主事王应奎和锦衣卫百户高崇前往福建调查，结果却迟迟没有回复。其实王应奎、高崇迟迟不向朝廷回复的原因很简单，因为他们都收了杨晔的黑钱，想等风声过后就将此事遮掩过去。

买通了王应奎、高崇之后，杨晔觉得这样还不够，要想彻底把事情摆平，还得去京城打点打点。于是他又带着一大笔钱来到北京，借住在姐夫礼部主事董序家里。董序为了替杨晔脱罪，花钱贿赂锦衣卫百户韦瑛，求他帮忙。本以为能花钱保平安的杨晔和董序不会想到，自己即将栽在韦瑛的手里。

此时的韦瑛是汪直身边的红人，他在得知此事后，明白自己在汪直面前邀功的机会来了，立马将此事禀报给了汪直。汪直一听，也是兴奋不已，随即下令将杨晔等人逮捕审讯。

杨晔被捕后，西厂特务搜到了一张单据，上面写着杨晔准备贿赂的人员名录，不仅包括三法司官员和内阁大学士商辂，甚至还包括司礼监的两位太监。

汪直下令对杨晔等人严刑拷打。杨晔在重刑之下，供称自己将用于行贿的钱财寄存在自己的叔父、兵部主事杨仕伟家里。汪直顺藤摸瓜，又派人将杨仕伟及其家人抓进西厂拷问。

在西厂的雷霆手段之下，案情很快查清。明宪宗接到奏报后，对杨晔等人的恶劣行径大为光火，下令查抄杨家，并将以杨泰为代表的一大批杨家人逮捕进京。

最终，杨晔因为在严刑拷打下受了重伤，死于狱中；杨泰先是被判死刑，后被明宪宗赦免释放为民；董序、杨仕伟被降职；王应奎充军，高崇死于狱中。

虽然西厂在历史上名声很差，但仅就杨晔一案来看，这个机构还算是伸张正义。事实上，如果没有西厂介入，凭借杨家在官场上错综复杂的关系，再以金钱开路，此案极有可能是大事化小、小事化了，杨晔等人可以继续在地方上作威作福，深受其苦的百姓亦是有冤无处申。

很有意思的一点是，此事在不同的史书上记载大有出入。在《明宪宗实录》和《睿斋琐缀录》中，都明确地说杨晔是闹出了人命后到北京活动。然而到了《明史》中，却变成了杨晔是"为仇家所告，逃入京"，省去了杀人的内容。应该说，由清朝官方编著的《明史》，针对此事的记载是极不客观的，通过删减事实的方式来营造杨晔被西厂冤枉的假象，借此来抹黑西厂。

法办了杨晔之后，汪直再接再厉，又带领西厂查办了大量的案件。刑部郎中武清、礼部郎中乐章、行人司行人张廷纲、浙江左布政使刘福、监察御史黄本、太医院左通政方贤等人先后被西厂逮捕。

西厂大肆逮捕官员的举动很快引发了文官群体的激烈反应。成化十三年

（1477年）五月十日，商辂、刘珝、刘吉、万安四位内阁大学士联名上疏施压，要求明宪宗罢免汪直、废除西厂。

由于汪直这位一度大权在握的太监历来被视为"奸邪小人"，因此商辂等人这次弹劾汪直的行动，自然是获得了当时和后世无数文人学者的吹捧，被看成是忠臣反抗权奸的壮举。然而，如果我们将汪直和西厂抓捕官员的行动仔细分析一下就能发现，事实恐怕并非如此。

在这些被捕的官员中，乐章和张廷纲二人是在出使安南（今越南）回国后被西厂逮捕的。后经查明，这两个人利用出使安南的便利，私下里携带了一批货物做生意，还收受贿赂，最终被削职为民。黄本前往云南贵州刷卷，结果被西厂特务在住所中搜出了象笏等违禁品，遭治罪。至于方贤，更是利用自己在太医院任职的机会监守自盗，将片脑、沉香等名贵药材偷运回家，还在家中藏有御墨、印有龙凤图案的瓷器等逾制物品，被流放辽东。

但武清、刘福倒真是冤枉的，至少西厂没有查到他们违法的证据，因此这两个人也很快被释放。

综合这些被捕官员的情况来看，他们中的大部分人确实干了违法犯罪的勾当，受到惩处是罪有应得。至于查无实据的两人，西厂则是把人给放了。要知道，在西厂已经得罪了文官群体、引来诸多愤恨的情况下，汪直这种抓了又放的举动，不仅很没面子，而且容易授人以柄、落人口实。然而，即便如此，汪直却依然没有利用手中的权柄制造冤假错案，其秉公执法的精神不仅难以称之为奸佞，甚至还值得赞扬。

商辂等人弹劾汪直的奏疏，虽然洋洋洒洒说了一大堆，但其中的一句话却很有意思，"近日，伺察太繁，法令太急，刑网太密"。这句话的潜台词是说，西厂对天下人（主要是我们这些官员）查得太频繁，执法太严了，搞得"官不聊生"，让我们都战战兢兢的，实在是受不了啊！

这样的话，真可谓是说出了官员们的心声。到了成化年间，明朝的官场早已被腐败所侵蚀，官员们上下勾结、违法乱纪已成常态，即便是东厂和锦衣卫这样的特务机构，对官员们的不法行为也都是睁一只眼闭一只眼。然而让官员们没想到的是，由一个小太监领导的西厂横空出世，用无孔不入的侦查手段和严刑峻法的雷霆行动，让官员们仿佛回到了严酷的明太祖朱元璋时期。他们自然是不甘心被汪直和西厂"压迫"的，商辂等人的联名上疏就在这样的背景下出现了。

在明朝，官员弹劾人本不是什么大事，但四位处于权力中枢的内阁大学士集体上疏弹劾，问题就严重了。信赖汪直的明宪宗在接到奏疏后，起初勃然大怒，立即派出怀恩、覃昌、黄高三位司礼监太监前往内阁，厉声质问："朝廷用汪直缉拿奸佞，查访弊病，难道是坏事吗？你们突然这样说，到底是谁指使的？"

面对气势汹汹的三位司礼监太监，商辂等人并不畏惧，坚持声称汪直违祖宗法、坏朝廷事、失天下人心，我们是一心一意为国除害，并未有人主使。

面对态度强硬的内阁大学士们，明宪宗的态度很快软了下来。因为他很清楚，这四个久经官场的老狐狸，突然联名上疏，绝非一时的意气用事，他们的背后其实站着满朝的文武百官，如果自己这时候驳回他们的要求，那必然会引发一场政治地震。

事情果然不出明宪宗所料，四位内阁大学士上疏后，各部院大臣在兵部尚书项忠的倡议下，也集体弹劾汪直，要求废除西厂。

事情发展到这一步，也只能委屈汪直了，明宪宗很快下旨，废除西厂，汪直仍回御马监任职，韦瑛调至边境军中。就这样，西厂成立还不到五个月，就关门大吉了。不过明宪宗虽然在强大的政治压力下暂时向群臣屈服，但他对汪直的勇气和才干，依然是十分赏识的，而且他也明白这帮竭力反对汪直的官僚是什么货色，一旦失去了西厂强有力的约束，这些人立马又会变得肆无忌惮。

在这样的情况下，汪直虽然没了西厂，却依然深得皇帝信赖。对西厂被废愤愤不平的他立即开始了报复行动。

首先倒霉的是两位司礼监太监，分别是黄赐和陈祖生，被明宪宗贬往南京，而这两人被贬的原因其实挺滑稽，只是因为汪直的怀疑。

自从得知自己被四位内阁大学士联名弹劾之后，汪直的脑海中就冒出了一个想法，在这四位内阁大学士的支持者中，恐怕不仅有外廷的官员，更有内廷的太监。那么，谁会是内廷中暗中反对自己的"内鬼"呢？汪直思来想去，认为黄赐和陈祖生嫌疑最大。因为黄赐这家伙不仅平日里就和自己过不去，而且还是福建人，算是杨晔的老乡。至于陈祖生，他和黄赐关系密切，基本上黄赐参与的事他都有份。

气急败坏的汪直立马向明宪宗告了黄赐和陈祖生的状，明宪宗听罢，大手一挥赶走了两人。

逐走了黄赐和陈祖生之后，汪直将下一个报复的目标锁定在了弹劾自己的项忠身上。汪直跟项忠之前就已经结怨，而他们两人结怨的原因也很滑稽，说白了，就是一个面子问题。

自从西厂成立以来，汪直可谓是八面威风，每天出门都是前呼后拥的。官员在路上遇到汪直，无论官职大小，都会被汪直的手下喝令下马回避。官员们畏惧汪直的权势，只得乖乖就范。

别人不敢得罪汪直，项忠却不买账。在他看来，我堂堂兵部尚书，给一个太监下马让路，不要面子啊？一日，项忠遇到汪直，任凭汪直的手下如何吆五喝六，项忠就是不肯让路。

项忠保全了面子，汪直却觉得很没面子。平日里耍惯了威风的他虽然没有当场发作，但心中却记恨项忠，决定找项忠的麻烦。

第二天早朝散后，项忠立即被汪直手下的校尉厉声叫住，然后拥着赶走。堂堂大臣却像狗一样遭人驱赶，无疑让项忠的心灵蒙受了巨大的伤害，自然也让他大恨汪直。因此，他后来紧随商辂等人，煽动大臣们弹劾汪直，也不免有私怨的因素。

西厂被废之后，汪直自然也恨透了项忠，他决定新仇旧恨一起算，非把项忠扳倒不可。不过相比黄赐和陈祖生这两个太监，项忠可不是个好对付的角色，他不仅是大权在握的兵部尚书，还曾经在镇压土官叛乱和流民起义的过程中立过大功，在朝野上下声望很高。

不过汪直用事实证明，世上无难事，只怕有心人，声望高又怎么样，只要我汪直想搞你，你就得下台。

由于项忠实在是不太好对付，加上西厂被废之后，汪直经过反思，觉得是因为自己身边缺乏足够有能力的人才，所以在正式开始针对项忠的攻击行动前，汪直开始招贤纳士，想给自己找一个真正得力的助手。

汪公公找助手，当然不可能从大臣里挑，只能从特务里选了。经过一番挑选，既精通特务工作，又擅长写奏疏的锦衣卫千户吴绶被汪直看中，成了汪直身边的红人。

汪直和吴绶很快通过手下搜罗到了一条项忠的罪证，那就是项忠曾经受黄赐所托，任命一个名叫刘江的人为江西都指挥使。本来，官员间托关系给自己的亲朋好友安排官职，在那个年代也算不上什么大不了的事，但关键是，项忠的身份是外廷大臣，而黄赐的身份是内廷司礼监太监。内外廷官员相互勾结乃是政治上的大忌，汪直可以拿这一点大做文章。

为了能一举击垮项忠，汪直又找了与自己关系不错的都察院左都御史王越帮忙。王越是一个军事天赋极高的人，曾经在红盐池之战中大破蒙古鞑靼部；但他曾在是否应该对蒙古人大举进攻的问题上与兵部官员们意见相左，也一直与项忠不和。共同的敌人让汪直与王越一拍即合，一张针对项忠的大网悄然铺开。

在汪直、吴绶的周密策划下，再经过王越以监察系统（都察院）官员身份的旁证，黄赐与项忠内外勾结，私自任命军事官员一事被炒作得沸沸扬扬。明宪宗得知此事后，果然对项忠大为不满，很快将项忠削职为民。

项忠落马之后，明宪宗先是让陕西巡抚余子俊担任了兵部尚书。然而不久之后，王越就因之前的战功和汪直的提携（主要是后者），接替余子俊担任兵部尚书，并加太子太保。富有军事才能的王越自此成了汪直重要的政治盟友和军事盟友，之后两人在战场上紧密配合，屡立战功。

值得一提的是，吴绶借着汪直扳倒项忠的机会，报了点私仇。当针对项忠的行动开始后，吴绶的哥哥吴经找到吴绶，让他顺便帮自己解决一个人——兴宁伯李震。关于吴经和李震之间到底有什么恩怨纠葛，由于史书上没写，我也不知道，但似乎两人之间结的梁子还挺大。李震武将出身，曾在镇压流民起义的过程中与项忠合作过。所以面对自己兄长的所托，吴绶欣然应允，他立即紧抓住李震和项忠共事过这一点不放，将李震牵连进了项忠一案。结果倒霉的李震不仅被剥夺了兴宁伯爵位，还一度被关进监狱，后出狱降为左都督，发往南京闲住。

从此事可以看出，吴绶是一个私心比较重的人，这也为他后来的遭遇埋下了隐患。当然关于吴绶之后的情况我们以后再讲，现在还是先来看一看汪直和西厂的复立。

三、西厂复立

扳倒项忠之后，汪直再接再厉，又试图重设西厂，这其实也是明宪宗的意思，但问题是，西厂才刚在群臣的压力下宣布废除，如果直接由皇帝下旨重开，只怕又会引起大臣们的激烈反对。所以，最好是由一两位大臣出面，指出汪直和西厂的突出贡献，再详细说明西厂存在的意义，这样才能堵住大家的嘴。

虽然官员们普遍讨厌西厂，但在复杂的官场上，一向很难形成铁板一块的局面。既然皇帝有重设西厂的意思，官员中也很快有借此机会拍马屁的人行动了。这个站出来的人就是监察御史戴缙，他上疏盛赞汪直，并强烈请求重设西厂。

明宪宗接到奏疏后，大喜过望，立即顺水推舟，下旨重设西厂。就这样，被废不过一个月的西厂，竟又重新建立了。

项忠去职、西厂复立让以商辂为代表的大臣们大感紧张。商辂由于担心遭到汪直的报复，于是主动上疏请求退休（致仕）。本就对商辂心怀不满的明宪宗，批准了商辂的致仕请求。曾经在大明朝堂叱咤风云多年的商辂，就这样离开了政治舞台，约十年后病逝家中。

与上一次仅仅设立近五个月就被迫关门不同，这次西厂复立之后，存在了五年之久。汪直在这五年时间里，自然是又干起了老本行——整治官员，官员们胆战心惊的日子再次来临。

西厂复立之后，可能是明宪宗不太喜欢韦瑛的缘故，汪直并未立即召回这位自己曾经的心腹，而是起用了韦瑛的弟弟韦瓒。韦瓒就此和吴绶一起，在之后的一段时间里成了汪直的左膀右臂。

　　韦瓒入职西厂之后，很快被汪直派出查探情况。让汪直没想到的是，韦瓒这趟出差引发了一出让人哭笑不得的乌龙闹剧。

　　韦瓒出发后，为了查访方便，故意隐瞒身份，在关文中声称自己姓韩。到南京后，韦瓒凭借关文住在龙江驿站，了解到一个情况：在此闲住的左都督李震私下与南京守备太监覃包勾结，私通贿赂；李震还公然侵占官衙，命令军中士兵给自己修建房屋。

　　韦瓒将李震和覃包的罪行记录了下来，准备将他们绳之以法。然而还没等他将情况汇报给汪直，自己却先落到了覃包的手里。

　　很不凑巧的是，一心想隐瞒身份的韦瓒，在南京遇上了熟人。驿站的驿官得知自己接待的这位韩姓官员原来姓韦，立马警觉了起来，觉得他八成是个冒牌货，于是将此事禀报给了覃包。覃包接报后，就派人将韦瓒给抓了起来。

　　这下可真是冤家路窄，韦瓒被捕后，记录李震和覃包罪行的密帖被搜出。覃包看后大为光火，立即下令将韦瓒关进监狱严刑拷打。韦瓒受刑不过，只得"承认"自己是假冒的西厂人员。

　　既然有人假冒西厂的人，那还是交由西厂处置吧，覃包于是又派人将韦瓒押往北京交给西厂。面对在南京受了莫大委屈的属下，汪直气恼至极，立即向明宪宗禀告了韦瓒的冤屈及李震、覃包的罪行。明宪宗于是派汪直去南京，斥责覃包等人。最终，覃包被调往神宫监，李震则被调往北京闲住。

　　有些人认为，李震和覃包是冤枉的，他们之所以被处罚，是以汪直为首的西厂公报私仇的结果。正是因为之前李震得罪了吴经，所以当他被发往南京闲住后，西厂仍不放过，又派韦瓒去找他的麻烦。结果又牵扯上了覃包，还导致韦瓒一度入狱，让覃包也倒了霉。

　　我觉得这样的说法是说不通的。因为以汪直的权势，如果真要挟私报复，李震只怕是在被牵连进项忠一案时就已经没命了，又何必要等到他被发往南京之后？而且即便在覃包拿下韦瓒严刑拷打之后，李震和覃包这两个人所受到的处罚也十分轻微，汪直如果真要报复他们，也不至于如此仁慈吧？

　　综合来看，韦瓒所揭发的不法之事，覃包和李震是干过的，而且覃包身居南京守备太监这样的要职，应该不至于查不出韦瓒的真实身份，他一口咬定韦瓒是假冒的西厂人员，其实是恨西厂查案查到了自己头上，故意恶整韦瓒让汪直难堪，结果使自己被降了职。

整治了李震和覃包之后，西厂在汪直的领导下，继续拿不法官员们开刀，接下来被收拾的人是另一个相当有权势的大太监——南京内官监太监覃力朋。

覃力朋虽然职位不算很高，却很能来事，不但擅长捞钱，还花钱结交了不少权贵。在朝中建立起了庞大的关系网络后，覃力朋自认为有人罩着，没人敢把自己怎么样，于是变得越来越嚣张。一次，他利用自己去北京进贡的机会，用上百艘官船贩卖私盐，不仅强令沿途官府派纤夫拉船，还一路敲诈勒索。

本来，官员太监利用出差的机会给自己捞点好处，顺便耍耍官威也是常事，但覃力朋如此做派，也实在是太过分了。所以当他带领着浩浩荡荡的私盐船队来到武城县附近时，遭到了典史（相当于县公安局局长）的盘问。覃力朋根本不把小小的典史放在眼里，直接命手下把典史打得满地找牙，还让手下放箭射死一人，并打伤多人。

要搁在以前，仗势欺人的覃力朋估计不会有什么事，然而事实很快告诉他，时代变了！覃力朋的"光辉事迹"，很快通过无孔不入的西厂探子传到了汪直的耳中，汪直也不含糊，直接就派人把覃力朋给抓了，要论罪斩首。

覃力朋为了活命，使出浑身解数托人求情。事实证明，这人这些年用来拉关系的钱还真没白花，明宪宗在身边众多人员的劝说下，居然饶恕了他。

不过虽然逃过一死，但经此一劫之后，覃力朋老实了，再不敢胡作非为。汪直虽然没能如愿处死覃力朋，却也在为天下除了一害的同时，进一步树立了自己的权威，以此告诫全天下的不法之徒：不管你有多大的背景，只要有我汪直和西厂在，最好还是老实点！

除惩治不法的官员太监外，西厂对于以前很少有人敢管的皇亲国戚，也一样敢于"亮剑"。

马诚娶明英宗之女宜兴公主为妻，当上了驸马的他原本大可以安安稳稳地过日子。然而不知是因为娶的公主长得丑，还是婚后厌倦了，这位驸马爷竟私通家中的婢女。

西厂探知这一情况后，汪直便奏请明宪宗，将马诚关进了监狱。后来明宪宗看在马诚毕竟是自己妹夫的分上，又将他放了出来，发往国子监，让他在读书的同时，好好反省反省，并停发俸粮五百石。

不久后，明宪宗的另一个妹夫也出事了。驸马樊凯不仅私通婢女，还倚仗权势打死了人，也被汪直下令逮捕入狱。明宪宗给予他跟马诚一样的处理。

虽然两位驸马所受的处罚都不重，但连高高在上的皇亲国戚都受到了管束，这对于匡正世风而言，无疑是大有裨益的。

这几件事，只不过是西厂复立之后所办案件的冰山一角。这个臭名昭著的特务机构对朝野上下进行了强有力的监管。大明王朝的文官武将、宦官和皇亲贵胄们，在西厂的威慑之下，无不战战兢兢，他们对汪直和西厂自然也都恨之入骨。

事实上，汪直不仅对权贵们实行严密的监管，对自己属下的管束也不可谓不严。

吴绶本是汪直的心腹，替汪直出了不少力、办了不少事。前文已经说过，吴绶这个人，私心比较重，自私的性格逐渐让他与汪直背道而驰。追随汪直久了之后，吴绶逐渐发现，汪直这人实在是太会管事了，朝中的权贵们无论官员还是太监、勋贵还是皇亲，就没有他不敢得罪的，这样搞下去，又岂能有好下场？自己投靠汪直是想升官发财的，可不是来自掘坟墓的。"聪明"的吴绶很快开始欺上瞒下，庇护那些遭西厂整治的官员。当然，他在做"好事"的同时，也不忘捞些好处，收受贿赂以肥私囊。在吴绶看来，这样既不得罪人，又能给自己创收，何乐而不为呢？

吴绶的不轨行为逐渐被汪直探知（汪直可是给皇帝搞情报的老手）。面对自己的心腹如此做派，汪直不动声色，直接说通明宪宗，将吴绶调往南京锦衣卫任职。吴绶的被贬，无疑给西厂的特务们敲响了警钟。自此，就连汪直的手下都更加惧怕汪直了。

四、政治提议

除领导西厂监察执法外，汪直还在治国理政方面提出了不少建议，深得明宪宗赏识。

明太祖朱元璋建立明朝后，仿效曹魏的屯田制和隋唐的府兵制，建立起了一整套由卫所、军户、军屯组成的军事制度。这套制度说复杂也复杂，说简单也简单。简单地说，就是将一部分军人和百姓划为军户，再将一部分土地划为军屯，军户闲时在军屯种地，战时上战场打仗，受各地的卫所管辖。

朱元璋搞的这一套，在明初是行之有效的，既供养了庞大的军队，又减轻了国家的财政负担。然而随着时间的推移，明朝的土地兼并问题日益严重，原本属于军户的大量军屯也遭到了军官阶层的侵占。很多军户在失去土地后，破产沦为了流民，四处游荡。到了成化年间，不少破产的军户甚至流落到了北京，为非作歹，给京城造成了严重的治安问题。

汪直为了解决此事，专门向明宪宗建议：由都察院发文告知京城内的流民，限他们在一个月内赴官府登记身份。这些流民中首次被告发的，送回原籍；如果隐匿不报的，一旦查出，流民本人发配边关，收留者也要治罪；流民中如确实有贫困无法返回原籍的，可发给俸粮，编入京城附近卫所。

汪直的这套方案虽然治标不治本，无法彻底解决军户逃亡问题，但还是在一定程度上安抚了流民，改善了京城的治安状况。

明朝迁都北京后，京城军人的俸粮原本是按月轮流在北京和通州的府库中领取的。需要说明的是，当时北京城的范围远不像现在这样大，通州也并非北京的通州区，而是一个距离北京不远的州级行政区。更麻烦的是，由于古代不像现在这样有完善的基础设施建设，每逢春夏之际，雨水多，道路泥泞，给京城军人到通州领取俸粮造成了很大的不便。

汪直为此建议：改变京军的俸粮发放方式，每年的三月至八月在北京领取，其余时间在通州领取，避开雨季，方便京城军人领取俸粮。明宪宗觉得汪直的这个建议很不错，欣然采纳。

明朝成化年间，运粮船在高邮、邵伯、宝应、白马这四个湖泊遇到西北风时，往往会撞上堤岸的桩木而沉没。汪直针对这一情况，指出应该在现有的堤坝东面构筑新堤。明宪宗同意汪直的提议，下令构筑新堤。

以上这几条在汪直的政治提议中不过是小打小闹而已，要论汪直在政治方面最大的作为当数改革武举。

武举自唐朝武则天设立以来，至明朝成化年间已有近八百年的历史。但在历朝历代，相对选拔文官的科举，选拔武将的武举在受重视程度方面显然是不够的，相关流程和制度也较为松散，至明代亦是如此。

汪直为此请明宪宗对武举进行改革，效仿科举进士考试，设置武举的乡试、会试、殿试。明宪宗将汪直的建议交给大臣们商议，由此建立了一套相对完善的武举制度，为国家选拔武将提供了制度保障。

五、迫害马文升

除政治上的作为外，汪直在军事方面也十分出名，用战功赫赫来形容并不为过。成长于宫廷中的太监汪直本和兵戎相接的战场并无相干，但出人意料的是，他却有着金戈铁马的英雄梦，一直希望能上战场杀敌立功。不过遗憾的是，汪直的英雄梦不仅未能实现，还引发了明朝内部的一场政治恶斗。

在明朝建立之后的相当长的一段时间里，其头号敌人是已经退居草原的蒙古各部，但除蒙古人外，居住在辽东地区的女真人也给明朝造成了一定的困扰。女真人在明初时，大多选择了归顺明朝，但其中的不少部落却屡屡反叛骚扰边地，不仅烧杀劫财，还掠走了不少汉人做奴隶，让明朝君臣咬牙切齿。

成化三年（1467年），明宪宗下令出动军队讨伐屡次作乱的建州女真，大将赵辅率军五万，兵分三路进剿，在史称"成化之役"中取得大胜，杀死了建州女真首领李满柱。然而不久后，建州女真实力逐渐恢复，又开始反叛。

成化十四年（1478年）三月，建州女真再度作乱，汪直欲前往平定。明宪宗让司礼监、内阁、兵部商议平乱事项，司礼监太监怀恩不想让汪直前往，主张派大臣去，兵部右侍郎马文升立即表示赞同。

由于马文升之前曾被派至辽东整饬军备，在处理辽东问题上算是有工作经验的。明宪宗最终听从了怀恩的建议，派马文升前往辽东平建州女真之乱。

汪直知道此事后，觉得自己白白错失了一次立功的机会，很不高兴，不甘心的他找到马文升，希望马文升能带上自己的手下王英。在汪直看来，既然你们不让我去，那我派个手下去，总可以吧！

让汪直没想到的是，自己这个退而求其次的举动还是遭到了马文升的婉言拒绝。越发不高兴的汪直自此恨上了马文升。

马文升到了辽东之后，成功招抚了建州女真，然而还没等他回到京城，汪直就已经说通了明宪宗，来到了辽东重镇开原。马文升心里明白，汪直深受皇帝宠信，自己惹不起，于是就将自己的"招抚之功"让给了汪直。然而，已经看马文升很不顺眼的汪直对此并不领情，再加上与马文升有矛盾的辽东巡抚陈钺很会来事儿，一边狂拍汪直的马屁，一边狂说马文升的坏话，这让汪直下定决心，要对付马文升。虽然已经将马文升视为敌人，但汪直心里清楚，马文升是一位位高权重的大臣，要收拾他，自己不能急，得等待时机。

整治马文升的时机很快来了，转眼到了成化十五年（1479 年），建州女真再度作乱。汪直立即开始了针对马文升的攻击，他向明宪宗表示，建州女真会反叛，是因为马文升之前向朝廷上奏，禁止向辽东女真各部的朝贡人员出售铁器。汪直所言，确有其事，马文升在成化十二年（1476 年）十一月时，向朝廷提出了这样的建议，也得到了朝廷的采纳，但汪直将建州女真的反叛归因于此，也实在是显得过于牵强。

不过牵强不要紧，反正皇帝相信就行。极度宠信汪直的明宪宗在听了汪直的话后，立即下令将马文升关入监狱，后贬往重庆卫。扳倒了马文升的汪直终于真正走上了战争的舞台。

六、战功赫赫

扳倒马文升不久后，汪直再度被明宪宗派往辽东，一场针对建州女真的大规模军事行动也随之再度铺开。

到了成化十五年（1479 年）十月，明宪宗下旨，以抚宁侯朱永佩靖虏将军印为总兵官讨伐建州女真，同时以陈钺参赞东征军务，以汪直监督军务，协助朱永开展军事行动。

朱永、陈钺、汪直三人领命后，经过仔细谋划，针对建州女真的主要城寨地处深山之中的特点，兵分五路发起进攻。面对明军的大举进攻，建州女真据险固守，明军四面夹攻，并派出轻骑兵放火烧城。

在明军的猛攻下，建州女真一败涂地。明军先后攻破四百五十余个城寨，斩首六百九十五级，俘获四百八十六人，缴获牛马上千及大量的盔甲兵器。

建州女真经此一役之后，受到了重创，在之后的一百多年里基本老实了。直到万历晚期，这个部落才在努尔哈赤的率领下崛起，并最终建立了清朝。

明军在辽东取胜的捷报传入北京，明宪宗高兴之余，对有功人员大加封赏，朱永进封为保国公，陈钺升任户部尚书，汪直加禄米三十六石。汪直第一次外出监军，就立下大功，让明宪宗对其更加欣赏。因此，明宪宗不仅给汪直加俸禄（禄米），还命汪直总督京军精锐"十二团营"，汪直自此成为第一位受此重任的宦官。

立功受赏让初入战阵的汪直意气风发，更对战争产生了近乎疯狂的迷恋，之后的他在军事方面越发活跃，频频出现在浴血拼杀的战场上。

建州女真消停了，但大明王朝的老对手蒙古人再度汹汹来袭。成化十六年（1480年）正月，边关传来了蒙古人即将进犯的情报。明宪宗命朱永为平虏将军，以王越提督军务，以汪直监督军务，谋划对蒙古人作战。王越认为，此番作战应兵分两路，于是让汪直说服朱永，由朱永率大军自南路进发，王越和汪直则率军沿着边境要塞向西前往榆林。王越到达大同后，得知蒙古鞑靼部达延汗巴图孟克的汗廷在威宁海子，决定与汪直一起率军发动突袭。

同年二月二十二日，王越与汪直在京营、大同、宣府的军队中选调了两万一千人出孤店关，以夜行昼伏的方式秘密前进。二月二十七日，大军行至猫儿庄，王越与汪直分兵数路，急行军继续推进，终于在黎明时分临近威宁海子，随即发起攻击。当时正值大风雨雪天气，天昏地暗，蒙古人根本料想不到明军会在这样的天气里突然来袭，猝不及防被打得大败，达延汗巴图孟克率残部逃走。

值得一提的是，达延汗巴图孟克的妻子满都海是一位驰骋草原、屡克强敌的强悍人物。然而此次威宁海子之战后，这个颇具传奇色彩的蒙古女人却在各类史书中销声匿迹了。因此有不少人推断，满都海很可能是死于明军的此番突袭。

当然，不管满都海是否死在明军手里，这一仗都是明军自土木堡之变以来，主动出击所取得的大胜。此战，明军俘获一百七十一人，斩首四百三十七级，另外还缴获旗纛十二面、马一千八十五匹、驼三十一匹、牛一百七十六头、羊五千一百只，盔甲、弓箭、皮袄之类一万有奇。

战后，明宪宗再度封赏，封王越为威宁伯，汪直加禄米四十八石，将王越之子王时由锦衣卫百户提升为正千户，将汪直养子汪钰由锦衣卫副千户提升为指挥佥事。

成化十七年（1481 年）二月八日，蒙古军队从海东山等地入境劫掠，王越、汪直分兵部署截杀，追击至黑石崖等处，俘获十人，斩首一百十三级，缴获马七百二十九匹，器械六千二百余件。

战后，王越加太子太傅、增禄米四百石、掌前军都督府事、总五军营兵、提督团营操练，汪直加禄米三百石，王时升任都指挥佥事，汪钰升任都指挥同知。王越另有一个名叫王昕的儿子，此时年仅八岁，也被授予锦衣卫百户。

因为再度受到皇帝赏赐而兴奋不已的汪直，很快得到了一个坏消息：与自己交往甚密的陈钺，因为遭人弹劾，被明宪宗下旨致仕，也就是被迫退休。虽然陈钺还算是体面地离开了官场，但这对汪直来说，却是一个非常不好的政治信号。陈钺与汪直的关系天下皆知，明宪宗自然也是清楚的，可他这次却不给汪直面子，足见其对汪直的态度已经产生了些许的变化。

同年五月，蒙古军队进犯宣府，明宪宗命王越与汪直率军三千赶赴宣府。到了七月，明宪宗又下发了一道旨意，不仅命汪直总督军务，还让所在镇守、总兵、巡抚等官俱听王越与汪直节制，敢有临阵退缩、不遵号令者，由两人以军法处置，然后奏闻，等于是给了王越与汪直"先斩后奏"之权。从这道旨意来看，此时的王越与汪直依然是朝中炙手可热的红人，权势极大。然而在皇权专制的社会，臣子的权力来自帝王，往往是来得快，去得也快。权倾朝野的汪直很快盛极而衰，迎来了人生的分水岭。

成化十七年（1481年）年十一月，由于蒙古军队已经退走，汪直上疏请求班师，却意外遭到了明宪宗的拒绝。

一直以来，明宪宗对汪直可谓是言听计从，所以这次的班师被拒，足以证明皇帝态度的巨大转变。甚至可以说，汪直即便还没失宠，也离失宠不远了。关于汪直为何会失去皇帝的宠信，原因我们后面再说，现在还是再来看一看汪直在边关的事迹。

既然皇帝不准班师，汪直也只能在边关继续干下去。到了成化十八年（1482年），明宪宗下令将派往边关的京营将士召回，却让王越接替已故的孙钺担任大同总兵官，又让汪直总镇大同、宣府，对王越和汪直两人的冷落之意已相当明显。

这年三月，身在边关的汪直又得到了一个让他心碎的消息：明宪宗在一众官员的弹劾下，又一次下旨废除了西厂。如果说西厂第二次设立，代表了汪直即将走上人生巅峰，那么西厂第二次被废，则预示着汪直在名利场上的落幕。

虽然失去了自己一手创办的特务机构，但汪直依旧在边关为国浴血奋战。同年六月，蒙古军攻入延绥、河西、清水营等地。面前敌人气势汹汹的攻势，王越与汪直并未退缩，而是竭尽所能分兵抵御。在两人的指挥调度下，各路明军英勇作战，连连告捷。宣府游击将军、都指挥使刘宁率军在塔儿山击败敌军，生擒四人，斩首一百零六级；都指挥同知支玉等人率军在天窊梁中菁击败敌军，斩首七十七级；千户白道山率军在木瓜园击败敌军，斩首十五级；延绥总兵官、署都督同知许宁等人率军在三里塔等处击败敌军，俘获二人，斩首一百一十九级；大同参将周玺等人在黑石崖等处击败敌军，斩首三十级。

此战让屡屡到大明边境烧杀劫掠的蒙古人遭到了迎头痛击，自此再不敢轻易侵扰，延绥一带的军民也终于能喘口气了。（"然自是无敢复轻犯边者，延绥军民颇得息肩云。"）

按照明宪宗之前的一贯行事风格，明军取得了如此胜利，理应大加封赏才是。然而出人意料的是，这次明宪宗突然变小气了，仅仅是给王越加禄米五十石，给汪直加禄米二十四石，这就更表明了明宪宗对王越和汪直的态度，已是十分冷淡。

西厂被废、赏赐微薄，连傻子都看得出来，汪直已经失宠了。本就不喜欢汪直的内阁大学士万安唯恐足智多谋的王越跟汪直待在一起，会想办法让汪直重新崛起，于是向明宪宗进言，调王越去镇守延绥，将原本负责镇守延绥的许宁调到大同，与汪直搭档。已经谈不上对汪直有多喜欢的明宪宗闻听此言，立即表示应允。王越与汪直这对在战场上屡立战功的黄金搭档，就这样被拆散了。

王越被调走后，汪直伤感之余，更是憋了一肚子邪火，怎么看新来的许宁都觉得不顺眼，很快与许宁闹得不可开交。明宪宗得知汪直与许宁不和后，下旨斥责了两人，但两人依旧水火不容。明宪宗在明白两人的矛盾难以调和后，决定调走汪直。

七、失宠被贬

成化十九年（1483年）六月，明宪宗下旨将汪直调往南京，让其担任南京御马监太监。自明成祖朱棣迁都北京后，南京作为大明王朝的陪都，一直都是闲散官员的养老之地，汪直被调到这里，代表他的政治前途已经终结。

接到调令之后，汪直有多郁闷，自不必说。雷霆雨露皆是君恩，汪直不敢违抗圣旨，只得收拾好行装南下南京。南下之旅让这位曾经的权宦领略了人情冷暖，以往他得势时那些逢迎拍马的官员早已消失不见，一路上冷冷清清。到了定州曲阳县后，汪直住在驿站，见到了定州知州裴泰。以往汪直出巡地方时，裴泰是招待最为周到的官员之一，很得汪直欢心。汪直于是向裴泰讨要饮食，裴泰立即将自己所带的食物奉送给汪直。见自己落魄之时还有人愿意如此款待，汪直十分感动，不仅将裴泰当成朋友诉说了自己目前的处境，还拜托裴泰准备南下的车马，好让自己第二天起程。汪直不知道的是，裴泰之所以对自己殷勤是因为还不清楚他的情况，当裴泰得知汪直已经失宠被贬时，心里想的其实已经是如何与汪直撇清关系了。于是，裴泰表面唯唯诺诺，答应汪直的请求，却在第二天早晨独自驾马车离去，把汪直晾在驿站不管。

汪直郁闷之余，只得想办法继续南下，然而他很快又接到了坏消息：自己连南京御马监太监都当不成了，变成了奉御。

原来汪直被贬为南京御马监太监后，很多官员仍不放过，他们充分发扬痛打落水狗的精神，再度联名上疏弹劾，大有不把汪直整死不罢休之势。明宪宗为了平息众怒，于是又将汪直降为奉御。

一些人据此说，被贬到南京后的汪直是如何如何的凄惨，如何如何的落魄。其实这样的言论纯属夸大，更是明显带有偏见的。此时的汪直与曾经的自己相比，那权势自然是天差地别，但奉御这个职位是宦官中的六品官职，地位并不算低，更是绝大多数基层宦官辛劳一生都难以企及的。年龄并不大的汪直，就此在南京悠闲地过起了养老生活，不再过问国家大事。

从对汪直的最终处理可以看出，明宪宗虽然已经不再像以前那样宠信汪直，但他对这个曾经陪伴在自己身边，又为朝廷立下不少功劳的太监，还是很有感情的，或许在内心深处，他依然把汪直当作知心朋友看待。这份弥足珍贵的友情让这位在历史上评价并不高的皇帝，硬是顶住了官员们的一再施压，既没有将汪直革职，也没有将汪直抄家，更没有将汪直处死，而是让这个得罪了无数人的太监远离政治的喧嚣，去繁华的南京担任闲职，安安稳稳地度过余生。

弘治十一年（1498年），明孝宗朱祐樘不顾满朝文武反对，下旨将已经被贬南京约十五年的汪直召回北京。关于汪直究竟死于何时，史书上没有明确记载，但确是善终。

汪直大起大落，最终得以善终，但他的"党羽"就未必有他这么幸运了。王越一度被明宪宗革去官职、剥夺爵位，后被明孝宗重新起用，再立战功，最终却在屡遭弹劾之下抑郁而终。吴绶、戴缙被革职为民，韦瑛因逮捕诬告无辜百姓，被斩首弃市。相比之下，陈钺倒是比较幸运，由于退休得早，没有在汪直垮台后被清算。

八、垮台原因

曾经深受明宪宗信赖和器重的汪直为何会逐渐失宠，以至于被贬垮台，似乎是一个让人费解的问题。虽然各类史书上对此的记载较为零碎，但如果仔细查阅，我们却依旧可以从字里行间看出，那些蓄意攻击汪直的人为了能搞垮汪直，有多费心机。

自从汪直主持西厂以来，由于得罪的人太多，遭人弹劾的情况并不少见。不过任凭官员们如何弹劾，明宪宗却依然对汪直宠信如故。就在官员们一筹莫展之际，汪直在同行里的竞争对手出马了。

尚铭，成化年间的"钦差总督东厂官校办事太监"，也就是人们所熟知的"东厂厂公"。要说起来，尚铭能够统领东厂，还是多亏了汪直在明宪宗面前的推荐。然而在官场上从来就没有永远的朋友，只有永远的利益。正所谓同行是冤家，东厂和西厂很快由于激烈的"行业竞争"，走向了对立。

本来，由于汪直深受皇帝宠信，尚铭不想也不敢得罪这位曾经的恩公，凡事总会让三分。然而一件偶然的事却让两人的关系急转直下，到了水火不容的地步。

自古以来，偷东西的小偷是很让人鄙视的。不过前文说过，三百 六十行，行行出状元，太监中能涌现出一大批有权有势的大太监，那小偷中出几个惊世骇俗的人，自然也就不足为奇了。

在成化年间，就有这样一个小偷，不知是因为特别想发财，还是因为特别想冒险，抑或是特别想出名，居然偷进了皇宫里。

这个小偷趁着夜色溜进了皇宫，本来应该是想在皇宫里捞一票大的。然而皇宫毕竟太大，这小偷又不熟悉宫里的情况，翻来找去，竟只偷了一些米和衣物就又溜走了。

虽然损失的这点东西对自己来说不过是九牛一毛，但明宪宗得知此事后，依然勃然大怒。啥？皇宫里居然进贼了！朕的皇宫难道是公共厕所吗？想来就来，想走就走？偷东西都偷到皇帝家里来了，这还有王法吗？还有天理吗？这还是朕的江山吗？还是大明的天下吗？

怒不可遏的明宪宗立马给东、西两厂下了死命令，限期破案，不然有你们好看！东厂和西厂领受任务之后，自然是加班加点查办此案，都想通过办好这件差事在皇帝面前邀功请赏。

事实证明，这个潜入皇宫盗窃的小偷虽然胆大，心却不怎么细，留下了不少线索，还没等他向同行吹嘘"老子当年去皇宫偷过东西"，打响自己在小偷这一行里的金字招牌，就被逮住了，而抓住他的是东厂的特务。

得知东厂立下如此"大功"，尚铭欣喜若狂，立即向明宪宗汇报了此事，并受到了明宪宗的奖赏。

这下，汪直不爽了，他大骂尚铭不顾自己昔日的引荐之恩，居然独自占功。尚铭得知此事后，心中恐惧，认为与其等着汪直来收拾自己，倒不如自己抢先下手收拾汪直。

东厂毕竟是有着深厚历史底蕴和丰富工作经验的老牌特务机构，要弄点汪直的"黑料"，还是不难的。尚铭很快就抓住了汪直的一条小辫子，即泄露皇宫中的秘密。由于汪直能出入皇宫，因此知道不少宫闱秘事，他有时会将其中的一些讲给王越听，而王越在这方面是个心比较大的人，听了之后，就把这些事传了出去，自然是逃不过东厂的耳目。

尚铭将汪直泄露宫闱秘事的情况奏报给了明宪宗，还趁机告发汪直与王越关系极为密切，一直在内外勾结。

明宪宗听后，十分不高兴，毕竟任何人都有一些不想让他人知道的隐私，就更别说是君临天下的皇帝了，更何况官员与太监内外勾结，这可是国家政治中的大忌啊！

要想扳倒汪直，光靠尚铭打这点小报告，当然是不够的。汪直的敌人们还利用戏曲的巨大感染力，在皇帝面前攻击汪直。

皇宫中，有一个艺名叫"阿丑"的优伶，也就是戏曲演员，常为明宪宗演戏。

一次，阿丑表演一个醉汉，嘴里不断说着谩骂之语。有人说"某某大官来了"。醉汉不理会，高声叫骂。那人又说："皇上圣驾到了。"醉汉还是无所谓，谩骂如故。那人又说："汪太监到了。"醉汉听罢，立即吓得逃走，嘴里说道："如今天下人不知道有天子，只知道汪太监啊！"

阿丑随后又扮演汪直，手持两把钺来到明宪宗面前，旁边的人问："你拿着两把钺干什么？""汪直"回答说："我带兵，就仗着这两把钺。"旁人又问："是什么钺啊？""汪直"又回答说："王越、陈钺也。"

明宪宗看了这两出戏后，起初哈哈大笑，随后却变了脸色，他在心里明白了两点：一是汪直的权势确实是太大了，大到有些让人不放心了；二是阿丑这样一个小小的优伶敢于在自己面前如此讥讽汪直，其背后必然有人给他的冒险行为撑腰打气。由此即可看出，朝中想要扳倒汪直的势力将手伸得有多长，这帮人不达到目的是绝不会罢休的！

应该说，汪直的垮台是众多因素所导致的。除他得罪了太多人屡受攻击外，更是明宪宗防范权宦和向权贵妥协的结果。

九、汪直逸事

汪直可称传奇的一生讲完了，他垮台的原因也分析了，但汪直在掌权期间留下了一些有趣的故事，值得好好说一说。我们从这些故事中，也可以进一步看清汪直究竟是一个什么样的人。

兵科给事中孙博曾经在汪直得势时上疏，请求废除西厂，结果不仅请求被明宪宗驳回，孙博本人也被汪直一顿大骂。骂完之后，汪直又让明宪宗将孙博安排到自己手下，跟随自己前往边关。这下，朝中的官员们都认为孙博麻烦大了，到了对头汪直的手下，肯定会被整得很惨，说不定连命都得搭上。

然而出乎大家意料的是，汪直并没有利用自己手中的权力为难孙博，而孙博也逐渐被汪直的战功和心胸所折服，反而与汪直成了好友。之后的孙博不仅上疏盛赞汪直，还在汪直遭到弹劾时为汪直辩护，结果自己也受牵连被贬。

汪直得势时，曾多次出巡地方，各地的官员为了讨好汪直，纷纷绞尽脑汁狂拍马屁。巡抚汪霖却不随波逐流，只是以平常之礼对待汪直。汪直见汪霖"傲慢无礼"，心中很不高兴，在背后骂了几句。汪直的话很快传到了汪霖的耳中。这要是换了别的官员，只怕是吓得魂飞魄散，赶紧奉上厚礼给汪直赔罪了。然而，汪霖却不以为意，依旧待汪直如初，坚持不拍汪直的马屁。这样一来，汪直反而觉得汪霖讲原则、有骨气，对汪霖产生了敬意，并未为难汪霖。

除汪霖外，另一位巡抚秦纮不仅对出巡的汪直态度冷淡，还上疏弹劾汪直及其随从倚仗权势骚扰地方。汪直回京后，明宪宗向汪直询问此行经过地区的巡抚情况。汪直没有在皇帝面前为那些阿谀奉承之徒说好话，反而唯独赞扬秦纮。明宪宗听后，将秦纮弹劾汪直及其随从的奏疏拿给汪直看。汪直看后，叩头说道："秦纮敢于弹劾我，反而更让我觉得他是一个贤能的人。"（"能疏直，直是以贤之。"）明宪宗点头称是。

汪霖与秦纮虽然都不惧汪直的权势，但要论天下官员中得罪汪直最出名的，则非杨继宗莫属。

杨继宗在成化年间以清廉闻名于世，有"天下第一清官"之称。杨继宗在担任嘉兴知府时，有一次入京朝觐，汪直对这位名扬天下的清官很感兴趣，想要见他。然而让汪直没想到的是，杨继宗并不买账，断然拒绝了汪直的会面请求。虽然碰了钉子，但汪直并没有报复杨继宗。一次，明宪宗问汪直："朝觐官孰廉？"汪直回答说："天下不爱钱者，惟杨继宗一人耳。"

明宪宗自此对杨继宗颇为赏识，后在杨继宗担任嘉兴知府九年期满之后，破格将他提拔为浙江按察使。

杨继宗由于为官清正，得罪了不少人，其中就有张庆。张庆的哥哥张敏是明宪宗身边的宦官，常在皇帝面前诋毁杨继宗。明宪宗不胜其烦，对张敏说道："你说的是不贪一钱的杨继宗吗？"（"得非不私一钱之杨继宗乎？"）张敏听闻之后，心中怕得要死，急忙派人送信给张庆说："要善待杨继宗，皇上已经知道他的为人了。"（"善遇之，上已知其人矣。"）

汪直在皇帝面前的一番话，不仅让清官杨继宗得以升官，还让他躲过了太监的中伤，对杨继宗可谓是有大恩的，然而之后的杨继宗却再度让汪直难堪。

杨继宗的母亲去世后，汪直丝毫不顾之前曾遭杨继宗拒绝的尴尬，想借凭吊的机会结交杨继宗。为此，汪直特地穿着丧服来到杨继宗母亲的墓前，下拜行礼。祭奠完杨继宗的母亲之后，汪直用手撩起杨继宗的胡须，开玩笑说："我久闻你杨继宗的大名，今天总算是见到了，你原来长这副模样啊！"（"比闻杨继宗名，今貌乃尔。"）让汪直没想到的是，杨继宗似乎对他的这句玩笑话极为不满，冷冷地回答说："我杨继宗虽然长得丑陋，但让自己的身体残缺，辱没亲人的事，却是绝不敢做的。"（"继宗貌陋，但亏体辱亲，未之敢也。"）

杨继宗作为文官，对太监无疑是抱有偏见的，再加上他很可能不知道汪直曾在皇帝面前帮过自己，不喜欢汪直，也在情理之中，但他在一个太监面前，拿最敏感的身体缺陷说事，也实在是太过分了。这要是换了别的有权有势的大太监，面对如此侮辱，那恐怕是会当场暴跳如雷，自此对杨继宗恨之入骨，不把他整死不会罢休。然而汪直却并没有发火，甚至没有再说什么，而是默默转身离开，之后也没有就此进行报复。

十、再看汪直

从这些有关汪直的逸事可以看出，这位一度手握重权的太监，是一个敬贤爱廉、心胸宽广的人。事实上，汪直不仅极为钦佩清廉的杨继宗，他本人也称得上是一位清官。官员们弹劾汪直的理由虽然五花八门，但却难见说汪直本人贪腐的内容，足见汪直在掌权期间并没有利用手中的权力大肆捞取钱财。

汪直的优点还远不止清廉这一个方面，从各类史书上的记载来看，他虽然也在复杂的政治斗争中打压、迫害过一些官员，但总体来说，还是为国家做出了不少贡献的。

汪直这样一个于国有功的人，之所以会被丑化成祸国殃民的太监，除古代文人对宦官固有的偏见外，主要还是因为汪直领导西厂大力整顿大明王朝的官僚系统，得罪了太多的官员，因此遭到了他们的疯狂抹黑。除此之外，陈钺、韦瑛等汪直的亲信，利用汪直的权势贪污受贿、横行不法，也在一定程度上败坏了汪直的名声。

为了阻止再下西洋烧毁海图
——郑和下西洋的资料到底是不是毁在刘大夏手里？

明初的郑和七下西洋一直饱受争议，赞扬者将其视为中国古代伟大的航海壮举，批评者则认为此举徒耗国力、劳民伤财。不过在这里，我不想再谈郑和下西洋的评价问题，而是说一说关于此事的另一个方面——郑和下西洋留下的资料。

作为人类古代史上规模空前绝后的航海行动——郑和下西洋，是留下了丰富的航海资料的。然而让无数专家学者痛心疾首的是，这份珍贵的原始资料早已不复存在。今天的研究者们只能根据一些书籍中算不上丰富的记载，来窥探郑和下西洋的情况。那么，郑和下西洋的资料为何会消失呢？一听到这个问题，很多人恐怕会立刻发出愤怒的声讨："刘大夏，就是这个迂腐昏聩的官员，为了阻止再下西洋，把郑和下西洋的海图等资料给烧毁了！"

对此我想说的是，大家先别忙着骂，因为恐怕刘大夏是被冤枉的，郑和下西洋的资料很可能并不是毁在他的手上。要说清楚这个问题，我们还是要从刘大夏的生平和相关的史料记载来一探究竟。

刘大夏，湖广华容（今湖南省华容县）人，天顺八年（1464年）进士，历任兵部职方司主事、户部左侍郎、兵部尚书等职，其为官生涯历经明英宗、明宪宗、明孝宗、明武宗四位皇帝，且在任期间政绩突出，为国家和人民做出了不少贡献，与王恕、马文升并称"弘治三君子"。

关于刘大夏烧毁郑和下西洋资料的记载，并未见于《明实录》和《明史》

这两部官修正史中。不过比较有意思的是，这两部正史虽然没有记载刘大夏烧毁郑和下西洋资料的事，却都记载了刘大夏藏匿过永乐时期明军征讨越南的资料。例如，在《明武宗实录》中就有这样一小段话：

> 方太监汪直怙宠贪功，谋取交阯，有旨检永乐间征调故事。大
> 夏匿之，事遂寝。

这段话说的是明朝成化年间，交阯（今越南）军队入侵老挝，当时深得明宪宗宠信的大太监汪直因为"贪功"，怂恿皇帝出兵讨伐交阯，并下令检索永乐年间明军出兵的征调资料，结果刘大夏把相关资料藏了起来，此事就此作罢。

除了这两部官修正史，明清时期的各种野史书籍，也多有关于刘大夏藏匿永乐时期明军征讨越南资料的记载。有的学者认为，所谓刘大夏烧毁郑和下西洋资料的说法是不真实的，其实是古代有些文人将刘大夏藏匿明军征讨越南资料的事搞错了，张冠李戴弄到了郑和下西洋资料的头上。

对此我认为，关于刘大夏藏匿明军征讨越南资料的大量记载，不能用于否认刘大夏烧毁郑和下西洋资料的说法。因为刘大夏既然能藏匿明军征讨越南的资料，难道他就不能烧毁郑和下西洋的资料吗？

不过既然刘大夏烧毁郑和下西洋资料这件事，正史上没写，那它又是出自哪里呢？答案是一本名叫《客座赘语》的书，相关原文如下：

> 当时不知所至夷俗与土产诸物何似，旧传册在兵部职方。成化
> 中，中旨咨访下西洋故事，刘忠宣公大夏为郎中，取而焚之，意所
> 载必多恢诡谲怪，辽绝耳目之表者。

《客座赘语》为明朝晚期文人顾起元所著，成书于万历四十五年（1617年），也就是明朝末期，距离所谓刘大夏烧毁郑和下西洋资料的成化年间，已经过去一百多年了。时间间隔如此久远的野史记载实在是不太可信。

　　既然《客座赘语》中的记载可信度不高,那我们再看一看别的史料。在众多记载了此事的书籍中,《殊域周咨录》也是一本常被提到的书,所以也将相关原文列出来给大家看看:

　　　　成化间,有中贵迎合上意者,举永乐故事以告。诏索郑和出使水程。兵部尚书项忠命吏入库检旧案不得,盖先为车驾郎中刘大夏所匿。忠咎吏,复令入检三日,终莫能得,大夏秘不言。会台谏论止其事。忠诘吏谓:"库中案卷宁能失去?"大夏在旁对曰:"三保下西洋费钱粮数十万,军民死且万计。纵得奇宝而回,于国家何益!此特一敝政,大臣所当切谏者也。旧案虽存,亦当毁之,以拔其根。尚何追究其有无哉!"忠竦然听之,降位曰:"君阴德不细,此位不久当属君矣。"

　　《殊域周咨录》的作者是明朝晚期的严从简。这本书的成书时间较《客座赘语》要早一些,一般被认为是在万历二年(1574年)。

　　从这两段原文可以看出,关于此事的记载,《殊域周咨录》要比《客座赘语》详细得多,而从《殊域周咨录》的记载来看,虽然刘大夏曾说"旧案虽存,亦当毁之,以拔其根",但他实际上只是将郑和下西洋的资料藏匿了起来,这与《客座赘语》中"取而焚之"的说法大不相同。

　　除这两本书外,刘大夏与郑和下西洋资料的故事,还出现在《长水日抄》《玉堂丛语》《快园道古》等不少书籍中,然而这些书籍也都说刘大夏是藏匿了郑和下西洋的资料,并未提到烧毁。

　　综合来看,所谓刘大夏藏匿郑和下西洋资料的说法,出自明朝晚期的野史,可信度不高,而刘大夏烧毁郑和下西洋资料的说法,仅是《客座赘语》中的"孤证",可信度更是极低。

　　实事求是地说,明朝到了成化时期,内忧外患频发,国力已远不如明初的永乐时期,再组织大规模的下西洋活动,困难很大,甚至可能会对国计民生产生严重的负面影响。所以,即便刘大夏为了阻止再下西洋藏匿了资料,也确实是站在为国为民的立场上考虑，并不应该给予过分苛责。

还有一个方面，也绝不可忽视，那就是在明朝毁掉官方文件资料属于严重违法犯罪行为，处罚很重。对此，我们不妨来看一看相关的法律条文：

> 凡弃毁制书，及起马御宝圣旨，起船符验，若各衙门印信，及夜巡铜牌者，斩。若弃毁官文书者，杖一百。有所规避者，从重论。事干军机钱粮者，绞。当该官吏知而不举，与犯人同罪。不知者不坐。误毁者，各减三等。其因水火盗贼毁失，有显迹者，不坐。凡遗失制书圣旨、符验、印信、巡牌者，杖九十，徒二年半。若官文书，杖七十。事干军机钱粮者，杖九十，徒二年半。俱停俸责寻。三十日得见者免罪。若主守官物，遗失簿书，以致钱粮数目错乱者，杖八十。限内得见者亦免罪。其各衙门吏典考满替代者，明立案验，将原管文卷，交付接管之人。违者，杖八十。首领官吏不候交割，符同给由者，罪亦如之。(《明代律例汇编》卷三《吏律二》)

从上面这段文字可以看出，明朝针对国家文件资料的管理有着极为严格的法律规定。按常理推断，郑和下西洋的资料里应该是存在圣旨、符验、印信这些东西的，而按照明朝法律，毁掉这些东西是死罪。试问刘大夏纵然是再想阻止国家派船队下西洋，也不至于冒着丢命的风险去毁资料吧？即便退一万步说，郑和下西洋的资料里没有圣旨、符验、印信这些东西，那这份资料起码也属于"官文书"，而毁掉这样的官方文书也要挨一百大板。刘大夏身为朝廷命官，真的会冒这么大的风险以身试法？

更何况刘大夏这个人在多年的为官生涯中，是得罪过不少人的，还曾在成化年间被诬陷入狱。如果他真的烧毁了郑和下西洋资料这样重要的官方文件，那他在朝中的政敌也断然不会放过他。就刘大夏的生平来看，却并无因此被治罪的记载。这也从一个侧面证明，"刘大夏烧毁海图"的说法当属不实的谣言。

不过如果不是毁掉，而是遗失，那处罚就轻多了，而且只要在三十天内把相关文件找回来，就可以免罪（"三十日得见者免罪"）。所以如果刘大夏真的将郑和下西洋的资料藏了起来，那他应该也只是藏了一小段时间之后，就交还回去了。

如此一来，就又引出了另一个问题，如果刘大夏并未一直藏匿郑和下西洋的资料，那这份宝贵的官方文件又为何会消失呢？

明史专家、南京大学历史系教授潘群在 2005 年接受《南京日报》专访时，就该问题提出了自己的看法：毁掉郑和下西洋资料的也许是清朝的乾隆皇帝。

如此重磅言论一出，立即引发了众多郑和下西洋研究者的讨论。事实上，潘群教授给出的说法看似不可思议，却并非空穴来风。因为他发现，现存南京大学图书馆古籍部的《明史稿》中，有一些关于郑和舰队的描述，都是已知明代资料中没有出现的，在成书后的《明史》中也被删去了。这就说明，至迟到清朝中前期，郑和下西洋的原始资料很可能都还是存世的，但之后却消失了。

中国现存明代档案的情况也有力佐证了这一说法。中国明代的档案目前被保存在中国第一历史档案馆中，仅有三千六百二十余件，且几乎都是明末天启、崇祯两朝的，明初和中期的档案都没有。对于如此怪异的现象，学者韦庆远先生解释说：

> 明代档案之所以保存不多，一是因为明清之际的战乱；二是因为清代乾隆时期修撰《明史》之后，按照当时的惯例，对所依据的档案史料往往弃置甚至烧毁掉了。

一个众所周知的事实是，清朝在康熙、雍正、乾隆三朝，奉行文化高压政策，大兴文字狱，大肆毁书禁书，而大量的明代档案又是惨遭销毁的"重灾区"。清朝统治者的这种做法不仅让中国失去了大量珍贵的古籍，更给我们今天再看明朝历史带来了很大的困扰。

五百余年的历史沉淀了太多东西。当年率领着庞大船队展开恢宏航海之旅的郑和应该不会想到，不仅自己和无数人付诸大量心血的航海行动，最终成了中国古代国家航海事业的绝唱，甚至连航海留下的资料也命运坎坷，在漫漫的历史之路上化为了尘埃。

扑朔迷离的"郑旺妖言案"引出了什么

——朱厚照的身世之谜

明朝正德二年（1507 年）十月的一天，有两个人突然出现在北京皇宫东安门前，其中一个扯着嗓子使劲叫喊："皇帝的母亲郑氏，已经在皇宫中隐瞒身份隐居了若干年，我要将此事当面奏报给皇上。"（"国母郑，居幽若干年，欲面奏。"）

门口的守卫听后，哭笑不得，这是哪来的疯子，居然敢来这里乱吼乱叫。不过面对这样的奇葩事，守卫也不敢擅自做主，为了保险起见，还是将此事奏报给了皇帝，请他定夺。明武宗朱厚照闻知此事后，立即传令东厂，将这两个人抓了起来。后经审讯，明武宗朱厚照认定这两个人在皇宫大门外妖言惑众，性质极其恶劣，情节特别严重，下令将他们处以极刑。

这两个被处决的人，一个叫郑旺，另一个叫王玺，都是普通百姓，谈不上有什么背景。从表面上看，这似乎只是一起滑稽的闹剧。两个老百姓不知是因为喝酒喝大了，还是脑子不正常，去皇宫门口喊了几句疯话，结果惹来了杀身之祸。

然而，如果我们仔细探究一下此事的来龙去脉就会发现，这件看似简单的离奇事并不简单。因为事件的主角郑旺其实已经是"二进宫"了，他之前就曾在明武宗的父亲明孝宗朱祐樘在位时期，因为发表类似的"妖言"被抓过一次，结果后来非但没死，还被放了出来。

那么，郑旺这样一个无官无职、无权无势的老百姓，为什么要冒着生命危险为所谓的"国母郑"申冤呢？他因"妖言惑众"被捕入狱，为何还能被释放？他跟看似八竿子打不着的明朝皇室，到底有着怎样的关系？要解答这些问题，还要从明孝宗奇特的婚姻和家庭情况说起。

在古代，皇帝最令人羡慕的恐怕就是他那庞大的后宫佳丽群了。然而在中国历史上，却有这样一位独一无二的皇帝，似乎是思想特别前卫，竟硬是在美女如云的后宫中过起了一夫一妻的生活，除了皇后，再无别的嫔妃。这位皇帝就是明孝宗朱祐樘。关于他为什么不纳妃，众人说法不一，有说他用情专一，非常爱皇后的；也有说他性格懦弱，非常怕皇后的。当然不管是爱皇后还是怕皇后，还是两者皆有，明孝宗都是皇帝中的极品另类，他和皇后张氏的故事也一直被历史爱好者们津津乐道。

不过在这里，我对明孝宗和张皇后之间的事，就点到为止了，只是想借此说明一点，既然明孝宗只有张皇后一个老婆，那他的儿子明武宗朱厚照，自然应该是张皇后生的。对此，明朝的官方史书《明实录》也明确记载，朱厚照的生母为张皇后，他是"根正苗红"的嫡长子。

然而，自打朱厚照出生起，民间就出现了另一种说法：朱厚照这位皇子其实并非张皇后所生，而是明孝宗跟一位宫女生的，结果被多年无子的张皇后抢了过去，做了自己的儿子。本来，有些人吃饱了撑的没事干，就喜欢东拉西扯，讨论些宫闱秘事，也没什么大不了的，谁也没当回事。然而到了弘治十七年（1504 年），"郑旺妖言案"的爆发，却让这个流传甚广的谣言，似乎变得真实起来。

关于"郑旺妖言案"的记载，主要在《明孝宗实录》和《明武宗实录》中，另外在一些文人笔记中，也能找到只言片语。既然如此，那我们还是从《明孝宗实录》中的记载说起吧。

这桩离奇案件的主角郑旺，出自武成中卫中所的一个军户之家，就身份而言，是一个"军余"（类似于预备役军人）。至明朝中期，军户家庭由于各种原因普遍比较贫穷。郑旺本有一个女儿，小名叫王女儿，右肋处有痘疮，脊背上有烫伤留下的疤痕。由于家贫，这个女儿在十二岁时，被郑旺卖到了东宁伯家。后来，东宁伯家又将这个女孩卖到了一个担任通政的沈姓官员家中当丫鬟。再后来，郑旺听说附近驼子庄的郑安家，有女儿在皇宫中得宠，即将成为皇亲，就觉得这可能是自己之前卖掉的女儿，于是带着成为皇亲的美梦，进北京打听情况。

郑旺到了京城之后，找到了自己认识的妥刚和妥洪两兄弟，让他们帮忙打探。妥刚和妥洪两人，都是锦衣卫的舍余，也就是锦衣卫的家人，熟悉锦衣卫的查案方式，他们让郑旺将自己女儿的情况写成一个帖子，再由妥洪领着郑旺来到玄武门外，托妥洪认识的乾清宫太监刘山帮忙，刘山答应帮郑旺寻找女儿。

一个多月后，还没等到消息的郑旺由于心急，又带着米面来找刘山，不过由于此时刘山还未打听到消息，郑旺失望而归。后来刘山经过打探，从一个名叫郑金莲的宫女口中得知，宫中确实有一个名叫王女儿的宫女。刘山找到王女儿，将郑旺寻找她的事告知。不料王女儿却说，自己的父亲姓周并非姓郑。

虽然刘山明知宫女王女儿并非郑旺之女，但他却欺骗郑旺说，女儿已经找到，只是因为之前被卖过，对认你这个父亲有所疑虑。郑旺听闻后，欣喜之余自然是信以为真，自此经常带些水果、食品、布帛交给刘山，托他转交给女儿。刘山每次收到郑旺的东西后，都收归己有，转而从皇宫里拿些衣服、靴子、布绢之类的东西给郑旺，说是郑旺女儿的回赠。

一天，刘山告诉妥洪："王女儿成为人上人了，已经进了乾清宫，你们都是皇亲，但现在不要将这个消息泄露出去。"（"王女儿为上人，进乾清宫矣，尔辈皆皇亲，也戒令勿泄。"）妥洪听了之后，马上把这个消息告诉了郑旺。郑旺听后欣喜若狂，把刘山不要泄露消息的忠告抛到了九霄云外，他在乡里的亲戚朋友面前，逢人就说自己成了皇亲。众人信以为真，纷纷来巴结郑旺，奉送礼物者居然有六百多人。郑旺为此专门制作了一本"聚宝历"，记录下送礼人的姓名。

转眼到了女儿的生日，郑旺带了一些酒肉交给刘山，托他转交给女儿。刘山收下后，自然又是自己留着享用，再拿一些皇宫中的被褥、鞋子、绢帕等物品回赠给郑旺。

已经尝到了甜头的郑旺，越来越大胆。他拿着皇宫中的东西来到一位姓齐的驸马家中。驸马的儿子见到郑旺带来的东西后，也相信了郑旺是皇亲的说法，送了豹皮、马鞍辔、纱罗、衣襦给郑旺和郑旺的妻子赵氏。这样一来，郑旺一家人越发得意，在地方上大张声势、作威作福。

郑旺等人的行为逐渐被缉事官校所发现，结果一家人皆被逮捕。明孝宗对此案非常重视，亲自审讯涉案人员，刘山为了洗脱自己的罪行，把责任都推到王女儿身上，说是王女儿让自己这么做的。皇帝见问不出结果，于是下令将涉案的一干人员关入锦衣卫监狱，由锦衣卫动刑严加审讯。经审讯发现，王女儿的父母姓氏、年龄、出生情况、入宫来历，都与郑旺所说的不一致。锦衣卫又让郑旺之妻赵氏辨认王女儿的身体特征，发现王女儿右肋处没有痘疮，脊背上也没有烫伤留下的疤痕。

案件就此查明，王女儿其实姓周，并非郑旺的女儿。郑旺等人虚张声势以骗取钱财，皆是出自刘山的奸计。锦衣卫据此草拟判决意见：刘山编造妖言，郑旺、妥刚、妥洪传播妖言惑众，皆斩；其余人员处以徒刑、杖刑等刑罚。

然而明孝宗接报后，认为刘山的所作所为性质极其恶劣，情节特别严重（"交通内外、妄捏妖言、诳语煽惑、情犯深重。"），下令将他立即凌迟处死，并且传令宫中的宦官内侍都要去观看行刑，至于其余的涉案人员则按照之前锦衣卫拟定的刑罚处理。

这就是明朝最具权威性的官方史书《明孝宗实录》，对"郑旺妖言案"基本情况的记载。由此来看，此案的案情并不复杂，无非就是一个穷苦的军余想升官发财想疯了，又在机缘巧合下遇到了一个贪财的太监，结果弄出了这么一场让人哭笑不得的闹剧。不过如果我们仔细思考一下就能发现，这所谓的官方记载其实问题不少。

首先，中国古代能够让皇帝"御审"的案子非常之少，仅有极少数大案要案。早年间，明孝宗由于自己的生母纪氏早逝，一直很想找到母亲的家人，结果却引发了李父贵、李祖旺兄弟冒认皇亲案，但就算是面对这样一起严重伤害自己感情的案件，明孝宗都没有亲自审理，而是交给了内阁和司礼监。

更何况，明孝宗在整个明朝乃至中国历史上，都一直以勤政爱民和体弱多病著称，而他亲自审理"郑旺妖言案"，是在弘治十七年（1504 年）十二月，此案发生后不过五个月，也就是到了弘治十八年（1505 年）五月，明孝宗就因重病不治去世了。也就是说，日理万机的明孝宗不顾政务繁忙，更不顾自己身体不好，硬是亲自审理了一桩老百姓冒充皇亲的案子。如果此案背后没有隐情，明孝宗又何必如此重视呢？

其次，一向以宽仁著称的明孝宗，对此案涉案人员的处理也很值得玩味。前文提到的李父贵、李祖旺兄弟冒认皇亲案，明孝宗并未处死一人，而到了"郑旺妖言案"，明孝宗却将刘山、郑旺等人都判了死刑。更有意思的是，在本案中负责传递消息的刘山，惨遭凌迟处死，而始作俑者郑旺，虽然被判了死刑，却并没有被执行死刑，而是一直被关在监狱中。后来明孝宗病逝，明武宗继位，大赦天下，郑旺居然又被时任刑部尚书的闵珪下令释放出狱。当时就有官员提醒闵珪，郑旺涉及的是大案，若要释放他，应该请示皇帝，但闵珪却以大赦天下的诏书中没说不能释放郑旺这样的犯人为由，坚持释放了郑旺，结果又引发了郑旺和王玺去东安门前为"国母郑"喊冤的事。处理案件向来讲究刑责对等，就本案来说，郑旺是主犯，刘山是从犯，从犯都被凌迟了，主犯不仅逃过一死，居然还能被赦免出狱，也实在太不寻常。

"郑旺妖言案"的疑点还远不止这些。比如太监刘山为何会如此热心地帮郑旺的忙？甚至在明知王女儿并非郑旺女儿的情况下，还要欺骗郑旺？按《明孝宗实录》给出的说法，似乎是刘山贪图郑旺送的东西，所以才让此事越闹越大。

这样的理由显然是很难成立的。因为同样在《明孝宗实录》中，记载了刘山的身份是"乾清宫内使"。乾清宫在明代是皇帝的寝宫。能在乾清宫这等皇宫重地当差的太监，应该不至于穷到哪去吧？断然不至于为了贪图穷苦军余郑旺送的些许廉价物品，把自己的性命搭进去。

所以最合理的解释是，刘山其实并没有欺骗郑旺，他是真的把郑旺当成了皇亲，为了自己日后的荣华富贵，才甘愿冒着大风险为郑旺传递消息。也就是说，至少当时刘山认为，郑旺的女儿是真的被皇帝宠幸了。皇帝到底有没有宠幸过郑旺的女儿，这里暂时按下不表。既然在皇帝的寝宫中当差的太监，能把郑旺认作皇亲，就基本可以认定一个事实，即表面奉行一夫一妻制的明孝宗，其实对婚姻并没有那么忠诚，他曾经宠幸过张皇后之外的女人，只是没给嫔妃的名分而已。

《明武宗实录》对"郑旺妖言案"的记载，可以从侧面说明这一情况。按这份明朝官方史料给出的说法，刘山惨遭凌迟处死，是因为他声称周太后宫中的宫女郑金莲是郑旺的女儿，且是太子的生母，结果惹得明孝宗大怒。（"山为言，今名郑金莲者，即若女也，在周太后宫，为东驾所自出，语浸上闻，孝庙怒，磔山于市。"）

这段记载，与《明孝宗实录》中的相关内容有很大出入。在《明武宗实录》中，刘山并非说王女儿是郑旺的女儿，而是说郑金莲是郑旺的女儿。另外，刘山还透露了另一个重要信息，太子（东驾）朱厚照也就是后来的明武宗，并非张皇后亲生，其实是明孝宗和宫女郑金莲所生。当然了，《明武宗实录》作为明朝官方编著的史书，自然声称明武宗为张皇后所生，否定了刘山的说法。那么，明朝官方给出的说法和刘山所说的，到底哪个才是真的呢？

其实，纵观《明武宗实录》本身的内容就可以看出，明武宗朱厚照极有可能并非张皇后的亲生儿子。

首先，在整部《明武宗实录》中，居然找不到任何明武宗与张太后（明孝宗死后，张皇后晋升为太后）相互关心、母子情深的记载，这在热衷于彰显皇家奉行孝道的《明实录》中，是极不寻常的。

其次，明武宗继位后，仅仅在皇宫中居住了约一年，就搬到了皇宫外的豪华别墅——豹房，似乎连张太后的面都不愿意见了，实在不免让人产生一些想法。

最后，正德十五年（1520年）九月，明武宗在南巡途中，因游玩不慎落水，自此落下了病根。到了正德十六年（1521年）正月十四日，已经回到北京的明武宗在南郊主持祭祀大典时，突然大口吐血，自此一病不起，最终于同年三月因病去世。然而奇怪的是，从明武宗落水到吐血，再到病死，张太后居然全无反应，竟一次都没有探望过自己的儿子。张太后作为一位母亲，却对儿子冷漠至此，要说明武宗是她亲生的，恐怕也不会有人信。

既然从《明武宗实录》的内容来看，朱厚照并非张皇后亲生，而明孝宗和明武宗两朝的官方实录，对"郑旺妖言案"的记载又自相矛盾，那我们只有将视野扩大，再从野史上去探究此事了。

其实像"郑旺妖言案"这样的离奇案件，自然逃不过八卦文人们的妙笔，在《治世余闻》《万历野获编》《罪惟录》《胜朝彤史拾遗记》这些野史作品中均有记载。相比之下，我认为《治世余闻》中的相关记载最有价值，因为这本书的作者是弘治年间的刑部主事陈洪谟，作为当时朝中的官员，他对这桩奇案的了解，远比一般人深。

据《治世余闻》记载，时任翰林院编修的王瓒，有一次在经过皇宫左顺门时，看到一个用红毡衫包裹全身、不露面只露脚的女人，被两名宦官押送到浣衣局。浣衣局的人一看到这个女人来了，都起立迎接，态度十分恭敬，显得很不寻常。不久后，"郑旺妖言案"的判决结果出来了，此案的卷宗放在了刑部的福建司。有人利用职务之便，看到了明孝宗对此案的"内批"，内容如下："刘林使依律决了，黄女儿送浣衣局，郑某已发落了，郑旺且监着。"

这里所谓的刘林应该就是刘山，黄女儿即王女儿，郑某指的是郑金莲。由于明孝宗对此案的批示，是被一些好奇心强的官员偷看后流传出来的，所以在人名上出现了一定的错误，但大体内容应该还是准确的。

《治世余闻》中的这部分内容，除了刘山被杀、郑旺被关押可以与《明实录》的记载相互印证外，还交代了明孝宗对王女儿和郑金莲的处理决定。王女儿，即被王瓒碰巧看到的那个女人，是被送到安置犯错宫女的浣衣局，而郑金莲，则是"已发落了"。

"已发落了"这四个字，非常耐人寻味，究竟指的是什么？是杀？还是关？抑或是流放？已不得而知。从明孝宗这样含混不清的批示来看，他很可能并没有把郑金莲怎么样，说这名宫女已经被发落了，其实是为了保护她，避免她被追究责任。那么，郑金莲区区一个宫女，有什么值得皇帝出手保护的呢？答案恐怕就真如《明武宗实录》中记载的刘山证词那样，是因为她被皇帝宠幸过，并且生下了太子朱厚照。

虽然从表面上来看，出现在《明孝宗实录》《明武宗实录》《治世余闻》这三部书中的"郑旺妖言案"，显得含混不清、自相矛盾、疑点重重，似乎让案情如一团乱麻般理不清、解不开。如果我们将这些记载都串联起来，再仔细梳理一遍，或许就能推导出一个大致的答案，所以接下来，我就试着给大家做一番推理。必须声明的是，接下来的这部分内容是我根据史料推理的结果，仅供大家参考。

明孝宗朱祐樘在娶了张皇后之后，虽然一直没有纳妃，但他还是宠幸过一些宫女。其中有一个叫郑金莲的，在受宠后怀了孕，为明孝宗生下了皇长子，取名朱厚照。张皇后由于婚后多年没有生育，就收养了这个孩子，对外宣称是自己所生，此举也获得了明孝宗的认可，朱厚照自此就以嫡长子的身份被立为太子。虽然明孝宗和张皇后都竭力掩盖朱厚照的身世，但天下没有不透风的墙。朱厚照并非张皇后亲生的消息，还是被一些知情的太监、宫女传了出去，逐渐在民间有了一定的影响。

军余郑旺得知自己的女儿在皇宫中混得不错，甚至可能是太子的生母后，便怀揣着富贵梦来到了京城，托人找寻女儿。在乾清宫当差，知道太子朱厚照身世的太监刘山结识了郑旺后，先后为郑旺找了宫女王女儿和郑金莲，最终认定郑旺是郑金莲的父亲、太子朱厚照的外公，所以才甘冒风险，为郑旺传递消息，希望能借此在日后升官发财。

齐驸马的儿子由于是皇亲，知道一些宫闱秘事，对当朝太子的身世也有一定的了解。所以当郑旺拿着宫中的东西来跟他拉关系时，他也认定郑旺是太子的外公，才会回赠一些礼物来结交郑旺。

后来，由于郑旺一家人在民间四处说自己是皇亲，太过招摇，遭到逮捕。由于此案涉及皇家秘密，明孝宗对此高度重视，亲自审理。然而还真是怕什么来什么，在案件审理的过程中，知道内情的太监刘山竟然将太子朱厚照是宫女郑金莲所生的事实说了出来。被揭了"老底"的明孝宗勃然大怒，下令将刘山凌迟处死，并让宫中的宦官都去观刑，以此杀鸡儆猴，用血淋淋的事实警告所有的宦官，以后谁要是再敢泄露太子的身世，就是这个下场!

虽然杀了刘山，但明孝宗对郑旺却没有痛下杀手。这或许是因为明孝宗也认为郑旺是自己没名分的岳父，又或许是明孝宗觉得郑旺罪不至死。除了留郑旺一命，明孝宗对牵扯进此案的两名宫女，也不愿过多追究。郑金莲由于是太子朱厚照的生母，被明孝宗秘密保护了起来，至于王女儿，则打发到浣衣局去干活。不过由于宫中的不少太监、宫女对太子的身世有或多或少的了解，因此浣衣局里的人误以为王女儿跟太子或是皇帝有什么特殊关系，才免于一死，所以对她毕恭毕敬。

明孝宗去世、明武宗继位后，时任刑部尚书的闵珪，趁着大赦天下的机会，不顾旁人的质疑，将郑旺释放出狱，有可能是他之前就得到了明孝宗释放郑旺的密旨，又或者是他也认为郑旺是明武宗的外公，所以觉得把他放了没错。

然而郑旺被释放出狱后，越发不知死活，竟然又跑到皇宫东安门前大声嚷嚷明武宗的身世问题，结果再次被捕。此时坐在皇位上的朱厚照，虽然对自己的身世有所了解，但却依然下令处死了郑旺。因为他清楚，虽然自己的生母并非张皇后，而是宫女，但由于父皇生前没有给自己的生母应得的名分，所以自己是以张皇后所生嫡长子的身份被立为太子并继承皇位的，如果现在向外界公开身世，那自己就从"根正苗红"的嫡长子变成了"黑户私生子"，必然会在朝野上下引起轩然大波，甚至有危及皇位的可能。

为了坐稳皇位，明武宗朱厚照将自己的身世隐瞒了一辈子；而编写《明实录》的明朝史官们为了替皇帝保守秘密，也在写"郑旺妖言案"时用东拉西扯来掩盖事实，以至于其中的内容半真半假、自相矛盾。

说到这里，"郑旺妖言案"的诸多疑点似乎都已经能够说通，然而还有两个疑团却依旧没有解开：一是朱厚照的生母郑金莲，到底是被怎样发落了？二是引出了朱厚照身世问题的郑旺，究竟是不是郑金莲的父亲，是不是朱厚照的外公？

非常遗憾的是，对于这两个问题，由于史料的匮乏，我也难以给大家答案了。或许在史书上没有记载的某年某月某日某时，朱厚照的生母郑金莲在世上的某个角落里默默去世了。又或许，朱厚照是在明知郑旺是自己外公的情况下，却依然向他挥起了屠刀……

最是无情帝王家！

一辈子都只做坏事的太监
——大太监刘瑾的"治国之道"

大家对于罪大恶极之人，往往会骂上一句："挨千刀的！"明朝还真有一位"罪大恶极"的太监，真的挨了千刀，在极度痛苦中死去。他就是明朝中期一度权倾天下，最终被凌迟处死的大太监——刘瑾。

刘瑾虽然死得极惨，但一直以来人们对他却同情不起来，反而普遍觉得他是罪有应得，活该受千刀万剐之刑。按照历史上诸多文人的记载，刘瑾这人真是坏透了，一辈子蒙蔽圣听、祸乱朝纲、陷害忠良、搜刮民财，尤其是他执掌大权之后，更是在政治上胡作非为，把国家搞得一团糟。这还不算，按照有些野史的记载，就连明武宗朱厚照没有儿子，都是刘瑾搞的鬼，是以他为首的"奸党"用一种名叫蚺蛇油的药物破坏了皇帝的生育能力。（"刘瑾等以蚺蛇油萎其阳。"）

那么，历史上的刘瑾真有那么坏吗？他就真是一辈子都不做好事，专挑坏事做？常言道，做一件好事不难，难的是一辈子做好事。同样地，做一件坏事不难，可要是一辈子都只做坏事，那难度也是非常大的。其实，如果我们能静下心来，仔细翻一翻史册就能发现，刘瑾这个臭名昭著的大太监并不像很多人说的那样不堪。

一、深得宠信

刘瑾，陕西兴平人，本姓谈，后受宫刑，依附一名姓刘的太监进皇宫当差，故而改姓刘。对于刘瑾早年的宦官生涯，史书上记载不多，当然也没有多写的必要。不过据《明史》记载，刘瑾在明孝宗统治时期曾经犯下死罪，可是本该被处死的他不但得到了赦免，后来还得以入东宫侍奉太子朱厚照。虽然当时刘瑾究竟犯了何罪，《明史》中没有写明，但据此可以推断，刘瑾应该是一个私心较重，又善于逢迎拍马的人，所以才能在死里逃生后获得美差。

入了东宫之后，头脑灵活的刘瑾发现，朱厚照这位太子不爱读书，非常贪玩，于是他绞尽脑汁想办法，让朱厚照玩得开心，很快博得了朱厚照的喜爱。当然，当时东宫中善于迎合太子的并非刘瑾一人，除他之外，还有张永、谷大用、高凤、罗祥、魏彬、邱聚、马永成七个太监，也同样深得朱厚照欢心。这八个人，在历史上被称为"八虎"。

朱厚照继位当皇帝后，命刘瑾掌管钟鼓司。钟鼓司是明朝内廷机构之一，主要职责除了敲钟鼓，还包括在宫廷中安排歌舞、戏曲、杂耍等节目。明武宗朱厚照让刘瑾负责这些事，显然是想发挥刘瑾的"特长"，让他编排些有意思的东西供自己娱乐。

虽然此时的刘瑾离政治权力似乎还有十万八千里，但富有野心的他已经摸清了明武宗的性格特点，决定充分利用自己的职权讨皇帝欢心，为自己染指大权铺路。

钟鼓司在刘瑾的领导下，安排了丰富多彩的歌舞、角斗等节目。此外，刘瑾还常常进献老鹰、猎犬等物，并陪伴明武宗微服出宫游玩。一来二去，刘瑾与年少的皇帝建立起了深厚的友谊，权力逐渐扩大，先是掌管负责皇室工程的内官监，后来更是染指军权，总督团营。"八虎"中的其他成员也大多步步高升。

"八虎"权力的不断膨胀，引起了文官群体的警觉。内阁大学士刘健首先上疏进谏，指责贵戚、宦官，规劝皇帝不要宠信身边的太监，以至于被他们"带坏"，荒废政务，终日吃喝玩乐。

刘健带头之后，朝中大臣们纷纷跟进，劝明武宗"改邪归正"和要求严惩"八虎"的奏疏，不断进入皇宫。

虽然大臣们屡屡弹劾，但生性爱玩的明武宗，一直不肯惩处让自己开心的八位玩伴，让大臣们也无可奈何。看到有皇帝罩着，没人能把自己怎么样，以刘瑾为代表的"八虎"变得越来越嚣张，与群臣的矛盾不断激化。

让刘瑾等人没想到的是，大臣们虽然暂时没法把他们怎么样，但是却搬出了比皇帝还大的东西，那就是上天。负责天文历法的钦天监五官监候杨源，对明武宗贪图玩乐、亲近太监的行为十分不满，以星象异常为借口，通过礼部上疏劝谏明武宗不要再继续游玩，并驱逐宫廷中的奸佞小人。

在崇信天意的古代，利用"天象"来劝谏皇帝，真可谓是找对了点。毕竟皇帝再大，也是"天子"，他可以残暴，可以昏庸，可以荒淫，却不可以忤逆上天，去挑战"君权天授"这一自己掌握权力的理论基础。更重要的是，因为上天不会开口说话，所以天象的解释权就掌握在了像杨源这样的钦天监官员手里，他要说这天象不正常，别人还真不太好反驳。

得知钦天监这样一个原本跟自己八竿子打不着的机构都来凑热闹，刘瑾在生气之余，更是察觉到了危险，觉得自己该来点狠的了。于是，他说通明武宗，下令将杨源廷杖三十。让刘瑾没想到的是，杨源这人还真是个硬骨头。被打得死去活来的他非但不屈服，反而再次上疏，请求皇帝不要将权柄交予身边的太监。见杨源不肯低头，刘瑾觉得应该是之前打他三十大板太轻了，于是又让明武宗将杨源廷杖六十，并流放肃州。挨了两次打后的杨源，在前往肃州经过河阳驿时，因伤势过重不治身亡。杨源的惨死引发了大臣们的愤慨，一场针对刘瑾等人的大规模攻击行动很快展开。

正德元年（1506 年）十月，内阁大学士刘健、谢迁再度上疏，要求皇帝诛杀"八虎"，户部尚书韩文也携众大臣呼应。一时间，朝中弹劾"八虎"的声势极其浩大，大有不把这八个太监弄死不罢休之势。

群臣的威逼让年仅十六岁的明武宗惊慌失措，刘瑾等人也吓得半死，惶惶不可终日。

为了平息众怒，明武宗多次派司礼监太监赴内阁，询问大臣们的态度，其实也就是跟大臣们讨价还价。明武宗开出的条件是像明宪宗对待汪直那样，将刘瑾等人发往南京闲住。然而刘健、谢迁不同意，坚决要求皇帝将这些"奸佞"诛杀。

其实对于要如何处置"八虎",大臣们的意见并不统一。内阁大学士李东阳、兵部尚书许进就认为只要皇帝能远离"八虎"即可,如果一味威逼皇帝,反而容易让事情产生变数,不过此时的刘健等人自认为胜券在握,根本听不进这样的理性之言。

就在明武宗与大臣们讨价还价的过程中,一个新情况出现了。由于太监这一行里竞争十分激烈,明武宗派往内阁谈判的司礼监太监中出现了"叛徒"。司礼监太监王岳本就对刘瑾等人十分不满,他眼见大臣们要拿"八虎"开刀,大喜过望,很快站到了大臣们的一边。

为了能让这些讨厌的太监同行彻底消失,王岳首先说服了自己在司礼监的两位同事——范亨、徐智。三人随即联手,到明武宗的耳边吹风,盛赞刘健等人的提议,鼓动皇帝诛杀"八虎"。

到了十月十二日,王岳又与韩文商定,由韩文在第二天再度领众大臣集体向皇帝进谏,王岳等人则在皇帝面前配合进言,一鼓作气铲除"八虎"。如果形势照此发展下去,那么结果基本就是明武宗顶不住内外廷的联合施压,被迫将"八虎"处死了事。然而就在当天夜里,情况却出现了惊天大逆转。

听闻以刘健、谢迁、韩文为代表的外廷大臣和以王岳为代表的内廷太监第二天就要置"八虎"于死地,以刘瑾为代表的"八虎"吓得屁滚尿流。为了保命,他们只得狗急跳墙,立即去向明武宗求情。因为无论大臣、太监们如何施压,最终的决定权依然在皇帝手上。

性命攸关之际,"八虎"大打悲情牌,他们一见到明武宗,就立马下跪叩头,号啕大哭起来,边哭边说大臣们要杀自己,求皇上开恩。看到八个陪伴自己多年的玩伴被逼到如此地步,明武宗心中甚是怅然,满脸尽是不舍与悲愤。刘瑾看出皇帝舍不得让自己去死,立即抓住时机说道:"害我们这些奴仆的人是王岳。王岳与内阁大臣相勾结,想要制约皇上您出入宫廷之类的行为,故而要先除去我们这些他所忌惮之人。况且我们向皇上您进献的鹰犬,于国事有什么损害?如若司礼监里有皇上您的人,那帮大臣怎么敢这样逼迫皇上。"("害奴等者王岳。岳结阁臣欲制上出入,故先去所忌耳。且鹰犬何损万几?若司礼监得人,左班官安敢如是。")

从刘瑾的这番话可以看出，此人真是深谙明武宗心理。他很清楚，对于明武宗来说，忠良奸佞什么都是浮云，这位少年天子最想要的就是能无拘无束地玩乐，因此从这一点切入，才最能保全自己。

果然，面对刘瑾的说辞，明武宗脸色大变，他意识到，如果自己现在顶不住压力杀了这八个玩伴，那以后在大臣们面前就很难再抬头了。更糟糕的是，现在像王岳这样的司礼监太监也跟那帮大臣勾搭在了一起，以后自己不仅是玩乐受限，甚至连手中的权力也会受到他们的抑制，真是岂有此理！

在刘瑾的挑唆下，明武宗胸中压抑已久的怒火终于爆发了。他随即命刘瑾掌管司礼监，丘聚掌管东厂，重新设立西厂，由谷大用掌管，并下令逮捕王岳、范亨、徐智。

就这样，刘瑾不仅逃过一死，还进入了协助皇帝批阅奏疏的内廷权力核心部门——司礼监，正式登上了政治舞台。此后的刘瑾在明武宗的支持下，大权独揽，开始了自己的新时代。

到了第二天，群臣听闻内廷情况大变，明白"八虎"已经无法铲除了，集体弹劾之事无果而终。

刘健、谢迁、李东阳三位内阁大学士见政局突变，集体上疏请求致仕。明武宗在刘瑾的建议下，批准了刘健、谢迁的致仕请求，但留下了李东阳。刘瑾之所以把李东阳留下，除他在处置"八虎"的问题上态度暧昧外，更是出于对处理国政的考虑。因为刘瑾虽然深得皇帝宠信，但他对自己的智商和政治水平还是心中有数的，三位内阁大学士要真的全都走了，这纷繁复杂的政务，自己还真玩不转。

刘健、谢迁虽然迫于刘瑾得势的压力离开了朝堂，但毕竟这两人威望高、影响大，刘瑾暂时还不敢把他们怎么样。不过对王岳、范亨、徐智三个曾想害死自己的太监同行，刘瑾就没那么客气了。这三人被捕之后，原本被明武宗下旨发往南京，结果却在前往南京的路上遭到了刘瑾所派杀手的伏击，王岳、范亨被杀，徐智折了一条手臂，侥幸逃过一劫。

除此之外，对带头弹劾自己的韩文，刘瑾自然也不会放过。他派人日夜紧盯韩文，以求抓住他的把柄。约一个月之后，刘瑾借口一批输入内库的白银有问题，强令韩文致仕。韩文的两个儿子韩士聪、韩士奇，也均被革去官职。韩文致仕后离开京城，仅有一车行李，没能让刘瑾弄到贪腐的证据。不过，韩文的安全只是暂时的，之后，刘瑾还是找出了理由，狠狠恶整了他。关于刘瑾迫害韩文的事，就放到后面去说吧，现在先来看一看其他一些官员的情况。

朝廷政局的巨大变动引起了文官群体更为激烈的反应。监察御史薄彦征、兵科给事中艾洪、南京户科给事中戴铣等二十多名官员上疏弹劾刘瑾等人，并请求皇帝留用刘健、谢迁。刘瑾接到奏疏后，大为光火，下令将这批官员全部处以廷杖之刑。其中，戴铣可能是因为身体本就不太好的缘故，竟被活活打死。

刘瑾如此暴行，自然又引来了新一波的上疏进谏潮。刘瑾对这批上疏的官员也不客气，依旧处以廷杖。在这批被刘瑾杖责的官员中，有一位官阶仅为六品的小官员挺倒霉的，不仅挨了四十大板，还丢了兵部武选司主事的官职，被贬往贵州龙场驿站担任驿丞。这位官员就是后来鼎鼎大名的思想家——王守仁。

关于王守仁的思想与事迹，众多研究他的学者已经说了太多了，我在这里就不多嘴了，还是继续说回刘瑾。从刘瑾这个人的上述行为来看，估计是之前差点儿被人整死的经历给他那既不幼小更不纯洁的心灵造成了巨大创伤的缘故，导致他在掌权后心理十分阴暗，行事相当残暴。

不过阴暗归阴暗，残暴归残暴，一个手握国家权力的人，如果只会整人、打人、杀人，那肯定是不行的，还必须会办事，会处理国家政务。事实上，刘瑾在疯狂打击"政敌"的同时，也是有着强烈的政治抱负的，一场在他主持下的大改革很快拉开序幕。

二、刘瑾改革

刘瑾这个人，虽然治国能力有限，但却很有政治头脑。他很清楚，要想执掌国家政治大权，光有皇帝和太监的支持是不够的，还必须在大臣中拉一批人入伙。因此，他除了费尽心机讨皇帝欢心，也一直注重笼络官心，逐渐在朝中培植出了自己的势力。

说到刘瑾早期在外廷大臣中的政治盟友，就不能不提一个人，那就是焦芳。

焦芳，河南泌阳人，天顺八年（1464年）进士。此人富有政治野心，在官场上摸爬滚打多年之后，于弘治年间当上了吏部侍郎。明武宗继位之后，因国家财政困难，群臣劝皇帝节俭，让这位少年天子很不高兴。焦芳当众表示，现今天下拖欠隐匿的租税很多，应该去检索追讨，而不是苛求皇帝节俭。明武宗闻听此言，大喜过望，提拔焦芳为吏部尚书。除迎合皇帝外，焦芳还与刘瑾等人结交，希望借助内廷太监的力量继续往上爬。当刘健、谢迁、韩文、王岳等人商议里应外合逼迫明武宗诛杀"八虎"时，正是焦芳及时向内廷通风报信，让刘瑾等人成功逃过一劫。之后，刘瑾"知恩图报"，让焦芳进入内阁成为大学士，并加少师头衔。

除焦芳外，张彩、韩福、刘宇等大批官员也都先后依附刘瑾，让刘瑾的势力迅速延伸至朝中各要害部门及全国的各个角落。

如日中天的刘瑾敏锐地意识到，要想在能人辈出的皇帝身边长盛不衰，绝不能光靠拍马屁，自己必须会办事，为国家、为人民，当然主要还是为皇帝办一些好事、实事。

前文提到，明武宗刚一继位，就面临国家财政困难的糟心局面，花钱都得悠着点，实在是非常不爽。正所谓冰冻三尺非一日之寒，明朝到了正德年间，远不只是国家财政收支出现了问题，在经济、政治、军事等各方面都积累了大量的弊病。明武宗的父亲明孝宗朱祐樘，虽然一直被不少文人学者所称道，其统治时期也被誉为"弘治中兴"。事实上，这位皇帝之所以广受好评，在很大程度上是因为他基本听任文官群体摆布，在治理国家上奉行中庸之道，所作所为较为符合贵族官僚们的利益。这样的结果只能是既得利益集团的势力不断膨胀，国家表面繁荣昌盛，实则问题丛生。

刘瑾虽然是个太监，但又确实是一个有抱负的人，很想有一番作为；而明武宗也对国家的现状十分不满，想革除各种积弊。共同的目标让两人都有了变法的想法，一场波及全国范围的改革很快拉开了序幕。

这场改革的首要目标是解决国家财政问题，而解决国家财政问题的首要目标，则是让皇帝有更多的钱花。有人可能会觉得不可思议，富有天下的皇帝难道真的会缺钱花？

缺，实在是太缺了。关于明朝国家财政体系的一些内容，以及皇帝的"小金库"问题，我在后面关于崇祯帝"巨额内帑"的章节中会讲到。现在要告诉大家的是，在包括明朝在内的众多王朝中，皇帝缺钱花的可不在少数。皇帝虽然收入很高，开销却非常大，而且国家的财政制度又决定了皇帝不可能轻易动用国库里的钱。因此要想维持奢华的宫廷生活，皇帝也是得想办法"创收"的。

善于拍皇帝马屁的刘瑾，就为明武宗想到了一条财路——增设皇庄。

所谓"皇庄"，其实就是皇帝的私人庄田，这些庄田的来源较为复杂，有些是原本国家的官田，有些是抄没所得的原贵族官僚田地，当然也有一些购买或占有的百姓田地。皇庄一般由皇帝派太监管理，庄田的收入直接进入皇帝的内库。

明朝中期，贫富差距不断扩大，土地兼并十分严重。贵族官员普遍倚仗权势，对平民百姓的土地巧取豪夺。刘瑾针对这一情况，请明武宗大量增设皇庄，以皇帝的名义收购破产农民的土地，再转租给农民耕种。这样一来，皇帝的私人收入就增加了，而且皇帝的土地，权贵们自然是不敢打主意的，这些既得利益者兼并土地的行为也就受到了一定的抑制，真可谓是一举两得。

在为皇帝赚"外快"的同时，刘瑾还对国家财政体系进行了大力整顿。明朝建立后，明太祖朱元璋建立了一整套覆盖全国的官员考核制度，然而随着时间的推移，所谓的考核逐渐变得流于形式，对官员已经基本没有约束力可言。到了明朝中期，由于众多地方官玩忽职守、中饱私囊，导致不少地区府库空虚。为了解决这一问题，刘瑾以皇帝名义下令，开展大清查行动，派出大批监察御史和给事中前往全国各地清查府库库存，一旦发现地方府库中有账实不符、钱粮缺失的情况，相关负责的官员必须设法将亏空补足，即便清查时该官员已经离任或死亡，也不能幸免。

在如此严厉的追责制度之下，官员们的好日子到头了。汤全、周南、张萧、毕福、熊绣等一大批在任或离任的官员，都陆续遭到追责惩处，其中不乏巡抚这样的高官。

除了增设皇庄和清查府库，刘瑾还在经济上着重进行了两方面的工作，一是整顿盐业，二是清丈军屯。

食盐在明朝，属于国家管制类物资，食盐收入也是国家财政收入的重要组成部分。明初，明太祖朱元璋为了解决戍边军队的军粮供应问题，下令实行"开中法"，即让商人将粮食运往边关军用粮仓之后，换取盐引（领取食盐的凭证），再凭盐引领取食盐贩卖。到了弘治年间，明孝宗下令，改由商人向国库交纳银两领取盐引。这样一来，国家的白银收入有了大幅增加，商人也不必再费时费力运粮去边关，减轻了负担。可问题是，收进国库里的钱未必能及时变成粮食输送到边关，这就给戍边将士带来了吃饭问题；而且由于食盐贩卖利润巨大，贵族官员纷纷将手伸向了这块"肥肉"，他们与不法商人互相勾结，倒卖盐引、冒领食盐、偷运私盐，严重损害了国家利益。

刘瑾针对当时盐业出现的大量弊端，先后颁布了一系列新规定：一是增派巡盐御史，到各地督查盐业；二是盐引必须在规定期限内使用，到期上交，严防商人利用旧盐引多次领取食盐；三是严查私盐贩卖，违者严惩。

在刘瑾的铁腕整顿之下，又有宁举、杨奇等一批官员因为涉及盐业方面的腐败遭治罪，以往官商勾结，在贩卖食盐上大获其利的情况受到了遏制，盐业情况有了较大好转。

在整顿盐业的同时，刘瑾还在大力推进另一件事——清丈军屯。关于军屯遭到兼并和军户被迫逃亡的问题，在前面讲述汪直事迹时已经简要说过，这里就不再重复了。至正德年间，军户的大量逃亡不仅严重削弱了国家的军事力量，更导致一些地区流民成风，甚至屡屡出现流民聚众造反的情况。

面对严峻的形势，刘瑾下令清丈军屯。应该说，刘瑾的这一举动着实显示出了他的政治魄力。因为军屯这种军队的土地，别说一般的地主就连大部分的官员都不敢打主意。有胆量、有能力将它们弄到手的，基本都是军官阶层，这些人大多世世代代在军中为将，手握军权、根基深厚，一直以来更是无人敢惹。然而别人不敢惹，刘瑾敢。在这位深得皇帝宠信的大太监看来，不管你有多大的势力和背景，只要你敢损害国家利益，就休怪我不客气。

在刘瑾的主持下，一场大规模的清丈军屯行动开始了。为了确保行动获得实效，刘瑾不仅派出大批官员赴各地对军屯展开核查清理，还明确规定，要在清丈军屯后，追缴兼并军屯者隐瞒不报的赋税，以此作为相关清丈官员的政绩标准。满以为能再为国家扫除积弊、增加收入的刘瑾没有想到，自己恰恰就是死在了自己亲手制定的规矩上。

当然关于刘瑾那惨绝人寰的结局，我们后面再细说，现在还是先来讲一讲清丈军屯。在被刘瑾派往地方清丈军屯的官员中，最出名的当数兵科给事中高涍。因为这位仁兄实在是"铁面无私"，在沧州清丈军屯之后，居然上疏弹劾自己的父亲高铨，把他弄进了监狱里。当然了，父亲入狱之后，高涍又扮演起了孝子的角色，一把鼻涕一把眼泪地向刘瑾求情，希望能让自己代替父亲受罪，只求能让他获得宽大处理。

对于高涍的这番表现，人们历来褒贬不一。有人认为他是真的大义灭亲，也有人认为他不过是在作政治秀，因为他是刘瑾的人，刘瑾看在他的面子上，并不会真的严惩他的父亲。

不过不管高涍这样做的动机是什么，这件事无疑从一个侧面证明了刘瑾清丈军屯的力度之大，已经大到了连他手下的官员都不敢庇护自己涉案亲属的地步。

在刘瑾的大力整治下，大量的军官世家被迫忍痛让出已经到手的军屯，并补缴赋税。善于玩政治的刘瑾也明白物极必反的道理，在狠狠地打完巴掌之后，又开始给甜枣了，他说通明武宗下了这样一道旨意：各地肩负重任的镇守官员由国家拨给部分免税土地，其中总兵水田旱地各十顷，副总兵减半，游击等官员旱地十顷，守备再减半。除此之外，原军户佃农耕种的土地必须交还给空闲的军户耕种，并明立文册缴纳赋税，今后再有敢上奏讨要和吞并土地者，由各科道官员检查记录，予以重罚。

刘瑾的这道命令，虽然表面上向手握军权的军官们做了部分妥协，但实际上也是以斩钉截铁的态度向猖獗的土地兼并现象宣战。早已经在兼并军屯上尝尽了甜头的军官阶层，对这样的旨意自然是恨之入骨。

除了上述经济举措外，刘瑾还将改革之手伸向了政治领域，对大明王朝的官僚体系进行了大力整顿。

改变首先从精简人员开始，刘瑾下令将天顺朝之后朝廷增加的一百二十四名官员裁撤，之后更是加大力度，又裁撤了四百四十五名官员，并规定全国所有辖区范围不到二十里的县，裁撤县丞、主簿。

要知道，这世上最得罪人的事，除了杀人父母、夺人妻子，恐怕就数砸人饭碗了。刘瑾裁撤大量闲散官员的做法，虽然提高了官僚系统的行政效率，减轻了国家的财政负担，但无疑也让他在朝野上下树敌无数，埋下了一颗颗仇恨的种子。

丢了官的叫苦连天，还在官场混的也不好过。因为刘公公不仅大手一挥就让大批人下岗，还拿出了严厉的考核手段对付官员。除前文提到过的通过清查府库追究官员责任外，刘瑾对于官员的其他违法乱纪行为也不手软。

刘瑾掌权期间，湖广布政使涂旦、江西布政使马龙、郧阳知府曹廉等一批官员先后因腐败落马；工部郎中刘汝靖因侵占官田，被廷杖三十，革去官职；内官监太监杨镇因贩运私盐、索贿，被发往南京担任奉御。除此之外，官员因为渎职、违规乘轿、违规使用驿站马匹等行为被治罪的，更是数不胜数。

如此多的官员受到惩处，足见刘瑾整治官场风气的手段之烈。

虽然手段严酷，但刘瑾对犯了事的官员却又往往不赶尽杀绝，而是用一种特殊方法逼他们出钱出粮赎罪，这就是饱受争议的"罚米法"。

所谓"罚米法"，就是违法犯罪的官员可以通过向国家上交大米的方式来赎罪，以减轻或免除处罚。

前文提过，自弘治年间废除"开中法"之后，明朝边军的军粮供应时有短缺。刘瑾虽然整顿了盐业，但也没能因此解决边军的吃饭问题。不过刘瑾这人还真是点子多，他把边军需要的粮食摊到了受到惩处的官员头上，大肆罚米，在给不法官员们赎罪机会的同时，也为国家创了收。

必须说明的是，一些人提出刘瑾首创"罚米法"的说法是不正确的。"罚米法"这一制度其实在明初就已有之。洪武二十三年（1390年），明太祖朱元璋规定，官员犯死罪以下者可以通过罚米赎罪。到了洪武三十年（1397年），罚米赎罪制度又覆盖到了被判死刑的人，死刑犯只要能够上交一百一十石米运往北部边关，就可以免除死罪。之后，这一制度又在永乐年间得到了进一步完善。

不过虽然是早已颁布施行的赎罪之法，但"罚米法"在相当长的一段时间里，被使用的次数并不多，真正将它"发扬光大"的正是厉行改革的刘瑾。

关于刘瑾使用"罚米法"的情况，不妨来看一看明朝的官方史料。

据《明武宗实录》记载，正德三年（1508年）九月，刘瑾对被罚米的部分官员做了统计，要求他们限期交纳粮米。其中，有一人被罚一千石，有二十五人被罚五百石，有三十五人被罚三百石，有二十三人被罚两百石，有六十八人被罚一百石，有一人被罚三十石。这些被罚米的官员中，有尚书、侍郎、员外郎、都御史、御史、给事中、布政使、指挥金事等，他们中的部分人也有已经离任的。

这则史料所记载的还只是被刘瑾罚米官员中的一小部分。这足见在刘瑾掌权时期，"罚米法"不仅覆盖面很广，导致受到处罚的官员众多，而且罚米的数额往往很大，足够让不少官员倾家荡产。

"罚米法"的大量使用确实取得了不错的效果，国家财政收入明显增加，不少边关地区的仓库中，粮米更是堆积如山，边军的粮食供应情况大有改观。

随着国家财政状况的逐渐好转，刘瑾不仅屡屡减免遭受水旱灾害地区百姓的赋税，还一再派官员核查灾情，调拨钱粮赈灾。不过有意思的是，不仅《明武宗实录》等史料上对刘瑾纾解民间疾苦的举措记载得不少，而且他的这些"德政"，也很少被当时和后世的文人学者们提及。

三、为政弊端

在讲述了刘瑾改革的主要举措和积极作用之后，这场改革以及刘瑾掌权期间所存在的弊端，也是绝不应被忽视的。首先要说的是严重的腐败问题。

刘瑾掌权后十分贪财，常借提拔官员的机会收受贿赂。起初，刘瑾收取的贿金大多不过白银数百两，至多不过数千两。然而潜规则的价码很快被一个名叫刘宇的官员打破。刘宇原任左都御史，为了升官，一次就向刘瑾奉送白银万两。还从没见过如此厚礼的刘瑾，大喜过望，连声说"刘先生何以如此厚待我"，并很快让刘宇当上了兵部尚书。

在刘宇重金行贿的刺激下，刘瑾胃口大增，不仅在官员升迁上疯狂捞金，甚至连地方官进京朝觐、京官出使地方后回京，都要花钱"孝敬"刘瑾。官员们为了拼凑贿金，往往在地方上大肆搜刮钱财，严重增加了百姓的负担。

就在刘瑾收钱收得不亦乐乎之际，他的心腹官员张彩站出来劝道："刘公您知道这些贿赂您的钱来自哪里吗？不是盗用的官府库银，就是从小老百姓身上搜刮来的。这些官员借用您的名义为自己搜刮钱财，孝敬到您手里的恐怕还没有十分之一，然而却让天下人的怨恨都悉数归到您的头上，这让您何以面对天下人？"（"公亦知贿入所自乎？非盗官帑，即剥小民。彼借公名自厚，入公者未十一，而怨悉归公，何以谢天下？"）

刘瑾听罢，认为张彩所言十分有道理，反正自己的钱也捞得差不多了，不妨借此做做好事。于是他不仅在受贿方面大为收敛，还陆续惩处了一批向自己行贿的腐败官员。

不过虽然刘瑾本人不那么贪了，但他手下的不少亲信官员，如焦芳等人，却依然贪得无厌，不断腐蚀国家的官僚系统。

前文说过，刘瑾通过广设皇庄，在为皇帝创收的同时，也抑制了贵族官员的土地兼并行为。然而由于朱厚照这位皇帝实在是个用钱大户，而刘瑾又是一个一味迎合皇帝的奴才。这样的结果就是在刘瑾掌权的短短几年时间里，皇庄竟然迅速增加至三百余所。随着皇庄规模和数量的不断扩大，皇帝已经在事实上取代了贵族官员，变身土地兼并狂人，成了京城附近地区的超级大地主，而且由于很多负责管理皇庄的太监在为皇帝敛财的同时，也不忘为自己敛财，总是打着皇帝和刘公公的旗号对租种皇庄土地的农民巧取豪夺，更是严重败坏了明武宗和刘瑾在群众心目中的"光辉形象"（其实这两个人的形象本来也谈不上光辉），引发了人民群众对大明朝廷的强烈不满。

皇庄的恶性膨胀虽然侵害了百姓的利益，但这种皇帝的私人土地，毕竟集中在京畿地区，因此对全国而言，危害还不算很大。要论刘瑾为政最大的问题恐怕还要数他对官僚士大夫群体的过度打压。前文说过，刘瑾在掌权后，心理十分阴暗，行事相当残暴，这就导致了他一味推行高压政策，不断激化政治矛盾。

正德二年（1507年）三月，刘瑾召集群臣，让他们集体跪到金水桥南面，然后宣布所谓的"奸党"。刘瑾所列的"奸党"名单共计五十三人，除了曾想要置刘瑾于死地的刘健、谢迁、韩文，还有尚书杨守随、张敷华、林瀚，郎中李梦阳，主事王守仁、王纶、孙磐、黄昭，检讨刘瑞，给事中汤礼敬、陈霆、徐昂、陶谐、刘郤、艾洪、吕翀、任惠、李光翰、戴铣、徐蕃、牧相、徐暹、任良弼、葛嵩、赵士贤，御史陈琳、贡安甫、史良佐、曹闵、王弘、任诺、李熙、王蕃、葛浩、陆昆、张鸣凤、萧乾元、姚学礼、黄昭道、蒋钦、薄彦徽、潘镗、王良臣、赵佑、何天衢、徐珏、杨璋、熊卓、朱廷声、刘玉。

应该说，这些官员除少部分确实是刘瑾曾经的死敌外，其中的大多数只是在刘瑾大肆迫害官员时上疏进谏而已。刘瑾却将他们都列为"奸党"宣告天下，无疑是给自己树立了很多不必要的敌人。

不过此时如日中天的刘瑾，对自己树敌过多的潜在危险并没有清醒的认识。对于自己眼中的"奸党"，刘瑾不仅要堂而皇之地对外公布，更要用实际行动不让他们好过。

关于刘瑾掌权期间迫害官员的例子，真可谓是数不胜数，在此仅举几个比较出名的例子。

对于曾领衔弹劾自己的户部尚书韩文，刘瑾恨得咬牙切齿。因此，即便韩文已经致仕回家，刘瑾依然不肯放过，一直想找他的麻烦。最终，刘瑾以文件遗失为借口，将韩文逮捕入狱，关了几个月之后释放，并罚米一千石输往大同，最终将韩文搞得倾家荡产。

工部尚书杨守随，因为上疏弹劾与刘瑾交好的李兴，惹恼了刘瑾。刘瑾先是让杨守随致仕，后又在正德三年（1508年）三月派人将他抓回京城关入监狱，并罚米一千石，第二年又罚米两百石，使杨守随也倾家荡产。

负责西北边防的三边总制杨一清由于厌恶刘瑾，在刘瑾掌权后称病请辞。刘瑾恨杨一清不愿依附自己，便诬陷杨一清浪费边防费用，将他抓入监狱。入狱之后，杨一清由于在朝中人脉关系深厚，被内阁大学士李东阳、王鏊营救出狱。虽然杨一清人出来了，却还是被刘瑾先后罚米六百石。

除此之外，顾佐、冒政、刘逊等众多的官员，也都先后因为得罪刘瑾遭到罚米。由此可见，"罚米法"在刘瑾的手中，不仅是惩处不法官员的利器，更是迫害政治对手的手段。

在大举打击政敌之际，刘瑾自然不会忘记刘健和谢迁这两位差点逼死自己的政敌。

正德四年（1509年）二月，浙江官府向朝廷推荐了四位德才兼备的人才，分别是余姚人周礼、徐子元、许龙，上虞人徐文彪。刘瑾一看这四个人的籍贯，顿时不爽了，因为谢迁就是余姚人。在内心极度敏感的刘瑾看来，浙江官府推荐上来的四个人都是谢迁的同乡（上虞与余姚相邻，上虞人也勉强可以算是谢迁的同乡），其中必有猫腻，只怕是谢迁等人想借此在朝中培植势力，好在以后扳倒自己吧？气急败坏的刘瑾决定以此为突破口来治刘健和谢迁的罪，他也不管什么人才不人才，直接下令将这四个人抓进监狱。四人在严刑拷打之下，只得供认自己是走刘健、谢迁的门路得到的推荐。

得到供词的刘瑾当即就要逮捕刘健、谢迁，抄家治罪。内阁大学士李东阳得知自己的两位老同事即将大难临头，极力劝刘瑾收手放过他们。刘瑾考虑到刘健和谢迁两人在朝中的巨大影响，勉强同意，但还是将周礼、徐子元、许龙、徐文彪四人流放边疆，与此次推荐有关的官员均被罚米，有的还被革职削去官籍。最绝的是，刘瑾还以皇帝名义下旨：今后余姚人不准进入京城成为京官。

正德四年（1509年）十二月，刘瑾又下令剥夺刘健、谢迁、韩文、马文升、刘大夏、许进等人之前被授予官职时得到的诰命，并追回皇帝所赐的玉带、官服等物品，一并被剥夺诰命的官员竟然达到六百七十五人之多。

在古代，皇帝授予的诰命是士大夫荣誉的象征，刘瑾如此大范围剥夺诰命，得罪了多少人，可想而知。

为了能够更高效地惩治不法官员，当然也为了更有力地打击政敌，刘瑾设立了一个全新的特务机构——内行厂。当时朝廷已有东厂、西厂、锦衣卫三大特务机构，但刘瑾掌权后，逐渐与统领东西两厂的两大特务头子产生了矛盾，于是他干脆就再设立了一个直接听命于自己的内行厂，在扩大自己权力版图的同时，也抑制东西两厂和锦衣卫的势力。

一时间，大明王朝出现了四大特务机构并立的壮观景象，缇骑四出、特务横行，让官员和百姓大受其扰。

刘瑾为了进一步在官员中立威，更是创制了"重枷法"，即让犯了事的官员带上巨大的沉重枷锁，或罚站，或游街，把不少仅仅是犯了小错或被诬陷的官员折磨得死去活来。

在刘瑾如此高压政策之下，不仅外廷大臣与刘瑾之间的矛盾积累得不是一般的深，甚至就连内廷的不少宦官也对刘瑾的做法颇有微词。双方的矛盾愈演愈烈，在正德三年（1508年）六月二十六日这一天达到了顶点。

这天早朝散后，有人看到皇宫的御道上有一份文书，打开一看，不禁倒吸了一口凉气，因为这份未署名的文书里写的都是痛骂刘瑾所作所为的内容。

得知有人匿名举报自己，刘瑾勃然大怒，下令将散朝后离去的官员们召回罚跪。面对齐刷刷跪倒在地的官员，刘瑾厉声质问这事到底是谁干的，结果无人回应。刘瑾恼火至极，就让官员们一直跪着。

当时正值酷暑，司礼监太监李荣怕官员们在烈日下长时间跪着，会撑不下去，于是拿出冰镇的西瓜给大家吃。另一个司礼监太监黄伟也看不下去了，对官员们说道："文书上所说的都是为国为民的事，写这份文书的人挺身独自承担罪责，就算是死了也不失为好男儿，奈何连累他人。"（"书所言皆为国为民事，挺身自承，虽死不失为好男子，奈何枉累他人。"）不过官员中还是没有人承认。

刘瑾对李荣和黄伟的表现大为光火，下令让李荣闲住，并将黄伟降职发往南京，担任南京守备太监。

到了傍晚，刘瑾又下令，将这些官员中五品以下者全部抓进监狱。刘瑾只抓五品以下的官员，一是因为罚跪的官员中不乏位高权重者，刘瑾不敢全抓起来；二是因为发现匿名文书的地点，是在早朝场地内一个相对靠后的位置，而站立在这片区域的众多低级官员嫌疑比较大。虽然刘瑾还算有点儿顾忌，但照这个架势来看，他不把这件事查个水落石出，是绝不会罢休的。

到了第二天，刘瑾听到传言，说做出这件事的很可能并不是外廷的官员，而是内廷的太监。内阁大学士李东阳也前来苦苦相劝，希望刘瑾能高抬贵手，放过下狱的官员们。刘瑾思来想去，觉得这么搞下去，自己也实在是不好收场，于是将下狱的官员全部释放。

被牵扯进此事的绝大部分官员虽然逃过一劫，但也有几个不幸的，主事何钺、顺天推官周臣、进士陆伸就因为在烈日下罚跪太久，中暑而死。刘瑾虽然借此机会狂耍了一把威风，还排挤走了自己在司礼监中的异己，但他大费周章，结果不仅没能查清匿名文书的幕后黑手，还将朝中官员几乎得罪了个遍，实在是得不偿失。

这份至今都不知是何人所写的文书，极大地恶化了刘瑾与官僚集团之间的关系，甚至可以称得上是刘瑾最终被千刀万剐的导火索之一。

刘瑾对官僚集团的高压政策，不仅让大明王朝失去了一批能力出众的技术型官员，更导致了众多官员离心离德，严重恶化了国家的政治生态。

四、惨遭凌迟

虽然刘瑾的所作所为得罪了无数人，尤其是大量有权有势的人，不过天下权势最大的人毕竟是皇帝，只要有皇帝罩着，就没人能撼动得了刘瑾。然而一次被迅速平定的叛乱，却让皇帝选择放弃了这个贴身玩伴和政治打手，最终将他推入了万劫不复的深渊。

这事要深究起来，那还真是刘瑾自己导致的。因为引发叛乱的正是刘瑾力主推行的改革举措之一——清丈军屯。

正德四年（1509 年），大理寺少卿周东被刘瑾派往宁夏清丈军屯。周东是个功利心很重的人，为了能在刘瑾面前邀功请赏，他在清丈军屯时居然以五十亩为一顷，并以此作为收税的依据。分守参议侯启忠、巡抚都御史安惟学等官员，在周东急功近利的政策下，也都不顾实际，狂搞政绩工程，不仅催着让军官和军户缴纳赋税，还多次公然杖打士兵的妻子，让军人们咬牙切齿。

眼看宁夏被周东这帮人搅得天怒人怨，一个富有野心的人乐了，这个人就是安化王朱寘鐇。作为拥有皇室血统的藩王，朱寘鐇早就怀有异心，他充分利用宁夏军人们的愤怒，以讨伐刘瑾为借口，纠结了一批将领和士兵，准备仿效当年的燕王朱棣，造反夺取皇位。

正德五年（1510年）四月，朱寘鐇在经过一番准备后，正式起兵叛乱。消息传到北京，明武宗震惊之余，决定出兵平叛，他任命泾阳伯神英为总兵官，并命原本已致仕的杨一清总制军务，又让"八虎"之一的太监张永监军。

率军前往西北讨伐朱寘鐇的这三个人中，神英是刘瑾的亲信，没什么好多说的。至于杨一清，在前文已有简要介绍，他这次能被重新起用，应该是因为曾在西北主持过军务，在西北军中有威望的缘故。特别值得一提的，则是负责监军的张永。

作为"八虎"之一的张永，也是一位深得明武宗宠信的太监，而且原本是和刘瑾要好到穿一条裤子的。然而，复杂多变的官场上从来就没有永远的朋友。随着刘瑾权力的不断增大，张永对刘瑾日益不满，刘瑾也看张永越来越不顺眼。

为了把这个讨厌的张永打发走，刘瑾说通明武宗，将张永发往南京。张永听闻自己即将被驱逐到南京"打入冷宫"，气得半死，直接找到明武宗理论，控诉刘瑾陷害自己。明武宗于是召刘瑾前来与张永当面对质，结果张永见了刘瑾后，越说越火大，干脆挥起拳头暴打刘瑾。（"奋拳殴瑾。"）

看到自己的两个亲密玩伴打了起来，明武宗倒是颇有黑老大的做派，让谷大用等人摆了一桌讲和酒，表示不再将张永发往南京，并劝刘瑾与张永重归于好。在皇帝的压力下，刘瑾与张永只得在表面上放下恩怨，重新做回了"兄弟"，然而在心里却都依旧恨得牙痒痒。

平叛大军出发之后，朝廷很快又收到消息，朱寘鐇仓促间纠集起来的乌合之众，已经被当地官军里应外合打败，朱寘鐇本人也被擒获。

明武宗接到叛乱已被平定的奏报后，命令神英率军返回京城，让杨一清、张永继续前往宁夏，安抚官民。此时的刘瑾不会想到，杨一清与张永的这趟宁夏之行，将彻底葬送自己。

杨一清与张永都痛恨刘瑾，共同的敌人让两人借这次出差宁夏的机会形成了反对刘瑾的政治同盟。经过一番商议，杨一清将写有刘瑾大量罪行的奏疏交给张永，让张永借回京报捷献俘的机会，在皇帝面前揭发刘瑾的罪行，一举击垮刘瑾。临行前，杨一清特别叮嘱："万一到时候皇上不信，张公您就叩头流泪，拼死力争，剖开自己的心迹来证明自己并非妄言，皇上必然会被张公您所打动，而皇上一旦同意，必须即刻行动，千万不能迟缓。"（"万一不信，公顿首据地泣，请死上前，剖心以明不妄，上必为公动。苟得请，即行事，毋须臾缓。"）

下定决心之后，张永快马加鞭赶回京城，并向皇帝上疏，请求在八月十五日中秋节之际举行献俘仪式。刘瑾看到张永的奏疏后，十分头大，因为此时他的哥哥刘景祥刚去世不久，自己正准备在八月十五给哥哥送葬。刘瑾随即派人通知张永，让他迟点再回京城。

刘瑾的指示别人不敢违背，张永可不买账，此时的他唯恐时间拖久了，会让自己与杨一清的密谋被刘瑾侦知。于是，张永横下一条心，不顾刘瑾的阻挠，带兵押着被俘的朱寘鐇等人，浩浩荡荡提前回京。你刘瑾要我晚点回来，我还就偏偏早点儿回来，看你能把我怎样？！

事实证明，此时的刘瑾还真不能把张永怎样。回到京城的张永受到了皇帝的热烈欢迎。明武宗穿上戎装，亲自到东安门迎接。献俘仪式结束后，明武宗又设宴款待张永，刘瑾、马永成等亲信太监也在宴会上作陪，大家在一片欢声笑语中吃喝玩乐到深夜。困意袭来的刘瑾实在支撑不住，只得起身告退。刘瑾走后，张永突然来到明武宗跟前，跪下说刘瑾即将谋反，并从袖中取出弹劾刘瑾的奏疏，罗列出刘瑾的十七条大罪。此时已经喝得醉醺醺的明武宗听了张永的话后，半醉半醒地说道："刘瑾辜负了我。"（"瑾负我。"）早已对刘瑾专权不满的马永成等人，也立马附和张永，向明武宗控诉刘瑾的罪行。明武宗听罢，当即下令逮捕刘瑾。

就等着皇帝开这个口的张永，兴奋得差点儿跳起来。在明武宗的一声令下和张永等人的高效执行下，当天夜里，在皇宫内值房睡觉的刘瑾被逮捕，他的私宅也全部被查封。

不过虽然拿下了刘瑾，但其实明武宗在心里对这位玩伴还是很有感情的，并不想杀他，只是打算将他降职为奉御，发往明太祖朱元璋的老家凤阳闲住。

另一边，突然被捕的刘瑾，大脑在经过了短暂的蒙圈之后，很快反应了过来，开始大打悲情牌。他在狱中托人带话给明武宗，说牢里太冷，希望皇上能看在往日的情义上，赐一件御寒的衣服。明武宗得到消息，立即派人给刘瑾送了一些衣服。

明武宗的这一举动让张永等人刚刚放下的心又立马提了起来，这要是皇帝变了卦，让刘瑾东山再起，自己怕是要死无葬身之地啊！

为了能彻底击垮刘瑾，刘瑾的政敌们开始了一系列运作，坚决要把刘瑾的谋反罪名坐实。原本想着要放刘瑾一条生路的明武宗，很快得到消息，在刘瑾的家中查抄出了伪造的玉玺一方，用于出入皇宫的穿宫牌五百块，以及玉带、盔甲、弓弩等物，更重要的是，在刘瑾平日里常拿在手上的一把扇子中，被发现暗藏两把锋利的匕首。照此看来，刘瑾还真是早有反心，打算在亲手杀死皇帝之后，让自己的亲信进入皇宫接管政权，谋朝篡位。

那么，蓄谋已久的刘瑾究竟打算什么时候谋反呢？按照贵族官员们给出的说法是，刘瑾原本打算借八月十五这天给哥哥送葬的机会，将前来送葬的文武百官一网打尽，然后刺杀皇帝夺取江山，所以要不是张永提前回京献俘，后果不堪设想！

为了进一步论证刘瑾谋反的合理性，不少人还绘声绘色地说道，刘瑾之所以生出反心，是因为他手下的一些算命术士说刘瑾的侄孙刘二汉是大贵的命，该当皇帝。

从这些说法可以看出，刘瑾的政敌们为了置刘瑾于死地，真可谓是绞尽脑汁，他们抛出刘瑾试图把自己家族中的晚辈推上皇位的说法，总算是给刘瑾的"谋反行为"找到了一个勉强还算是说得过去的动机。

墙倒众人推之下，原本对刘瑾卑躬屈膝的言官们，也纷纷转变立场，上疏弹劾刘瑾贪污受贿、以权谋私、图谋造反、祸国殃民……

面对大量的"物证"与"人证"，明武宗终于对刘瑾起了杀心，他大怒道："刘瑾果然要谋反。"（"瑾果反。"）

有了皇帝这句话，刘瑾是彻底没活路了。之后经过会审，刘瑾被判凌迟处死。这次会审给刘瑾安上的罪名比较多，不过也没必要一一列举，因为光是谋反这一条，就足够千刀万剐了。

判决下达后，明武宗鉴于刘瑾的所作所为性质极其恶劣，情节特别严重，专门下令将刘瑾于闹市中凌迟三日。一代权宦刘瑾就这样在极度痛苦中走向了死亡。

刘瑾垮台之后，他的亲属也大多被杀，其中最让人感慨的是刘瑾的侄孙刘二汉。此时的刘二汉还只是个孩子，却因为被牵连进刘瑾一案，莫名其妙地成了所谓的"未来皇帝"，惨遭处死。

刘瑾在朝中的党羽也遭到了清洗。他的主要智囊张彩死于狱中，焦芳、刘宇、曹元、毕亨等人或被流放，或被降职。

尤其值得注意的是刘瑾的改革措施也全部被废止。《明史》中的相关记载如下：

> 廷臣奏瑾所变法，吏部二十四事，户部三十余事，兵部十八事，工部十三事，诏悉厘正如旧制。

虽然编著《明史》的清朝史官们，在废止刘瑾改革措施方面说得比较隐晦，甚至将其视为"拨乱反正"之举，但一个不可否认的事实是，刘瑾所主持的改革其实有诸多可取之处，它的失败是触动了既得利益集团利益的结果。

如果单从谋反这一罪名来说，他死得有点儿太冤。因为在古代，一个人要谋反成功，有一样东西是必不可少的，那就是军权。明朝由于有着相对完善的军队管理制度，调动军队需要经过复杂的手续，这就导致了太监虽然可以参与部分军事事务，但却无法真正掌握军权。可以说，像刘瑾这样的大太监，纵然权力再大，也不过是皇帝的奴仆罢了，他要是真有取代皇帝的实力，也不会沦落到被皇帝酒后的一句话就给拿下的地步。老谋深算的刘瑾更不可能摆不正自己的位置，去干谋反这种自寻死路的事。

其实，明武宗在内心深处，恐怕也未必相信刘瑾谋反的说法。这位皇帝虽然因为贪图玩乐在历史上名声很差，但他自幼就以聪明著称，不至于连这种明显的欲加之罪都看不出来。只不过由于刘瑾得罪的人实在太多，明武宗最终只得在巨大的压力下废止改革措施，并将刘瑾以极刑处死，来安抚庞大的官僚集团。

五、千年富豪？

刘瑾复杂的一生算是说完了，但我觉得，还有一则流传甚广的谣言需要澄清，那就是刘瑾的巨额财产问题。要详解这个问题，我们不妨从一则海外的新闻开始说起。

《亚洲华尔街日报》在 2001 年时的一篇报道，引发了不少中国历史爱好者的关注与讨论，因为这篇报道统计了过去一千年来全世界最富有的五十个人，明朝大太监刘瑾赫然在列。

按照《亚洲华尔街日报》给出的说法，刘瑾生前拥有的财富十分惊人，计有黄金 1200 万盎司、白银 2.59 亿盎司。照此看来，刘瑾在权倾天下的同时，还是一个超级巨富，足以跻身世界千年富豪的行列。

虽然刘瑾在掌权期间大肆敛财，但这样的财富拥有量，也实在是太惊人了。那么刘瑾是否真的是"千年富豪"呢？答案恐怕是否定的。

《亚洲华尔街日报》列出的刘瑾财富数据，源头应该来自明代官员王鏊所写的《震泽长语》，这本书对刘瑾被查抄出的家产数量记载如下：

金二十四万锭，又五万七千八百两，元宝五百万锭，又
一百五十八万三千六百两、宝石二斗、金甲二、金钩三千、玉带

四千一百六十二束、狮蛮带二束、金汤盒五百、蟒衣四百七十袭、牙牌二匣、穿宫牌五百、金牌三、衮袍四、八爪金龙盔甲三千、玉琴一、玉琉印一颗。以上金共一千二百五万七千八百两，银共二万五千九百五十八万三千六百两。

按《震泽长语》给出的说法，刘瑾生前拥有黄金约一千二百零五万两，白银约两亿五千九百万两。由此可见，《亚洲华尔街日报》给出的相关数据，与《震泽长语》中的几乎一模一样，只是将计量单位由两换成了盎司。事实上，《亚洲华尔街日报》的这组数据是很不严谨的，因为一两并非等于1盎司，而是约等于1.3盎司。

既然《亚洲华尔街日报》给出的数据不严谨，那《震泽长语》给出的数据就靠谱吗？如果从作者王鏊的角度分析，似乎是靠谱的。

王鏊，明朝中期官员，原任吏部左侍郎，刘瑾掌权后，他受到了刘瑾的提携，进入内阁成为大学士，还当上了户部尚书。不过在刘瑾的关照下升了官的王鏊，却因为看不惯刘瑾的所作所为，于正德四年（1509年）五月辞官回乡。

作为曾经与刘瑾共过事的大臣，王鏊的记载可信度应该是比较高的，但问题是，他在书中给出的数据又实在是太夸张了。

要知道，刘瑾从掌权到垮台，前后还不到五年时间。他在如此短的时间内，即便是使出浑身解数争分夺秒地捞钱，也不可能捞到一千多万两黄金、两亿多两白银，而且如果查抄刘瑾家真的抄出了如此天文数字的家产，必然会引发朝野上下的轰动，明朝的官方史料《明实录》也不会对此闭口不提。还有一个客观事实是，在古代，中国本土的金银产量并不大，金银在整个社会中的流通量都十分有限，这一情况直到明朝晚期，中国卷入世界贸易大潮，引发了海外白银的大量流入之后才有了大幅改观。换言之，在刘瑾所处的明朝中期，全国的白银加起来是否有两亿五千万两这么多，都是要打个问号的。

其实关于刘瑾的财富问题，新锐历史学者胡丹查到了《后鉴录》中的两则记载，在此也列出给大家看看。

> 随于本家搜出前项假宝，违禁衣甲、牌面、弓弩等件，金银数
> 百余万，宝货不计其数。

> 刘瑾恃恩骄横，专权黩货，赃至数百万两。

需要指出的是，这本《后鉴录》并非清代文人毛奇龄所写的《后鉴录》，它的作者是明朝正德年间的一位官员，名叫谢蕡。相比王鏊给出的夸张数据，谢蕡"金银数百余万"的说法，显然更符合实际。

既然刘瑾的财富远没有数亿两之多，那王鏊又为何要在自己的书里故意夸大其词呢？我认为，这绝非王鏊随便写点夸张的内容玩玩，他在书里这样写，其实有着自己的目的。

事实上，王鏊在《震泽长语》中，对刘瑾这个曾经提拔过自己的恩公，可谓是一点也不客气，不仅一本正经地说刘瑾贪了几个亿，更是通过此事将刘瑾定性为逆贼。

如果我们结合王鏊的官场经历来分析一下，就能理解王鏊的做法了。虽然王鏊早在正德四年（1509 年）就因为与刘瑾不和选择辞官，但他毕竟是曾经受过刘瑾恩惠，并一度是依附于刘瑾的官员。所以在刘瑾以谋反大罪被诛杀，其亲属党羽也多被清算的大背景下，王鏊之前的为官经历就把他推到了十分尴尬的境地。深感自己处境不妙的王鏊，为了与刘瑾划清界限，就开始在自己写的书里狂黑刘瑾，以此来告诉天下人："我王鏊虽然在刘瑾手底下干过，但其实我是非常憎恨这个死太监的，绝不是他的党羽啊！拜托你们别来找我的麻烦！"

就这样，一位古代官员为了自保所写出的不实内容，在当时和后世流传了开来，逐渐在史学界有了较大的影响，着实是误导了不少人。这也从一个侧面说明，有时候要看清历史真相实在不是一件容易的事情。

不过话说回来，数百万两金银，在明朝中期也绝非小数，更不用说还有其他的珍宝、房屋、土地等。刘瑾在掌权的短短几年时间里，就给自己捞了

这么多的好处，足见其贪腐之烈。刘瑾严重的腐败问题不仅损害了国家和百姓的利益，也是他主持改革失败、本人被处死的一个重要原因。

刘瑾是中国历史上一个让人一言难尽的人物，他既有着贪污受贿、迫害官员、作威作福的一面，也有着打击贪腐、力行改革、纾解民困的另一面，一体两面的属性，让他成了一个复杂的矛盾体。让人遗憾的是，以往很多人在谈到刘瑾这个人物时总是大谈他不好的一面，却对他的另一面闭口不提。我则尽自己所能，将刘瑾的一体两面都呈现到大家的面前，希望大家用更全面、更理性的眼光来看待刘瑾，通过了解刘瑾这个复杂的历史人物，进一步审视明朝。

仅仅因为吃了童仆食物就饿死亲生女儿

——"海瑞杀女"是史实吗?

海瑞这个名字在中国可谓是家喻户晓。一直以来,关于他顶撞上级、忠言直谏、为民做主的各种故事,在民间不断以小说、评书、戏曲等方式流传,经久不衰。不过,盛名之下的海瑞也是一个颇具争议的历史人物,在当时和后世,都有不少"负面新闻"传出,这其中最为出名的当数"海瑞杀女"了。

按照一直以来的说法,这件事的经过是这样的:

一次,海瑞看到自己年仅五岁的女儿正在吃东西,就问女儿食物是从哪里来的?女儿回答说,是从童仆的手中拿来的。海瑞闻言大怒道:"女子岂能接受男童仆的食物?你根本不配做我的女儿!你要是能饿死,才称得上是我的女儿!"

海瑞的女儿被父亲的话吓坏了,大哭起来,从此不吃不喝,家里人怎么劝都没用,最终在七天后饿死。

虽然自南宋末年程朱理学兴起之后,儒家思想越来越有钻牛角尖的趋势,"男女之大防""男女授受不亲"的观念逐渐深入人心,但仅仅因为一个五岁的小女孩拿了男童仆的食物吃,就硬生生把她给逼到活活饿死的地步,这也实在太极端了,甚至可以说是灭绝人性。因此一直以来,有不少人以此为据,认为海瑞是一个在思想上极端迂腐的人,竟为了维护吃人的封建礼教,做出这等丧尽天良之事。

那么,海瑞真的对自己年幼的女儿如此残忍吗?答案恐怕是否定的。这个流传甚广的故事其实可信度基本为零。

"海瑞杀女"之事最早的记载,应该是出自明朝万历年间的文人沈德符在他所著的《万历野获编·补遗》中,摘录了一些万历年间提学御史房寰弹劾海瑞的奏疏内容,正是在房寰攻击海瑞的奏疏中,第一次出现了"海瑞杀女"的说法。相关原文如下:

> 近过苏松,会抚臣王元敬、按臣邓炼,又相与言及瑞之为人。二臣皆自广东而来,臣问其居家何状,应曰:"此老大概好异,作事多不近人情。居家九娶而易其妻,无故而缢其女,是皆异常之事。"臣问其妻女有可出、可杀之罪否,曰:"如有可出、可杀之罪而出之、杀之,则贤者之能事,非所谓不近人情矣。"臣长叹曰:"吴起杀妻,易牙烹子,斯其人软!奈何世之贤瑞者啧啧耶?今瑞已耄而妻方艾,人欲固无所不极,女既杀而子亦无,天道或不可尽爽也。"

从这段内容来看,房寰只是说海瑞无缘无故缢死了自己的女儿,并不像后世流传的那样是将女儿饿死。

值得注意的是,《万历野获编》这部书在流传的过程中,内容多有散失。到了清朝康熙年间,沈德符的后人沈振通过收集其祖先的著作内容,又编辑了《万历野获编》的《补遗》部分。所以所谓"海瑞杀女"的内容,其实是直到清朝康熙年间才添加进《万历野获编》里的,这部分内容在长时间的流传中,是否存在失真已不得而知。我认为,即便这部分内容与房寰奏疏的原文一字不差,也难以作为"海瑞杀女"的证据。

首先,房寰自己就明确写到,海瑞"无故而缢其女"这件事,是他在与王元敬、邓炼两位官员谈话的过程中听来的。一个通过道听途说得来的消息可信度能高吗?

其次,房寰虽与海瑞同朝为官,但却与海瑞关系极差。因为海瑞在担任南京右都御史期间,大力整顿官场风气,严重侵害了官僚们的利益。时任提学御史的房寰,由于文采不错,成了出头鸟,在一众官员的支持下,多次上疏弹劾海瑞；而明朝言官上疏弹劾的一大特点，就是奏疏的内容往往添油加醋，甚至是胡编乱造。总之，对于他们而言，弹劾政敌这种事有理由要上，没有理由编出理由也要上。因此，出自这样一位海瑞政敌笔下的说法，能有多少可信度，可想而知。

既然在房寰可信度极低的奏疏内容中，都没有说海瑞饿死女儿。那现在我们所熟知的"海瑞杀女"版本，又是源自哪里呢？它来自另一本书，名叫《见只编》，在此也将这本书里的相关内容列出来给大家看一看。

> 海忠介有五岁女，方啖饵。忠介问饵从谁与，女答曰："僮某。"
> 忠介怒曰："女子岂容漫受僮饵？非吾女也。能即饿死，方称吾女。"
> 此女即涕泣，不饮啖。家人百计进食，卒拒之，七日而死。

《见只编》的作者，是明末一位不太出名的文人。这个人不仅生卒年不详，而且连具体叫什么名字，都有很多种说法，有说叫姚士麟的，有说叫姚士粦的，还有说叫姚叔祥的。出自这样一位知名度不高的文人笔下的说法，如果要说是铁板上钉钉的史实，也实在是说不过去。

要进一步说明海瑞是否饿死女儿，还有必要结合海瑞在官场上的遭遇来做一番推理。

一个众所周知的事实是，海瑞在多年的官场沉浮中，因为清正廉洁得罪了很多人。由于这位"海青天"一直为官清廉、勤于政务，那些厌恶他的人，在为官操守方面实在是挑不出他的毛病，于是转而从他的家庭入手，时不时进行攻击。除房寰外，吏科给事中戴凤翔也曾在弹劾海瑞的奏疏中声称海瑞因为宠爱小妾而殴打正妻，导致一妻一妾先后自杀。为此，海瑞亦上疏争辩，说自己的小妾确实是自杀，但正妻是病死的。

海瑞是否真的打过自己的正妻不得而知，但在古代男权社会里，女人只是作为男人的附属品而存在。男人打老婆，就当时的道德标准而言，本就是天经地义的事。至于妾，在家庭中的地位更是极低，因为各种原因自杀的情况并不少见。可以这么说，如果是别的官员家中传出了妻妾死亡的消息，恐怕这位官员还能得到同僚们的安慰。然而同样的事情到了海瑞头上，就成了他的一大"罪状"。这足见海瑞的政敌们为了抹黑海瑞真是无所不用其极。他们的目的就是要竭尽所能把海瑞塑造成行事疯狂的"怪物"，再借此把他赶出官场。

在这样一种饱受攻击的舆论氛围下，如果海瑞真的因为女儿吃了童仆的食物，就逼她活活饿死，那他如此极端的做法，肯定会被政敌们揪住不放并无限放大，写进奏疏里大肆攻击。事实是，那些只恨找不出更多理由来骂海瑞的人，无论是指责海瑞勒死女儿也好，打老婆也罢，却都没有说海瑞饿死女儿，可见海瑞饿死女儿的说法并不可信。

另一份史料上的记载更能说明海瑞没有杀死自己的女儿。海瑞去世多年之后，一篇题为《海忠介公行状》的文章问世。该文较为详细地介绍了海瑞的一生，并明确说海瑞有三个女儿。其中，由海瑞第一任正妻许氏所生的长女和次女，分别嫁给了一位名叫张筠的人和一位林姓知县的儿子林岳；由海瑞第三任正妻王氏所生的第三个女儿，嫁给了郡学生周维诚。（"女三，长适莲塘张筠，次适林知县子林岳，皆许出，三适郡学生周维诚，王恭人出。"）

《海忠介公行状》的作者梁云龙是海瑞的同乡和侄女婿，对海家的情况相当了解，因此他的这篇文章，真实性极高，也一直被历史学家们视为研究海瑞的重要史料。

从《海忠介公行状》的这部分内容来看，海瑞的所有女儿皆长大嫁人，根本没有一个是在五岁时被海瑞饿死，抑或是被海瑞缢死。在如此有力的反面证据之下，"海瑞杀女"之说，就更是难以让人信服了。

不过，虽然不可信，但"海瑞活活饿死女儿"的说法，还是在文人们的笔下流传了开来，不仅在清代有一定的影响，到了民国时期，更是连著名文学家周作人（鲁迅先生的弟弟），都将这个故事写进了自己的作品里，并以此作为批判海瑞的依据。

其实，只要结合人们对海瑞的普遍印象和中国近代的文化背景，就能理解"海瑞杀女"这样的故事，为何会广为流传了。

因为在人们的普遍思维中，像海瑞这样的清官，自然应该是非常古板、非常迂腐、非常不近人情的。这样一个一心一意遵从纲常伦理的人，做出饿死女儿这样的极端举动，似乎并不奇怪。

到了中国现代，随着"五四运动""新文化运动"如火如荼的开展，大量的知识分子对传统文化和封建礼教进行了全面的批判。在这样的文化思潮下，所谓古代著名清官海瑞饿死自己年幼女儿的故事，无疑成了封建礼教"吃人"的典型案例，被人拿出来大肆渲染就不足为奇了。

乘坐豪华巨轿？服用大量春药？

——围绕"中兴名臣"张居正的是是非非

一提到明朝晚期，尤其是万历前期的政治史，张居正都是一个绕不开的人物。一提到张居正，人们首先想到的必然是他所领导的那场大改革。不过在这里，我不想谈已经被历史学家们翻来覆去讨论了无数遍的张居正改革，而是想跟大家说一些与张居正有关的"花边新闻"，换个角度来看看张居正。

对张居正有一定了解的人都知道，张居正称得上是一个毁誉参半的人物。这位著名改革家名声不怎么好，原因固然是复杂的，但一系列围绕着他的负面传闻无疑在败坏他的名声方面"功不可没"。这些传闻中，最出名的当数两件事：一是说张居正回乡安葬父亲时，乘坐了一顶超级豪华的巨大轿子，由三十二个壮汉抬着；二是说张居正非常好色，上了年纪之后狂吃春药，结果因为春药吃多了而死。

先来说说第一件事，按照一直以来流传的说法，情况是这样的：

万历五年（1577 年），张居正的父亲张文明去世。第二年，已经登上内阁首辅大位、执掌国家政治大权七年之久的张居正从北京回湖北老家奔丧。诸多史料都记载，张居正这次回乡葬父排场极大，带了大批随从与卫兵，一路所到之处，更是热闹非凡，不仅沿途的官员一律迎接欢送，甚至连拥有皇室血统的藩王，也都纷纷前往拜会。尤为滑稽的是，一些官员为了拍张居正的马屁，居然在张居正经过之时跪在地上号啕大哭，仿佛自己也死了老爹似的，弄得张居正都尴尬不已。

在这一片喧嚣中，有一样东西极为引人注目，那就是张居正此行乘坐的超级豪华大轿。这顶轿子由真定（今河北省正定）知府钱普命人制作好后奉送给张居正，轿子的前部用于办公，后部用于休息，轿子两侧分别各有一个小房间，房间里各有一个童仆站立侍候，随时听从张居正的差遣，因为轿子实在太大，所以需要由三十二个轿夫抬着走。

一直以来，张居正这顶威风八面、豪华舒适的三十二抬大轿，不仅是历史爱好者们津津乐道的话题，更是被众多的历史学家写进了自己的书里，作为张居正穷奢极欲、狂傲自负的罪证。

虽然"张居正乘坐三十二抬大轿"的说法，可以说是史学界的主流，但一直以来，也不乏一些质疑的声音。一些人从古代的礼法等角度出发，认为张居正不可能乘坐这样一顶轿子。

现代人对于张居正乘坐三十二抬大轿，除感慨一下张居正有权任性外，估计很难有其他什么特别的感受，反正当时他只手遮天，这超豪华的大轿子，他坐就坐了嘛，也没什么大不了的；但在古代，这却涉及一个非常严重、严重到可以开刀问斩甚至是株连九族的问题，那就是"逾制"。

在中国古代等级森严的皇权专制社会里，人是被分成三六九等的。历朝历代，对于不同的社会阶层，在衣食住行等各方面都有着严苛的等级尊卑制度。就拿这坐轿子来说，光是明朝这一个朝代，为此立的规矩可真不少。

明朝建立后，明太祖朱元璋认为，大臣们如果长期坐在舒适的轿子里，容易懒散堕落。所以，为了让列位爱卿能打起精神，为国家、为人民，当然也是为朝廷努力工作，朱元璋专门下了一道旨意："国朝文武大臣皆乘马。"

当然了，规矩是死的，人是活的。对于很多养尊处优的贵族官员来说，这骑马出行一般日子里倒还行，可要是遇上严寒酷暑，抑或是狂风、骤雨、暴雪之类的情况，那也实在是太折磨人了。于是在朱元璋死后（朱元璋没死可不敢），明朝的贵族官员们逐渐抛弃了马匹，陆续坐上了轿子。

之后的明朝皇帝，为了笼络人心（官心），在这方面也越来越"人性化"，陆续颁布了新规定，先是"例许用轿，勋戚一品，惟年老宠优者方敢陈请，其他则不允许"，后来又改成了：

> 文武官例应乘轿者，以四人舁之。其五府管事，内外镇守，守
> 备及公、伯、都督等，不问老少，皆不得乘轿，违例乘轿及擅用八
> 人者奏闻。

从这些规定来看，虽然明廷在官员乘坐轿子方面逐渐放宽，但十分重视轿子的规格。即便是按规定可以乘坐轿子的官员也只能乘坐四人抬的轿子，乘坐八抬大轿都属于违法行为。按照这个标准，张居正的三十二抬大轿实在是严重超标了。

有人或许会说，中国古代社会向来都是"刑不上大夫"的，像张居正这样执掌大权的权臣没人治得了他，就算他违法违规又如何？

对此我想说的是，官员乘坐轿子的有关规定，对于张居正这样的人来说确实没啥约束力，但另一个层面的东西，却恐怕不是张居正敢轻易逾越的，那就是皇帝本人所享受的待遇规格。

按照历朝历代的惯例，皇帝所乘坐的大型豪华轿子是由十六人抬的。（"舆以十六人。"）按理说，既然连皇帝都只乘坐十六抬大轿，张居正再嚣张，也是臣子，他居然敢乘坐三十二抬大轿，逾制到如此地步？

有人或许又会说，张居正在执掌大权之后，确实是不怎么尊重皇帝的，甚至敢在教年幼的明神宗朱翊钧读书时厉声训斥。

对此我想说的是，古人讲究尊师重道，张居正敢在教书时训斥皇帝是一回事，但是否敢在等级制度上公然凌驾于皇帝之上，又是另外一回事。张居正固然有跋扈的一面，但他也是饱读圣贤书的读书人出身，让这样一个人在等级森严的社会体系里公然逾制，藐视皇威，只怕还是不敢的。

事实上，回乡葬父时的张居正，在风光无限的同时，也是顶着巨大的舆论压力的，这跟他父亲的死有很大关系。在极为注重孝道的中国古代，文官如有父亲或母亲去世，需要离开所在的职位，回家守孝三年（实际守孝期为二十七个月）；武将如有父亲或母亲去世，考虑到战争不等人，则在一般情况

下放丧假百日。

因此张居正虽然位极人臣，但毕竟是文官，按理应在父亲死后回家守孝三年，但此时的张居正，却面临着两难的选择：自己所推动的一系列改革，才刚起步不久，如果这个时候自己走了，必然会引发政局变动，改革事业很可能会戛然而止；可如果自己不回去守孝，那全天下那么多饱读圣贤书，把忠孝观念看得比命都重的读书人又不会放过自己，很可能会出现一场舆论风暴。

思来想去之后，张居正最终决定，还是以国事为重，虽然请假回家料理后事，但不为父亲守三年孝，而是带着对父亲的无限哀思继续努力工作。在古代，这种情况被称为"夺情"。

果不其然，张居正"夺情"的消息传出之后，很快引起了轩然大波。在当时众多的书呆子看来，一个连自己的亲爹死了都不尽孝道的人，还能指望他效忠皇帝吗？对于张居正这样的不忠不孝之徒，理应坚决打倒，再踩上一万脚。因为张居正推行改革而利益受损的官僚们也随之沸腾了，在他们看来，这是一个绝好的扳倒政敌的机会，此时不动，更待何时？

于是在朝野上下的一片反对声中，弹劾张居正的奏疏犹如雪花般飞入皇宫。虽然张居正凭借手中的权力，在太后和皇帝的支持下压制了众多的反对者，保住了权位，但社会上对张居正的指责，却没有因此停止，反对张居正的暗流，依旧涌动。

所以在这样的敏感时刻，老谋深算的张居正难道还会乘坐一顶明显逾制的超级豪华大轿到处显摆，授人以柄、落人口实吗？

更何况，本就刚因为"夺情"事件而饱受指责的张居正，如果真的乘坐了这样一顶轿子，只怕是立马又会成为攻击的标靶。全天下对张居正不满的官员，尤其是那些专以挑刺为己任的言官，必然会拿这顶轿子大做文章，在奏疏中痛斥张居正目无王法、大逆不道。

然而令人费解的是，无论是在张居正回乡葬父的过程中，还是在张居正料理完父亲的后事回北京之后，都没有人利用轿子问题弹劾张居正。

不仅如此，张居正去世后，明神宗对自己的这位老师发起了政治清算。

已死的张居正，不仅被剥夺了去世之前被授予的太师头衔，家产也被抄没，亲属更是惨遭迫害。墙倒众人推之下，大量本就对张居正心怀不满的官员为了迎合皇帝，开始疯狂攻击张居正。他们给张居正安上的罪名，从谋朝篡位到生活奢侈无一不包。就是在这样一片针对张居正口诛笔伐的大潮中，却依然没有人用三十二抬大轿来攻击张居正，足以证明张居正生前坐过这样一顶轿子的可能性微乎其微。

既然张居正生前和死后的情况，都不足以证明他在回乡葬父时坐了三十二人抬的豪华巨轿。那么，这个广为流传的说法又是怎么来的呢？其实，这个说法在《明实录》和《明史》两部官修正史中都没有记载，而是最早出现在王世贞所写的《嘉靖以来首辅传》里，原文如下：

> 居正所坐步舆，则真定守钱普所创以供奉者。前为重轩，后为寝室，以便偃息。傍翼两庑，庑各一童子立，而左右侍为挥篦炷香，凡用卒三十二舁之。

大家可能对王世贞这个名字比较陌生，但如果我说一本书，大家应该都知道，那就是《金瓶梅》。一直以来，有很多人指出，《金瓶梅》的作者"兰陵笑笑生"，极有可能就是王世贞。

《金瓶梅》的作者到底是不是王世贞，不在本文讨论的范畴之内，但这样一本奇书被人们认为是王世贞所著，足见王世贞的文学功底。出身于官僚世家的王世贞是明朝中晚期享有盛誉的文学家，才名满天下。

王世贞这位大才子，不仅写得一手好文章，在史学研究方面也相当有成就，先后写出了《弇山堂别集》《皇明奇事述》《嘉靖以来首辅传》等史书。不过私人撰写的野史作品，难免会掺杂作者本人的情感因素。由于与张居正曾有过节，王世贞在《嘉靖以来首辅传》中，对张居正极尽讽刺挖苦之能事，多有贬低。在这样一本书里出现的说法真实性有多高，不言而喻。

事实上，关于张居正轿子的问题，研究张居正多年的历史爱好者齐悦，查到了一则鲜为人知的冷门史料，出自明末清初文人梁清远的《雕丘杂录》，原文如下：

> 野记言，江陵相予告还朝，真定守钱普创为步舆以媚之，步舆内数童子，执拂供役，无异舟车。余记先祖言，曾亲见江陵公过真定，所乘绢轿无异恒制，但轿傍二童子执拂步随耳，无步舆之说也。此非先祖目睹，未有不信为真者，野史讵可凭乎？

梁清远在自己的书中，批驳了王世贞的说法，明确说自己的祖先曾经在张居正路过真定时，亲眼见到张居正所乘坐的轿子并无特别，只是轿子旁边有两个童仆跟随而已。

那么，梁清远所说的这位祖先又是谁呢？答案是梁梦龙。梁梦龙是梁清远的曾祖父，也是一位与张居正处于同一时代的明朝官员。更重要的是，他本人就是北直隶真定人，对当时的真定知府钱普是否送过张居正三十二抬大轿，以及张居正又是否坐过这样的大轿，应该是十分清楚的。既然他对自己的家人如此说，那就更证明了张居正并没有坐过三十二抬大轿。

除了乘坐三十二抬大轿，关于张居正的另一则黑料——吃春药，也历来被一些人津津乐道。非常有意思的是，关于张居正大量服用春药导致死亡的记载，同样不见于官修正史，而是最早出现在《嘉靖以来首辅传》里，对此还是来看看原文：

> 居正则亦已病矣，病得之，多御内而不给，则日饵房中药，发强阳而燥，则又饮寒剂泄之，其下成痔，而脾弱不能进食。使医治痔以效，寻下雍口而不能畅，不获已，复用寒剂泄之，遂不禁去。若脂膏者，而大肠亦遂出，日以羸削。上，时下谕问疾，大出金帛，以为医药资，凡四阅月，竟不愈。

这段话的大致意思是说，张居正因为每天吃春药（房中药）而感到燥热，于是又喝寒凉的药剂去火，结果不仅出现了痔疮，还弄坏了脾胃，以致不能进食，后又由于治痔疮等原因，把身体搞得越来越差，最终不治身亡。

王世贞虽然把张居正的主要死亡原因归结为吃春药，但对张居正到底是吃了什么样的春药，以致引发一系列连锁病症导致死亡，却又没有明说。

在成书时间较《嘉靖以来首辅传》晚一些的《万历野获编》中，对张居正吃春药致死的说法有了更加详细的描述：

> 宇宙间真何所不有，媚药中又有腽肭脐，俗名海狗肾，其效不减慎恤胶，然百中无一真者，试之，用牝犬牵伏其上，则枯腊皮间阳茎挺举，方为真物，出山东登州海中。昔张江陵相，末年以姬侍多，不能遍及，专取以剂药，盖蓟帅戚继光所岁献，戚即登之文登人也。药虽奇验，终以热发，至严冬不能戴貂帽。百官冬月虽承命赐爱耳，无一人敢御，张竟以此病亡。

这段记载，不仅明确说张居正所服用的春药，是从海狗、海豹等动物身上割下的生殖器官——海狗肾，还说这春药是当时的著名将领戚继光送的。

顺便说一下，写《万历野获编》的文人沈德符，历来对香艳色彩的奇闻逸事很感兴趣，他的记载并不能尽信。

对于沈德符笔下这段实在让人有些难以启齿的记载，历史学家和历史爱好者们大体上分成了两派：一派认为，张居正是著名改革家，戚继光是抗击倭寇的大英雄，这两个人应该不至于堕落至此，所以这事不可信；另一派则认为，政治家和军事家不一定清心寡欲，名臣猛将也一样会有污点，所以这事应该是可信的。

那么，所谓张居正吃春药致死的说法到底可不可信呢？其实我也无法给出一个绝对肯定或否定的答案，但至少可以分析一下，给个大致的结论供大家参考。

前文说过，张居正由于推行改革得罪了很多人，这些人对张居正大肆诋毁攻击，只恨不能多找几个理由骂几句。而且在明朝以程朱理学为主流的文化背景下，伦理道德可谓是高压线，很容易成为打击政敌的理由。要知道，成化年间的内阁大学士万安，就是因为写了一本图文并茂的"黄书"献给明宪宗，希望能让皇帝从后宫生活中获得更多的乐趣，结果被后来的明孝宗抓住了把柄，赶出朝堂。

在这样的情况下，吃春药这样的事，虽然张居正自己不会跟别人说，但天下没有不透风的墙，更何况沈德符在文中也说了，张居正由于春药效果太好，身体严重发热，到了严冬也不戴貂帽，结果文武百官也只能跟着不戴貂帽受冻。如果历史上的张居正真的如此，那他吃春药、纵欲无度的事，肯定也会被他的政敌作为一大罪状来疯狂攻击，与此有关的传言，只怕是早就满天飞了，理应被大量的文人写进奏疏和书里才对。事实是，与三十二抬大轿一样，各种史料上关于张居正服用春药的记载并不多，足见此说在明朝晚期并非主流。这不禁让人诧异，为何别人不知道的事，偏偏王世贞和沈德符却了解呢？

其实对于自己究竟是怎么死的，张居正本人也给出过答案。看到这里，还请大家不要慌，因为张居正并没有回魂或诈尸，他只是在临终前，给自己的老师徐阶写过一封信，这封信的部分内容透露出了张居正的死因，原文如下：

> 贱恙实痔也，一向不以痔治之，蹉跎至今。近得贵府医官赵裕治之，果拔其根。但衰老之人，痔根虽去，元气大损，脾胃虚弱，不能饮食，几于不起。日来渐次平复，今秋定为乞骸计矣！

这段被收录在《新刻张太岳先生文集》中的书信内容，是了解张居正死因的第一手资料，非常珍贵。从字里行间可以看出，此时的张居正已经知道自己恐怕命不久矣，而导致他死亡的，是因为多年的痔疮突然动了手术，让身体元气大伤。

将张居正本人的叙述和王世贞、沈德符的记载对比来看，就能发现关于张居正的死因，其实有一个"层层加工，逐渐升华"的过程。先是张居正自己说是因为痔疮，然后王世贞在痔疮的基础上加工成了吃春药，接着沈德符在吃春药基础上又加工成了戚继光给张居正送海狗肾。这种缺乏足够资料佐证，仅凭一些文人在原有基础上添油加醋弄出来的说法，其实可信度并不高。

看到这里，有些人可能会有疑问，这王世贞到底是怎么回事？为什么就老逮着张居正黑个不停呢？只要了解一下他和张居正的恩怨，就能明白他为何如此热衷于抹黑张居正了。

其实，在跟张居正闹翻之前，王世贞跟张居正还算是关系不错的朋友，又或者说，张居正曾是王世贞巴结的对象。因为这两个人虽然非亲非故，但却有一层特殊的关系，那就是"同年"。

所谓"同年"，是指在科举考试中同一年考中功名。王世贞与张居正，恰好都是在嘉靖二十六年（1547年）中的进士。在古代官场上，官员们为了给自己拉关系，"认同乡""认同年"都是常用的手段。由于全国那么多地方，老乡有时候不太好找，因此进入官场的读书人基本都热衷于和自己同年获得功名的人结交。因为虽然我们以前素不相识，虽然我们来自四面八方，但却都在同一年的科举考场上奋力拼搏，携手步入了人生的新起点，这可是天大的缘分啊！

张居正掌权之后，前来拉关系的人络绎不绝，而王世贞显然是其中的一员。他以"同年"的身份不断讨好张居正，一会儿给张居正的父亲庆祝寿辰，一会儿送张居正名贵字画。王世贞如此卖力地拍张居正的马屁，是因为他有自己的政治目标，想通过走张居正的关系获得尚书的职位。

在明朝的中央政治系统中，有吏、户、礼、兵、刑、工六部，每部设一名尚书。想要谋求如此重要的职位，足见王世贞对自己的政治能力有着足够的自信。这其实也是古代才子的通病，总觉得自己文采好，就有能力当大官做大事。

不过作为著名改革家的张居正，显然是个实用主义者，对王世贞的政治能力没有多少信心。在他看来，像王世贞这样的文学才子，做个中低级的官尚可，当尚书是万万不行的。于是他冷冷地回复说："有才华的人招人忌，自古都是如此。吴国的干戈和越国的钩戟，轻易使用必然会折断。如果把它们藏在匣子里，则是既精美又完整。"（"才人见忌，自古已然。吴干越钩，轻用必折。匣而藏之，其精乃全。"）

这番话把王世贞比喻为制作精美却又脆弱易折断的兵器，只能放在匣子里收藏，却不能使用。其实就是告诉王世贞，你根本就不是当尚书的料，哪凉快哪待着去！

心高气傲的大才子王世贞面对张居正如此回复，会是怎样的心情可想而知。从此之后，王世贞与张居正的关系急转直下，越闹越僵。

一次，张居正的老家湖北荆州发生地震，王世贞趁机说这是因为大臣的权势太大，威胁到了江山社稷（"臣道太盛，坤维不宁。"），以此攻击张居正。

又一次，张居正的妻弟欺辱江陵知县，王世贞又趁机上疏要求严惩不贷。

王世贞的这些举动惹得张居正很不高兴，执掌大权的张居正很快开始整治王世贞。万历四年（1576年）六月，王世贞被调往南京担任大理寺卿。南京大理寺本就是个官员养老的闲散部门，王世贞被调来这里，可以说是政治前途尽毁。不过在张居正看来，让王世贞在南京养老，还是太便宜他了，应该扣他的俸禄，罢他的官。在张居正的运作下，王世贞在南京任职霉运连连，先是被剥夺了俸禄，再后来，干脆连官职也被罢了，只得回老家闲住。在官场混迹多年的王世贞，就这样回家坐冷板凳了，直到张居正死后，才被重新起用。

由此可以看出，王世贞与张居正可以说是积怨很深。因此，王世贞在自己的作品里疯狂抹黑张居正，也是再正常不过的事情。

往事已矣！无论是乘坐三十二抬大轿，还是吃春药致死，这两个围绕着张居正的故事到底是真是假，早已谈不上有多重要，但是它们背后所折射出来的问题，却又是该引人深思的。在晚明内忧外患的复杂环境中，张居正顶着巨大的压力，以一己之力厉行改革。结果这位改革家不仅在死后惨遭清算，各种关于他或真或假的负面消息更是滚滚而来。我想，这不仅是张居正的悲哀，更是明朝的悲哀！

不识字的文盲太监毁了明朝？

——再看明末大太监魏忠贤

明朝天启年间，某年某月某日，京城一家客栈里，五个人聚在一起喝酒。喝着喝着，其中一人忽然说道："魏忠贤这家伙如此邪恶，不久后必当败亡。"其他四人一听到这话，大吃一惊，有的默然不语，有的急忙劝这位骂魏忠贤的兄弟慎言，别再继续说了。然而这人大概是喝高了，非但不听劝，反而大声说道："他魏忠贤再横，难道还能剥了我的皮不成？我有什么好怕的。"

转眼到了半夜，客栈里的客人们正在熟睡。忽然一批官兵破门而入，用火把照着客栈内众人的脸，逐一辨认，认出之前在酒桌上骂魏忠贤的那个人后，立即将他抓走，和他一起喝酒的那四个人，也很快被带到一个不知名的地方。

四个人到了地方一看，顿时吓得半死，只见之前骂魏忠贤的那位老兄，手脚都已经被钉在了门板上。不远处一位高官模样的人，冷笑着对他们四人说道："这个人说我不能剥了他的皮，今天姑且一试。"随即，他招呼手下，用沥青浇遍骂魏忠贤那人的全身，再用锥子小心地细敲慢剥，不一会儿工夫，居然硬生生将人皮剥下。更可怕的是，由于被剥下的人皮十分完整，看上去宛若一个人。

四人看到如此场景，早已吓得目瞪口呆，差点儿昏死过去。那位高官看在他们没有跟着骂的份上，命手下给他们每人五两白银压惊，又派人将他们送走。

在这个足以被写成恐怖小说或拍成恐怖片的恐怖故事中，指挥手下活剥人皮的，正是明末权倾天下的大太监魏忠贤。仅仅是因为被骂了几句，就大费周章地导演一出剥人皮的大戏，这也真是忒狠忒毒了。所以一直以来，有不少人以此为依据，痛骂魏忠贤这个太监良心太坏了，凶狠毒辣到了无以复加的地步。

不过我想告诉大家的是，虽然我不知道用沥青能不能剥下完整的人皮，但如果从记载的出处来看，这件事其实真不怎么可信。所谓"魏忠贤活剥人皮"的记载，最早出自明末文人夏允彝所写的《幸存录》，而且作者本人还在文中明确说了，这件事是他从一个姓徐的算命先生嘴里听来的。（"余见一术士徐姓者，言游都下。"）

这样一个通过道听途说被写进野史里的故事，可信度有多高，不言而喻，但却依旧被一些人当成了魏忠贤的一大罪证。这无疑从一个侧面说明，魏忠贤是一个被严重丑化的历史人物。那么，历史上的魏忠贤究竟如何呢？下面我就带大家一起来看一看。

一、自阉入宫

魏忠贤原名魏进忠，关于这个人的早年经历，说法较多。曾经与魏忠贤共事的明末太监刘若愚，写了一本名叫《酌中志》的书，书中对魏忠贤早年经历的描写是：

> 忠贤少孤贫，好色，赌博能饮啖嬉笑，喜鲜衣驰马，右手执弓，左手彀弦，射多奇中。

照这么看来，早年的魏进忠应该具备这么五个特征：一是贫穷，二是好色，三是好赌，四是喜欢骑马，五是擅长射箭。从这五个特征大体可以看出，魏进忠是一个自由放荡的浪子，不过作为浪子，他又缺乏非常重要的一件东西，那就是钱。于是本来就没几个钱的他，浪着浪着，就把家里的钱给浪完了。不甘心挨饿受穷的魏进忠，把心一横，硬是自己给自己做了阉割手术，准备入宫当差。

值得一提的是，一些书上说魏进忠进宫前，曾因为好赌欠下了不少赌债，结果把自己的亲生女儿给卖了。这样的说法，我认为有待商榷，因为按照《酌中志》记载，魏进忠确实娶过妻子，也生育了一个女儿，但他的女儿后来是嫁给了一个叫杨六奇的人。在这本可信度非常高的野史书籍中，并没有提到魏进忠卖女儿之事。

自宫后的魏进忠投到太监孙暹门下，后被孙暹引荐入宫，当了宦官中底层的火者。魏进忠在入宫之后相当长的一段时间里，被称为"李进忠"。至于他为什么会改姓，说法不一。据《明史》记载，魏进忠是入宫之后，自己改姓李；而据《明季北略》记载，魏进忠的母亲曾经改嫁过，他的继父姓李，所以他在没进宫前，就已经改姓李了。

作为一个低级宦官，李进忠在皇宫中混得并不如意，长期干脏活儿、累活儿，几经周折之后，才在内廷仓库中的甲字库谋得了一份差事。

不过混得不如意的李进忠并不气馁，他装出一副憨厚的模样，不断结交皇宫中有权势的人物。在当时的太监中，有一个叫王安的，是太子的伴读，他身边又有一个红人，名叫魏朝，很得王安的欢心。

李进忠大概是为了攀附魏朝，又恢复了本姓，重新改名为"魏进忠"，以所谓"本家"的身份狂拍魏朝的马屁。魏朝是个爱听奉承话的人，一来二去，不仅与魏进忠成了好朋友，甚至还跟他拜了把子。

在魏朝的帮助下，魏进忠时来运转，被派到王才人的宫中负责膳食。这位王才人是太子朱常洛的嫔妃，还给朱常洛生下了长子朱由校，魏进忠跟着她混，无疑很有前途。

狡猾的魏进忠自然不会放过这等飞黄腾达的好机会。他经常以制作膳食为理由，从内廷仓库中调取食材、果品、花卉以及一些好玩之物，在尽力讨好王才人的同时，更让小皇孙朱由校吃好、喝好、玩好，由此博得了朱由校的赏识，为自己日后执掌大权埋下了伏笔。

大约就是在给王才人负责膳食的这段时间里，魏进忠跟魏朝的对象客氏熟络了起来。看到这里，有人可能会有疑问，魏朝一个受过宫刑的太监，居然还能有对象？

事实上，不仅是明朝，中国历史上很多王朝中的很多太监，都是有对象的。这其实也很正常，毕竟皇宫里宫女太多，皇帝又只有一个。大量的宫女寂寞难耐，却又找不到男人，只好找跟男人比较接近的太监凑合。这种由太监宫女组成的无性伴侣关系，在古代被称为"对食"。

作为王安手下的红人，魏朝顺利与客氏"对食"了。然而让魏朝没想到的是，被自己视为好兄弟的魏进忠，不仅神不知鬼不觉地泡走了自己的"老婆"，还最终要了自己的命。

这个在历史上被称为客氏的女人，也非常值得好好说一说。她是魏进忠人生中最大的"贵人"，甚至可以说，如果没有她，恐怕也就不会有后来权倾天下的魏忠贤了。那么，这个女人到底是什么人，能有如此大的能量呢？

其实说来滑稽，这个客氏就身份而言，不过是朱由校的乳母，也就是奶妈。本来按理说，区区一个给皇室子女喂奶的奶妈，是闹不出什么风浪的。然而有时候，世事还就是这么奇妙。朱由校对客氏这个奶妈的感情非常深厚，在断奶之后，还长期将她留在宫里，而客氏也正是凭借着和朱由校的特殊关系，在后来的明朝政治史上扮演了重要的角色。

嗅觉敏锐的魏进忠对客氏这种朱由校身边的红人，自然不会放过。他使出看家本事，竭力讨好客氏。不过关于魏进忠和客氏的故事，我们以后再讲，现在还是先把视线聚焦到还没成气候的魏进忠本人身上。

原本指望着攀附王才人和客氏飞黄腾达的魏进忠，很快遭遇了重大打击。王才人红颜薄命，生病去世了。失去了一大靠山的魏进忠又被调回到甲字库工作。不甘心再继续当仓库保管员的他，又通过魏朝的关系走王安的门路，被调到东宫负责膳食。这样一来，魏进忠又来到了朱由校的身边。重回东宫的魏进忠格外珍惜这来之不易的机会，他凭借着一身溜须拍马的本事，不断讨好朱由校，逐渐成了朱由校的心腹。

二、内廷争斗

魏进忠人生道路上的重大转机很快来临。万历四十八年（1620年）七月，明神宗朱翊钧去世。同年八月，明光宗朱常洛继位，改年号为"泰昌"。然而这位新皇帝登上皇位不过一个月，就突然病逝了。明光宗之死，衍生出了明末三大案之一的"红丸案"。关于"红丸案"这桩历史疑案，究竟是否存在幕后黑手或隐情，史学界争论了几百年都没有结果，我也就不多说了。明光宗死后，皇位自然落到了他的长子朱由校手中，而在朱由校继承皇位之前，发生了一段插曲，即明末著名的"移宫案"。

"移宫案"的案情本身并不复杂，无非就是明光宗死后，他的嫔妃李选侍要求继续住在皇帝的寝宫乾清宫，似乎试图插手朝政，结果被东林党人联合太监王安逐出。此事的结果是李选侍被迫移居仁寿宫，远离政治中心，而东林党和王安则趁此机会巩固了自己的政治地位。

也就是在"移宫案"期间，又出现了一起不太引人注目的小案子——"盗宝案"。所谓"盗宝案"，是由东林党官员杨涟的上疏引发，指内廷的一些太监盗取皇宫中的珍宝。王安趁机以盗取珍宝为名，处罚了一大批太监，增强了自己在内廷的权势和威望。值得一提的是，魏进忠也被牵连进了"盗宝案"，但在王安的庇护下，并未受到处罚。照此来看，此时的王安应该已经看魏进忠不怎么顺眼，他借"盗宝案"这个机会，敲打了魏进忠一下。

明熹宗朱由校继位后，改年号为"天启"。这位少年天子对自己的奶妈真可谓是深情厚谊，刚一继位，就封客氏为"奉圣夫人"。客氏的儿子侯国兴、弟弟客光先，也都成了锦衣卫千户。这还不算，客氏在皇宫中不仅破例被安排在咸安宫居住，允许乘轿，还每天负责照顾明熹宗朱由校的饮食起居，并可以插手后宫的大小事务。客氏一个本该早已出宫的奶妈，却得皇帝专宠独霸后宫，引发了许多大臣的不满。天启二年（1622年），明熹宗曾在群臣的压力下下旨让客氏出宫，然而却又很快因为思念客氏而将她召回，足见其对客氏的感情之深。

客氏如此得宠，深得朱由校和客氏欢心的魏进忠自然也跟着沾了光，不仅进入司礼监成了秉笔太监，还掌管惜薪司。值得一提的是，魏进忠的把兄弟魏朝此时也混得不错，已经升任乾清宫管事，并掌管兵仗局。

关于魏进忠成为客氏新欢的具体时间，已经无从得知。自从有了魏进忠后，客氏很快将老情人魏朝抛在脑后。被甩了的魏朝自然对魏进忠恨得咬牙切齿。明熹宗继位几个月后的一天夜里，乾清宫暖阁内突然响起了叫骂声。被吵醒的众人起来一看，顿时哭笑不得，原来是魏朝和魏进忠这对"兄弟"因为争抢客氏吵了起来。

此时原本已经睡下的明熹宗也被一阵喧哗吵醒。不过得知缘由的他，非但没有生气，反而对客氏说道："客氏你只管说，你心里想要哪一个当你的对象，我来替你做主。"（"客你尔只说，尔处心要著谁替尔管事，我替尔断。"）

眼看皇帝把决定权给了自己，客氏在新欢和旧爱面前，毫不犹豫地选择了新欢魏进忠。王安见自己的老下属魏朝连抢女人都抢不过别人，气不打一处来，直接给了魏朝一拳，让他请个病假回兵仗局养病去，别在皇帝面前丢人现眼。魏朝就此离开了明熹宗，与皇帝的关系日渐疏远。

魏进忠明白，自己与魏朝是彻底反目成仇了，决不能再给他翻身的机会。不久后，在兵仗局"养病"的魏朝接到旨意，自己被发往凤阳闲住。作为太监中的老江湖，魏朝深知魏进忠不会放过自己，于是在前往凤阳的途中逃入蓟北深山的寺庙里，不过还是没能躲过魏进忠的毒手，最终被杀手勒死。

铲除了魏朝之后，魏进忠背靠客氏，权力逐渐膨胀，行事也日益嚣张，与王安的关系也变得越来越僵。不过相比魏朝，王安显然是一个更不好对付的角色，他不仅在明光宗继位后就被任命为司礼监秉笔太监，在内廷中势力很大，而且更是长期担任朱由校的贴身伴读，深得明熹宗朱由校的信任。原本因为斗倒了魏朝而得意扬扬的魏进忠，差点儿就死在了王安手上。

面对日益跋扈的魏进忠，王安非常不满，向明熹宗告状，请求惩治魏进忠。明熹宗同意了王安的请求，将魏进忠交给王安处置。此时的王安，如果心一横，直接杀了魏进忠，估计未来的历史就改写了。然而王安这人有个毛病，就是心太软。面对跪倒在自己面前痛哭流涕、磕头如捣蒜的魏进忠，王安居然选择放过了他。

大概在此时的王安看来，自己与皇帝的关系非比寻常，有自己在内廷坐镇，像魏进忠这样的人是闹不出多大风浪的，所以只要给他个警告就行了，没必要把人往死里逼。事实证明，王安不仅高估了自己在皇帝心目中的分量，更不明白政治斗争的残酷，消灭敌人的时机一旦逝去，自己也就难逃敌人的毒手。

本就觊觎权力的魏进忠，在逃过一劫之后，对王安更是恨之入骨，很快开始了扳倒王安的行动。

天启元年（1621 年）五月，明熹宗任命王安为司礼监掌印太监。照此看来，王安即将登上权力巅峰，成为全天下太监中的第一人。然而变故却也就是在此时发生的。

中国古代是非常讲究谦虚的，一个人一旦接到皇帝的重要任命，立马兴高采烈地走马上任是不行的，总是要虚情假意地推辞一番，说些什么自己身体不好、才疏学浅、不能胜任之类的话，然后才在皇帝的再三要求下"诚惶诚恐、勉为其难"地走上重要岗位。王安恰恰就是被这一套虚伪的把戏给坑了。

王安接到司礼监掌印太监的任命后，照例上疏向皇帝推辞一番。魏进忠、客氏抓住时机，力劝明熹宗同意王安的请辞，转而任命魏进忠的心腹王体乾为司礼监掌印太监。明熹宗在两人的劝说下，竟然真的同意了，既然你王安自己都推辞了，那我也就不客气了。

一时间，明朝内廷的局势大变。在让王安无缘司礼监掌印太监的位置之后，客氏认为斩草不除根，后患无穷，又力劝魏进忠弄死王安。于是在魏进忠和客氏的运作下，王安被降为南海子净军。为了置王安于死地，魏进忠又以之前在"盗宝案"中与王安结仇的太监刘朝为南海子提督。刘朝到任之后，下令断绝王安的饮食，企图饿死王安。然而王安生命力顽强，在饥渴难耐之下，硬是靠吃篱笆园里的芦荻苦撑了三天之久。刘朝见饿不死王安，干脆直接下令将王安勒死。一代大太监王安就这样悲惨离世。

王安这样一个原本在内廷中权势极大的太监，在极短的时间内就垮了台，

171

还丢了命，似乎是显得不可思议的。后人在论及这段历史时，往往一味夸大客氏的作用，认为是明熹宗昏庸无道，受了客氏等人的蛊惑，稀里糊涂地害死了陪伴自己多年的忠心老太监，以致让魏阉专权、朝纲大乱。但如果我们从各类史书上查阅蛛丝马迹就可发现，王安的悲剧与他自己的所作所为有很大的关系。

明末内阁首辅叶向高在自己所著的作品《蘧编》中，简要分析了王安惨死的原因，如果再结合《明熹宗实录》等史料上的零星记载，我觉得王安走向悲剧的原因大致有以下四点：

第一，王安在"移宫案"中，完全与东林党一系的官员站在一起，对李选侍采取威逼的态度。王安身为内廷太监，与外廷大臣勾结，这本来就是政治中的大忌。而且朱由校在生母王才人去世后，是由李选侍抚养的，对李选侍很有感情。他眼见王安一个太监，竟然敢如此大胆地威逼父皇的嫔妃，心中自然十分不满。

第二，王安借所谓的"盗宝案"，在内廷掀起了一场以反腐为名的整治行动，惩处了一批有权势的大太监，得罪人甚多。这些人和他们的党羽，一旦逮到机会，立马就会反攻倒算。

第三，明熹宗朱由校继位后，王安自认陪伴和拥立有功，摆出一副老资格的架势，强势地以礼法制度来管束皇帝。明熹宗日常的饮食起居乃至一举一动，他都要过问，这无疑让明熹宗感到很不自在，逐渐喜欢上了对自己言听计从的魏进忠。

第四，王安虽然在内廷权势很大，但他本人身体不好，常年养病，很多事都是由手下代为处理。让王安这样一个"药罐子"担任司礼监掌印太监这样重要的职务，明熹宗其实心里也未必情愿。而且王安由于生病，只有在重大节日或遇到重大事项时，才会去见皇帝。这就导致王安与明熹宗的关系日渐疏远，更给了魏进忠在明熹宗面前表现的机会。此消彼长之下，魏进忠很快得势，王安也就无力回天。

解决了王安之后，魏进忠终于成了内廷太监中事实上的第一号人物（名义上是王体乾）。转眼到了天启二年（1622 年），魏进忠被明熹宗赐名"忠贤"。至此，大名鼎鼎的"魏忠贤"终于登场，一场席卷大明朝堂的政治风暴，即将到来！

三、众正盈朝?

这场政治风暴其实就是以魏忠贤为首的阉党与东林党之间的党争恶斗。在详解明末这一重大政治事件前，我觉得有一些问题需要先说明一下。

首先要澄清的是，明熹宗、魏忠贤是否都是文盲？

一直以来，流传着明熹宗和魏忠贤都是文盲的说法。不少学者在谈到明末历史时，总是会痛心疾首地怒斥道："明熹宗这个不识字的昏君，重用了魏忠贤这个不识字的太监，两个文盲把朝政搞得乱七八糟，毁了大明王朝！"

事实上，这样的说法是不正确的。关于明熹宗是不是文盲的问题，不妨来看一则史料：

> 朕在宫中，每日披阅文书，览诵经史及祖宗训录，兼时事忧劳，何有多暇？（《明熹宗实录》卷十七）

这一出自明朝官方史料的记载，很能说明明熹宗本人的识字问题。试问每日批阅文书、览诵经史及祖宗训录，难道是一个不识字的人可以做到的吗？

事实上，关于明熹宗在皇宫中通过经筵和日讲学习文化知识的记载，在《明熹宗实录》等史料上频频出现。《酌中志》中也明确地说：

> 先帝髫龀时，教习书仿者，光庙伴读吴进忠也。

这些记载，都毫无疑问地透露出一个信息，那就是明熹宗纵然文化水平不高，也绝不可能是文盲。

说完了明熹宗，再来看看魏忠贤。关于魏忠贤不识字的最早说法，出自天启二年（1622年）五月监察御史周宗建弹劾魏忠贤的奏疏：

> 如魏进忠者，目不识一丁，而陛下假之嚬笑，日与相亲。(《明
> 史》卷二百四十五·列传第一百三十三)

之后，不少记载魏忠贤事迹的书籍都提到了魏忠贤"目不识丁"的说法，久而久之，"魏忠贤不识字"之说越传越广，这位明末权倾天下的大太监，就以"文盲"的形象被定格在了历史上。

那么，魏忠贤真像很多人所说的那样，是个文盲吗？答案是否定的。

明末官员倪元璐在自己的作品《倪文贞集》中，较为详细地记载了这次周宗建上疏弹劾魏忠贤之后的情况。当周宗建的奏疏送到明熹宗面前时，正逢宫廷内举行讲课活动(经筵)。等到讲课完毕后，魏忠贤对周宗建上疏弹劾自己之事大为光火，怒目对着在座的内阁大学士们说道："这御史上疏可谓是代表千人所指，说我目不识丁，这是什么话？"("即御史疏千人所指，目不识丁，此何语也？")

倪元璐是天启二年(1622年)进士，被授予翰林院编修，很可能亲身经历了这次经筵，因此他的记载可信度很高。从魏忠贤当时说的话来看，他既然敢当众反驳自己"目不识丁"的说法，应该是有底气的，不会是文盲。如果我们再仔细翻阅史料，还能发现更多、更有力的证据。

> 故事，词臣教习内书堂，所教内竖执弟子礼。李进忠、刘朝皆纮弟子。李进忠者，魏忠贤始名也。(《明史》卷二百十八·列传第一百六)

从《明史》的这则记载可以看出，魏忠贤曾经在明朝宫廷教育宦官的学校，也就是"内书堂"读过书，他的老师是官员沈纮。内书堂是一所教育极为严格的学校，在这里读过书的宦官，就算文化水平不高，也不可能是文盲。魏忠贤是文盲的说法，其实是东林党抹黑魏忠贤的一种宣传方式。

说完了明熹宗和魏忠贤是否是文盲的问题，接下来要好好说一说魏忠

贤接下来的政治对手——东林党。在很多人的眼里，明末东林党与魏忠贤等人的斗争是一场正义与邪恶的较量。超级邪恶的大太监魏忠贤利用皇帝对自己的信任，祸乱朝纲、陷害忠良，给国家造成了严重损害；而忠君报国的东林党人，为了国家、为了皇帝，与魏忠贤等人进行了不屈不挠、可歌可泣的斗争……

事实真的如此吗？其实并不是。东林党是明末一个庞大复杂的政治集团，这帮"正人君子"，其实对明末一系列严峻的经济、政治、军事问题束手无策，却又对政治斗争十分热衷，一直在朝中打击非东林一系的官员。他们的行为大大加剧了官场上的党同伐异之风，给政治生态造成了相当大的损害。

魏忠贤与东林党的恶斗是由谁挑起的呢？答案是东林党。事实上，当魏忠贤斗倒了王安，成了内廷的头号人物之后，也正值东林党在经过一系列的政治斗争后，把持朝政的时期。当时朝中的重要职位大部分都由东林党人担任。在历史上，这样的政治局面有一个非常好听的称呼——"众正盈朝"，意思是朝中充满了众多的正人君子。

东林党人把持朝政是不是"众正盈朝"不好说，但当时他们的政治势力很大绝对是肯定的。作为一只政治嗅觉敏锐的老狐狸，魏忠贤非常希望能与东林党人好好合作，一起为国效力（当然也为自己捞点好处）。据清朝官修的《明史》和明末众多的文人笔记记载，此时的魏忠贤频频向东林党示好。

魏忠贤讨好东林党人赵南星，结果赵南星不理不睬。魏忠贤在玉泉山为自己建造坟墓，请东林党人缪昌期题写墓志铭，结果缪昌期断然拒绝道："我生平耻于在墓碑上谄媚别人，更何况为一个遭受宫刑的宦官侮辱我的笔。"（"生平耻谀墓，况肯为刑余辱吾笔邪。"）魏忠贤意欲结交东林党人孙承宗，同样遭孙承宗拒绝。魏忠贤请朝中魏姓官员修魏氏族谱，想通过"本家"攀亲戚，又遭东林党人魏大中拒绝。

不仅如此，朝中的很多东林党人还频频攻击魏忠贤。除前文提到过的周宗建外，礼科给事中惠世扬、翰林修撰文震孟等东林党官员，也先后上疏弹劾魏忠贤及其亲信，让魏忠贤十分窝火。

眼见自己的热脸一次又一次贴了东林党的冷屁股，魏忠贤大恨之余，心中也充满疑惑，为什么你们这帮东林党人就这么讨厌我呢？

其实东林党人讨厌魏忠贤的原因很简单，就是因为人品。东林党是一个自诩道德高尚的群体，因此这个群体中的官员，尤其是高级官员，虽然普遍没多少治国理政的能力，却又一个个自命清高，对内廷中通过勾搭皇帝奶妈客氏、害死老上司王安上位的魏忠贤充满了鄙视。

那么，东林党后来惨遭迫害的原因，是因为得罪了魏忠贤吗？其实也不是，至少不完全是。东林党之所以会在"众正盈朝"之后迅速走向悲剧命运，是因为他们在大明王朝的政治系统中得罪了无数人，甚至包括皇帝。

明朝天启年间，虽说国家在各方面问题甚多，但最让皇帝和大臣们忧心的自然是辽东的战局。自努尔哈赤起兵以来，明军在与后金军的作战中屡战屡败，辽东一再丢城失地。到了天启元年（1621年），明廷为了挽回明军在辽东的败局，任命王化贞为辽东巡抚。王化贞能当上辽东巡抚，除他在镇守广宁时收揽流民、招兵买马，表现不错外，还因为他是东林党人，是东林党大佬、明末内阁首辅叶向高的弟子。

凭借朝中关系上位的王化贞，志大才疏，不顾辽东经略熊廷弼的劝阻和辽东的实际情况，居然妄想凭借六万精兵一举荡平后金，结果在天启二年（1622年）一月遭遇惨败，不仅让辽东重镇广宁失守，更间接导致了"全辽尽失"的局面。

面对辽东一败涂地的战局，众多的东林党官员不思挽救，仍旧执着于党争内斗，大量借着辽东战败攻击政敌的奏疏纷至沓来，让明熹宗不胜其烦。

到了同年二月，对朝中乱局实在看不下去的明熹宗，下了这样一道旨意：

> 上谕吏部都察院：朕览科道官，屡疏纷嚣，全无正论。辽左继陷，皆因经抚不和，以致官民涂炭。朕深切惊忧，昨张鹤鸣慷慨自请视师，具见忠义为国。江秉谦妄言乱政，已从轻薄罚，今又结党渎奏，各逞己见。不恤国家之急，臣谊何在？尔部院便传与大小各官，以后务要虚心，协力共图宗社大计。将当行事，务着实整理，

毋事空言。再有仍前乱言，淆淆是非的，决不姑息。(《明熹宗实录》卷十九)

明熹宗的这道旨意，在当时一片喧嚣的党争大潮中，实在是太无力了，广大官员们依旧热火朝天地投身于党争内斗之中，根本没把皇帝的话当回事。

眼看自己发话没人理，到了四月，心急如焚的明熹宗再次降旨痛斥。由于这道旨意与上一道的意思大致相同，我在此就不列全文了，不过值得注意的是，在这道旨意的结尾部分，出现了这样一句话：

已后科道各官俱要虚心尽职，共襄国事，再有结党排诬的，朕遵祖制宪章决不姑息。(《明熹宗实录》卷二十一)

这足以表明，此时的明熹宗已经对这帮只会乱哄哄搞内斗，根本不将国事放在心上的官员忍无可忍，向他们发出了最后警告。

然而朝中以东林党人为代表的众多官员，却依旧不把皇帝的话当回事，还是整天忙着争权夺利，让明熹宗失望透顶。

转眼到了天启三年（1623年），按惯例，这一年将举行京察，也就是由吏部对全体京官进行一次大考核。在东林党人的眼里，这是一次难得的机会，自己可以借这个机会排挤掉大量非东林一系的官员，进一步扩大自己的政治版图。

同样是在天启三年（1623年），魏忠贤得到了一个新的任命——东厂提督。成为特务机构的头子是魏忠贤人生道路上一个新的起点，为他日后大肆迫害东林党打开了方便之门。

不过此时的东林党，对潜在的危险显然还没有足够的认识，他们正在以京察之名大搞党争。由于此时的内阁首辅叶向高和吏部尚书赵南星都是东林党人，因此东林党的这次党同伐异行动，进行得格外顺利。到了天启四年（1624年）二月，京察结果公布，受到各类处分的官员竟然多达三百三十八人，大批与东林党为敌的"齐党""楚党""浙党"官员被逐出朝堂。

正当东林党人为自己在政治斗争上的胜利得意扬扬之际，让他们意想不到的情况发生了。大量遭东林党排挤打压的其他派系官员，陆续投奔到了魏忠贤的门下，一个更加庞大复杂的政治集团——阉党，开始走上了大明王朝的政治舞台，并成了东林党的噩梦。

东林党之所以会在后来的政治斗争中败给阉党，还有一个原因是不可忽视，那就是东林党激烈的内部矛盾。作为一个庞大且复杂的政治集团，东林党内部派系众多，因此它在疯狂打击其他政治派系的同时，也在疯狂内斗。

同样是在天启四年（1624年），东林党内部就因为官位之争，发生了两起严重的内讧事件。

一是由于吏科都给事中一职出现空缺，东林党内部的周士朴、阮大铖、魏大中为此展开了激烈的争夺。最终，魏大中在赵南星、杨涟等人的支持下胜出，让阮大铖十分不满。眼看自己在东林党这边得不到优待，阮大铖转身投奔了魏忠贤，成了阉党成员。

二是吏部尚书赵南星起用邹维琏为稽勋郎中，引发了傅櫆、陈良训、章允儒的强烈不满。傅櫆与东林党的诸多重要人物翻脸之后，也加入了阉党。

傅櫆背叛后，立即成为阉党攻击东林党的马前卒，他上疏弹劾了一个东林党的重要人物，导致这个人被捕，阉党迫害东林党的政治风暴也随之展开。

四、政治风暴

这个被捕的人叫汪文言，虽然官职不高，但人生经历却堪称传奇。他原本是一个地方上的小吏，因监守自盗逃到京城，投奔了自己在京城的老相识，也就是东林党人、内阁中书黄正宾。黄正宾也是明末官场上的一个复杂人物，早年曾经花钱买官，后来又因贪腐被治罪。

汪文言和黄正宾两个臭味相投的人，很快联起手来，开始了自己的政治运作。在黄正宾的引荐下，汪文言相继结识了左光斗、魏大中、杨涟等东林党的重量级人物。之后的汪文言花钱买了一个监生的头衔，又投到与东林党关系不错的太监王安门下，为东林党传递消息。

汪文言这个人虽然文不成武不就，但是头脑灵活，尤其擅长在复杂的政治斗争中耍心机、玩手段，他巧妙地利用自己的能力离间了原本在朝中根基深厚的齐楚浙三党，为东林党的崛起立下了大功。对于能干的汪文言，东林党人自然也是投桃报李，让他当上了内阁中书。

不过作为一个贪财好利之徒，汪文言在投靠"清流"东林党后，并未改过自新，他在为东林党办事的同时，也不忘给自己捞捞好处，其行为多遭人非议。

看了上述内容，相信大家也明白了，汪文言虽然官职不高，却是东林党中的重要角色，而且他劣迹不少。因此，要对付东林党，汪文言无疑是一个非常好的突破口。

天启四年（1624 年）四月，已经投靠魏忠贤的傅櫆，突然上疏弹劾汪文言。早已忍了东林党很久的魏忠贤，立马顺水推舟，将汪文言逮捕入狱。面对深得皇帝宠信的魏忠贤，一些东林党人并不愿意保全汪文言这个东林党的大功臣，反而打算弃车保帅，通过牺牲汪文言来换取自己的平安。例如，东林党人、监察御史黄尊素就对当时负责审理汪文言一案的镇抚司指挥使刘侨说道：

文言不足惜，不可使缙绅祸由此起。（《廿二史札记》卷三十六）

不过，由于此时东林党在朝中的势力仍然很大，加上刘侨是个老好人，并不愿意为了魏忠贤得罪东林党。结果就是汪文言这次入狱之后，很快被释放，仅仅是被革去官职而已。

虽然这次魏忠贤逮捕汪文言的举动，没给东林党带来多大损失，但还是立马触怒了东林党这个以党同伐异为己任的群体。

同年六月，东林党人、左副都御史杨涟上疏弹劾魏忠贤二十四条大罪，欲置魏忠贤于死地。杨涟带头之后，众多东林党人纷纷发难，左光斗、高攀龙、魏大中、邹维琏、陈良训等人也先后上疏，要求明熹宗铲除魏忠贤。

面对东林党人群起而攻之的局面，魏忠贤惊慌失措，急忙向内阁大学士韩爌求救，希望他能出面，调停自己与东林党之间的矛盾，但韩爌作为东林党人，根本不买魏忠贤的账，断然拒绝了魏忠贤的请求。

眼看东林党这边指望不上，气急败坏的魏忠贤只得又去求皇帝帮忙。见了明熹宗后，魏忠贤立马号啕大哭起来，哭得那叫一个撕心裂肺，边哭边喊着说外面的大臣们要杀自己，现在自己实在是混不下去了，求皇上免了自己东厂提督的职务，保全自己的性命。

魏忠贤这一哭一闹，一旁的客氏和王体乾也急忙为他说好话。明熹宗看到自己信任的奴才被逼成这样，怒火中烧，他不仅好言挽留魏忠贤，还下旨斥责了杨涟。

杨涟这次弹劾魏忠贤的举动，一直以来，都被视为大忠大义之举，受到了无数人的吹捧。然而如果仔细看看杨涟的这份奏疏就能发现，这所谓的忠义之举，其实也不那么靠谱。杨涟弹劾魏忠贤的所谓"二十四大罪"，如果归纳一下，主要有以下五点：

（1）魏忠贤身为宦官，却干预国家政治，甚至假传圣旨，败坏了祖宗二百余年之政体。

（2）魏忠贤在朝中四处安插亲信，试图把持朝政，且所用的多是不成器之徒。

（3）魏忠贤利用东厂快恩仇、行倾陷，近日汪文言被捕就是一大例子。

（4）魏忠贤违背内廷不蓄养兵马的祖制，编练称为"内操"的军队，还在这支军队中安插亲戚党羽，不知意欲何为。

（5）魏忠贤与客氏勾结，不仅害死忠心耿耿的太监王安，还害死怀孕的嫔妃，导致皇帝没有儿子。

应该说，杨涟弹劾魏忠贤的主要几项罪状，既有属实之处，也有夸大之词，尤其是所谓的害死怀孕嫔妃之事，杨涟自己在奏疏里也说是"传闻忠贤与奉圣夫人实有谋焉"，等于承认自己将传闻写进了弹劾的内容里。

这样一份内容半虚半实的奏疏是根本打不垮魏忠贤的。其实早在杨涟上疏之前，东林党官员缪昌期和黄尊素都认为杨涟此举不会成功，但杨涟不听劝阻，还是决定拼死一搏。杨涟上疏后，内阁首辅叶向高认为杨涟的举动让东林党与魏忠贤彻底决裂，很不应该。身兼东林党领袖和朝廷高官双重身份的他，开始为稳定国家政局做最后的努力。

不久后，叶向高写了一份奏疏给明熹宗。在奏疏中，叶向高先是好好夸奖了魏忠贤一通，然后话锋一转，又说皇帝对魏忠贤的宠信太过深厚，以至于魏忠贤实在是难以承受如此盛名，所以现在不妨解除魏忠贤的权力，让他回家，这样才能保全魏忠贤。

从叶向高这份奏疏的内容可以看出，此时的他摆出一副夸赞魏忠贤的姿态，实则是希望能让魏忠贤体面地放权离场，即便不离场，也不要过分怪罪东林党。然而事已至此，叶向高的这一举动实在是显得有些天真，也根本不可能缓和东林党与魏忠贤之间剑拔弩张的关系。

面对叶向高这份"明褒实贬"的奏疏，魏忠贤自然是大为不满，他深知自己如果在这时候放弃权力，无异于自寻死路，于是他让党羽徐大化草拟了一道圣旨，大谈自己的功劳，坚决不肯放权回家。

就这样，叶向高的这次上疏非但没能劝退魏忠贤，自己还被不少东林党人视为"叛徒"，落了个里外不是人。深感自己在朝中已经混不下去了的叶向高，接连上疏请辞。明熹宗批准了叶向高的请辞，并加封其为太傅。在明末官场纵横多年的叶向高，就此体面地离开了政治舞台，于天启七年（1627年）去世。

叶向高走后，东林党在朝中的支柱倒塌。在之后的约两年时间里，魏忠贤对东林党展开了血腥报复。汪文言再次被捕，在狱中遭到严刑拷打，但他坚决不肯诬陷杨涟、左光斗、魏大中等东林党人，最终惨死狱中。杨涟先是被削职为民，后又被逮捕，与魏大中、左光斗、周朝瑞、袁化中、顾大章五人先后惨死狱中，史称"六君子之狱"。之后，魏忠贤又派爪牙相继害死了东林党人周起元、高攀龙、缪昌期、周顺昌、周宗建、黄尊素、李应升，史称"后七君子之狱"。其他以赵南星为代表的一大批东林党官员，则被革去官职，或充军，或流放。

关于魏忠贤血腥清洗东林党的这段历史，总是被解读为明熹宗昏庸无道，以致被魏忠贤蒙蔽和架空，任由他这个太监疯狂迫害朝中的忠良之臣。事实上，魏忠贤的权力来源于皇帝，如果没有明熹宗的大力支持，他不可能掀起这场政治风暴。所以从根本上说，血洗东林党，魏忠贤不过是前台的操刀人，明熹宗才是幕后的主使者。至于明熹宗为什么要拿东林党开刀，前文已经说过，就是因为他对东林党大搞党争的行为忍无可忍，才会允许魏忠贤痛下杀手。

历史学家黄仁宇在所著的《中国大历史》一书中这样写道：

> 经过这段蹉跎之后，万历之孙朱由校亦即明朝的第十五个皇帝（他即位时紧接万历，因为第十四个皇帝朱常洛在位只一个月），在位期间有一个"宦官独裁者"魏忠贤出现。他用特务人员迫害文职官员，使各方愤怒。可是今日研究历史的人将所有记录仔细检讨，只看出当时的官僚组织已不堪管制，文官吵闹之中却无一定的目标，也所不能自辞其咎。

黄仁宇研究明朝历史多年，得出了不少独到且颇具争议的观点。他的这段话可以说是对这段历史做出了一个较为客观的评价。

五、为政举措

随着大量东林党官员遭到清洗，大批投靠魏忠贤的官员迅速涌入朝廷中枢和地方上的要害部门，大明王朝进入了短暂的"阉党时代"。

此时的阉党成员分布极广。内廷中，除魏忠贤、王体乾外，还有太监李朝钦、王朝辅、孙进、王国泰、梁栋等三十余人，充斥各内廷衙门。外廷内阁中，魏忠贤先后逼走了东林党首辅韩爌、朱国祯，让阉党成员顾秉谦、黄立极相继担任首辅，其余的大学士，如魏广微、冯铨，也都是阉党成员。外廷文官中，有佥都御使崔呈秀、兵部尚书田吉、工部尚书吴淳夫、左副都御史李夔龙、太常卿倪文焕，号称"五虎"。外廷武官中，有锦衣卫左都督田尔耕、锦衣卫都指挥佥事许显纯、东厂理刑官孙云鹤、锦衣卫东司理刑官杨寰、锦衣卫指挥崔应元，号称"五彪"。此外，还有吏部尚书周应秋、太仆寺少卿曹钦程等大批阉党官员被安插在朝廷和地方各部门，号称"十狗""十孩儿""四十孙"等。

值得注意的是，对于魏忠贤和阉党的评价，在不同的时期和不同的群体中，差别很大。

在以往人们普遍的印象中，以魏忠贤为首的阉党把持朝政的几年，是明朝历史上最恐怖、最黑暗的时期。阉党这帮人上台之后，祸乱朝纲、陷害忠良、贪污受贿、鱼肉百姓，将整个国家搞得一团糟，大大加速了明朝走向灭亡的步伐。

然而近年来，网络上却又掀起了一股吹捧魏忠贤和阉党的风潮。不少人认为，魏忠贤和阉党是被严重丑化了，他们非但没有很多人口中说的那么坏，还为明朝做出了不少贡献，更是大明王朝最后的柱石，甚至还诞生出了"忠贤不死，明朝不亡"的说法。

关于这两种截然不同的观点，到底哪一种正确，这里暂时不讨论。我们还是先来看一看魏忠贤和他的阉党上台之后做了些什么。

前文说过，明朝天启年间，最让皇帝和大臣们忧心的无疑是辽东的战局，而一提到魏忠贤与辽东战局，人们首先想到的就是他起用了胆小如鼠的高第为辽东经略，高第一改孙承宗的"堡垒推进"战法，选择龟缩山海关。事实上，孙承宗在辽东的进取策略是需要耗费巨资的，给明朝财政带来了巨大的负担，而且他主持修建的大量堡垒也绝非固若金汤，常被后金军攻陷，更是不断损耗明朝的军力、物力、财力；而高第则针对后金屡屡出兵是为了劫掠的特点，选择放弃辽东大片土地，实行坚壁清野，让后金军掠无所得，倒也并非没有可取之处。

其实魏忠贤掌权后，对辽东战局还是相当重视的，多方为边关筹措兵器、军粮、军饷、军马、草料等物资，甚至还多次捐献自己的钱财。《明熹宗实录》中的一些记载，很能说明相关情况。

天启六年（1626 年）九月，镇守山海关等处的司礼监秉笔太监刘应坤上疏表示：自己及边关一些官员的俸禄，都是由魏忠贤捐出自己的俸禄资助的，军队所用的马匹、草料、棉布、箭矢等物，都是魏忠贤设法置办。（"臣等承命在关，凡薪水之用皆厂臣魏忠贤捐俸资助，标下所用马匹、草料、棉布、箭帘俱系厂臣掳括设处。"）

时任巡按直隶御史的倪文焕，曾经在巡察山海关之后上疏表示：山海关地势险要、防守严密、坚固厚实，士兵、马匹、火器都准备得十分精良，向山海关运输的各项物资更是源源不断，通过询问得知，这些都是魏忠贤督促发放的。（"臣尝亲历山海，其城严险坚厚，兵马火器可称精备，而沿途之解运肩摩毂击，问之则皆厂臣魏忠贤之所督发也。"）

到了天启七年（1627年）正月，魏忠贤将明熹宗赏赐给他修建府第的三万五千两百余两白银节省下来，捐给山海关、宁远，用于修缮城堡。（"诏以魏忠贤节省原赐盖造府第银三万五千二百余两，解发山海、宁远备修葺城堡之用。"）

类似的记载还有很多。虽然当时大量官员上疏称颂魏忠贤，有拍马屁的因素，但魏忠贤关注辽东战局，不仅筹措了大量物资，还捐献自己的私财，也确是事实。其实正是在魏忠贤掌权期间，明军在辽东先后取得了"宁远大捷"和"宁锦大捷"。这两场胜利，当然不能一味归功于魏忠贤和阉党，但也不该抹杀他们的作用。

除重视辽东边防外，魏忠贤和阉党在其他方面也有一些作为。

明朝万历年间，朝廷曾经通过向商人加征榷税来增加财政收入，后因遭到众多官员和商人反对而被迫中止。明熹宗继位后，由于国家财政困难，朝中陆续有官员提出重新开征榷税，但遭到内阁首辅叶向高的拒绝。到了天启五年（1625年）十月，户部尚书李起元再度建议征收榷税，此议得到了明熹宗和魏忠贤的赞同，榷税得以开征。然而，阉党的成分很复杂，其中的一些人反对征收榷税，在这些反对者中，甚至包括阉党的重量级人物崔呈秀。

天启六年（1626年）五月，北京突发奇异灾祸，负责为军队生产火药的王恭厂发生大爆炸。崔呈秀等人趁机以"天变"为由，请求皇帝废除榷税，最终获得了明熹宗和魏忠贤的允许。

榷税被废除之后，阉党内部反对征收商税的势力占了上风，其他部分商税也陆续被废除。

　　虽然历经波折，但阉党在应对国家财政问题上，也并非毫无建树。除征收榷税外，魏忠贤还通过追缴历年拖欠的赋税、提取一些地方府库的钱粮、要求官员捐献俸禄、抄没政敌家产等方式，暂时缓解了国家财政危机。

　　明朝末年，政治腐败，不少无赖之徒与地方官吏相互勾结，充当所谓的"税吏"，打着收税的名义搜刮百姓。魏忠贤为此要求各地官府选拔清廉能干的人来处理钱粮事项，不准无赖借机侵吞渔利。

　　按照规定，全国不少地区要根据地方上的物产，向宫廷上供如铜铁、木材、布匹、药材等物品。这些物品由部分商户，即所谓的"解户"负责运送到北京，进入皇宫内库。负责管理内库的太监往往利用职权中饱私囊，以贡品质量不合格为理由索要"铺垫""增耗"等高额费用，让解户们苦不堪言。

　　曾经在内库之一的甲字库工作过的魏忠贤，对管库太监这一套索贿的潜规则十分熟悉，也深知解户之苦。因此他在掌权后，严令废除"铺垫"和"增耗"，减轻了解户的负担。

　　苏州、杭州等地的纺织机户大都承接朝廷的织造任务。领受任务的机户必须按期上交织造的布匹丝绸，还要自行负担沿途路费、孝敬各官府衙门的"茶果费"等，这导致一些小机户即便倾家荡产，也难以按期完成上交任务，而官府对于延期的机户又极为苛刻，动辄逮捕入狱。

　　魏忠贤了解到这一情况后，下令废除"茶果费"等潜规则费用，减轻了机户的负担。

　　朝廷原本为了庆祝天启六年（1626年）的中秋节和天启七年（1627年）的正旦、中秋二节，向商民摊派了十一万余两白银，但魏忠贤通过查看内库发现，库中蜡烛等物品尚还可以应付庆典，于是废除了这笔摊派，又减轻了商民的负担。

　　天启五年（1625年）十二月，魏忠贤统领的东厂查处了梁逢恩等人盗取粮仓内库存粮食一案，又牵出了监守自盗的主事李柱明。李柱明在事发之后，与另一位犯了罪的官员李承恩一起，出钱贿赂众多官员以求脱罪。然而让他们没想到的是，在魏忠贤的领导下，朝廷对此事还真是明察秋毫，最终李柱明、李承恩、方震孺、刘铎等一批官员都受到了惩处。

同样是在天启五年（1625年）十二月，魏忠贤对国家官僚系统进行了一定的改革，裁撤山海关通判、河南孟津县主簿、代府食场大使、宣府饷司库各仓场副使。这些冗员被裁撤既提高了国家行政效率，又减轻了国家财政负担。

魏忠贤及阉党的为政举措其实还有很多，限于篇幅，就不一一说了。必须说明的是，无论是魏忠贤本人还是以他为首的阉党，在治国理政上的作为都是小修小补式的，根本无法真正带领大明王朝走出困境。所谓"忠贤不死，明朝不亡"，实属夸大。相反，魏忠贤和阉党对国家造成的危害也绝不应该被忽视。

六、为政弊端

要论魏忠贤和阉党的为政弊端，首先要说的就是这帮人在掌权期间搞了一个大工程——重修三大殿。

万历二十五年（1597年）六月十九日，皇宫突发大火，皇极、建极、中极三座大殿在大火中被焚毁。之后，由于国家财政紧张等原因，重修三大殿的工程直到万历四十三年（1615年）才开始动工，且一直断断续续进行。

明熹宗继位后，这位酷爱木匠活的少年天子，对重修三大殿十分重视，但因为经费较为紧张和木料采购困难，重修三大殿的工程进行到天启二年（1622年）后，还是停工了。

这一停就是三年之久，转眼到了天启五年（1625年）二月，已经全面掌权的魏忠贤和阉党，为了拍皇帝的马屁，不顾国力凋敝、民生艰难，强行重启了三大殿工程，最终在天启七年（1627年）八月完工。

关于阉党上下为了重修三大殿而绞尽脑汁筹措经费的记载，在《明熹宗实录》中有很多。由于这些内容实在太枯燥，我也就不一一列举了，还是说个更直观的数据。据《明熹宗实录》和《两朝从信录》记载，自天启五年（1625年）二月至天启七年（1627年）八月，重修三大殿的费用达五百九十五万余两白银。这笔钱对于当时内忧外患的明朝来说，并非小数。虽说重修三大殿具有一定的政治意义，但倘若魏忠贤和阉党真是国家柱石，难道不该劝谏皇帝把这些钱用在更紧迫的地方吗？

除耗费巨资为皇帝重修三大殿外，魏忠贤以及他的那帮"孝子贤孙"还干了一件臭名昭著的事，那就是修建了大量纪念魏忠贤的"生祠"。

所谓"生祠"，也就是纪念活人的祠堂。前文提到，魏忠贤曾下令废除机户的"茶果费"等费用，时任浙江巡抚的潘汝祯据此在天启六年（1626年）六月上疏说，机户们感念魏忠贤的洪恩，情愿捐钱为魏忠贤修建生祠，世世代代顶礼膜拜。

明熹宗对潘汝祯的建议欣然采纳，还为这座生祠题写了"普德"的匾额。此例一开，立即引来了众多的效仿者，各地官员为了拍明熹宗和魏忠贤的马屁，纷纷开始为魏忠贤建造生祠。在之后的短短一年时间里，生祠的数量竟然迅速增长到四十座之多。

对于此时的官员们来说，修生祠已经变成了一项"崇高"的政治任务。生祠不仅要修，还要修得华丽、修得壮观。在各地官府不计工本的疯狂修建下，不少生祠朱户雕梁、琉璃黄瓦，在规格上与宫殿相近。全国各地大大小小的生祠，大的要耗费白银数十万两，小的要耗费白银数万两。一座座生祠拔地而起不仅增加了百姓的负担，更占用了大量的土地，破坏了社会生产，激化了社会矛盾。

除重修三大殿和大修生祠外，阉党掌权期间的另一大问题就是激烈的党争内斗。阉党，本就是各路反对东林党的政治势力拼凑起来的松散联盟，其成员大多来自齐楚浙三党，内部矛盾重重。所以当东林党在朝中的势力被清洗之后，滑稽的一幕出现了，原本表面上还算团结的阉党开始迅速分化，陷入了内斗之中。

在阉党成员中，魏广微与杨维垣关系不好。魏广微拿杨维垣帮徐绍吉谋取官职一事大做文章，在魏忠贤面前告了杨维垣的状，不让魏忠贤给杨维垣升官。不过打击了杨维垣的魏广微，自己也很快倒了霉。由于在处置杨涟等人的问题上与魏忠贤意见相左，魏广微受到了魏忠贤的斥责，心中恐惧，选择辞官离去。

阉党重要成员之一的冯铨，因年轻有才华而深得魏忠贤赏识，被提拔进入内阁成为大学士。冯铨倚仗魏忠贤对自己的器重，不仅在内阁中行事霸道，还在大臣中培植亲信，扩张自己的权力版图。时任内阁首辅的顾秉谦，眼看自己对付不了冯铨这个刺儿头，干脆请求退休，获得批准后离去。

冯铨的所作所为又引发了阉党另一位重量级人物崔呈秀的不满。早就希望能挤进内阁的他，在魏忠贤面前大谈冯铨利用职权收受贿赂，力劝魏忠贤远离这样的"小人"，结果让冯铨丢了官职。

从这些事例可以看出，阉党内部远非铁板一块，这个政治集团在击败了东林党、结束了旧党争的同时，却又重蹈了东林党的覆辙，开启了新的党争。

当然了，阉党在内斗的同时，也不忘继续打击他们眼中的异己。蒋应阳、吴怀贤、吴养春等大批贵族官员，都因为得罪了魏忠贤或他的党羽，而遭到严厉惩处。在魏忠贤掌权期间，东厂、锦衣卫的特务频频出动，在地方上横行霸道，更是把各地官民搞得苦不堪言。

本来，在东林党已经落败、阉党全面掌权的情况下，魏忠贤和他的党羽如能进行相对温和的统治，不失为治国良策。然而，魏忠贤等人不知收敛，一味奉行高压政策，看似威风八面，实则是在朝野上下树敌无数，给自己敲响了丧钟。

在天启四年（1624年）至天启七年（1627年）短短的几年时间里，魏忠贤的个人声望在阉党官员们的推动下不断蹿升，各种加到他头上的名号，更是越来越荒谬，越来越离奇。他先是从"千岁"变成了"九千岁"，后来又从"九千岁"变成了"九千九百岁"。扶摇直上的魏忠贤沉醉在这一片阿谀奉承之声中不能自拔，逐渐迷失自我，一步步滑向深渊。

七、权宦末路

天启七年（1627年）八月二十二日，年仅二十三岁的明熹宗驾崩。关于这位年轻的皇帝为何会早逝，一般被认为是在西苑乘船游玩时不慎溺水的结果。不同史书上关于明熹宗溺水的记载也有所不同。按《酌中志》记载，明熹宗溺水事件发生在天启五年（1625年）五月十八日；而按《先拨志始》记载，明熹宗溺水事件发生在天启六年（1626年）八月。当然不管这一溺水事件到底发生在何时，这次意外似乎严重影响了明熹宗的身体健康，让他年纪轻轻就骤然崩逝，也让魏忠贤失去了靠山。

明熹宗朱由校驾崩后，由于没有子嗣，其弟信王朱由检继承皇位，改年号为"崇祯"。早就十分厌恶魏忠贤的崇祯帝，很快从打击魏忠贤的党羽崔呈秀等人入手，开始了铲除阉党的行动。面对崇祯帝的步步紧逼，权倾天下的魏忠贤选择听天由命，不敢有任何的反击举动。不少阉党成员在察觉到新皇帝的态度后，也立马亮出了见风使舵的本色，纷纷上疏弹劾魏忠贤，让魏忠贤惶惶不可终日。

到了天启七年（1627年）十一月一日，已经成功掌控朝局的崇祯帝正式下旨，将魏忠贤发往安徽凤阳安置。魏忠贤上路不久后，崇祯帝又以魏忠贤不思悔改，在前往凤阳的路上蓄养大批亡命之徒携带兵器环拥随护，势必要发动叛乱为由，命锦衣卫前往逮捕。

魏忠贤的心腹太监李永贞在得知消息后，立即派人飞马告知魏忠贤。魏忠贤接到消息后，明白崇祯皇帝不会放过自己，决定自行了断，于夜间自缢身亡。跟随他的心腹太监李朝钦也随之自缢。与魏忠贤相伴多年的客氏不久后被崇祯帝发往浣衣局打死。

魏忠贤死后，崇祯帝对阉党展开政治清算，一大批阉党骨干被杀，其余的众多阉党成员或充军，或流放，或革职，大明王朝从朝廷到地方的官僚机构，迎来了大换血。

魏忠贤的故事讲完了，但围绕着他的争议却难以散去。长期以来，很多人对这位明末重要政治人物的认知过于脸谱化，普遍认为他的掌权是蒙蔽昏君的结果，更简单地把他视为祸国殃民的太监。事实上，不仅魏忠贤的上台背后有着复杂的党争因素，魏忠贤本人也是一个被丑化的人物。历史上的他在政治上有一定的作为，谈不上是明朝灭亡的罪魁祸首。

对于魏忠贤这个明末权宦，我们应该站在客观角度用两分法来看待，不该一味贬低，当然，也不该过分吹捧。

一只鸡引发军队叛乱？
——揭开"吴桥兵变"的黑匣子

热衷于研究明末清初历史的历史学家和历史爱好者们，往往都对一场有着巨大影响的兵变有着极为浓厚的兴趣，那就是爆发于崇祯四年（1631年）闰十一月的"吴桥兵变"。

对于这场兵变，很多人在谈到它的起因时，往往都会脱口而出："鸡，一只鸡诱发了"吴桥兵变"，毁了大明王朝！"不过今天我想要告诉大家的是，"吴桥兵变"恐怕跟鸡没什么关系。

当然在详解吴桥兵变发生的原因之前，我们不妨还是先从"一只鸡引发兵变"这个说法入手，来看一看"吴桥兵变"的来龙去脉。

崇祯四年（1631年）七月，明廷派总兵祖大寿率明军一万多人外加一批民夫赴大凌河修复城池，以便于日后对后金作战。得知明军在自己的眼皮子底下修城，后金汗皇太极不可能坐视不理，他很快率军杀到大凌河城下，将大凌河城团团包围。

大凌河城危急，明朝崇祯皇帝朱由检也不可能坐视不理，他先后下令从全国多地调集军队赶赴辽东支援，其中就包括山东登州。

由于与辽东隔海相望，明朝末年的登州一度是军事重地。崇祯三年（1630年）五月，崇祯帝任命精通数学和火器知识的孙元化为登莱巡抚。孙元化上任后，积极引进西方的科学技术，在登州聘用葡萄牙教官编练军队，并主持制造了大量红夷大炮和火绳枪。

接到朝廷救援大凌河城的旨意后，孙元化命令参将孔有德率军驰援。当孔有德部明军前进至吴桥县（今河北省吴桥县）时，由于军中缺粮，有士兵因肚子饿抢了当地一户人家的鸡改善伙食。结果这名抢鸡的士兵虽然吃了顿好的，却惹来了大麻烦。

因为这名士兵抢的不是寻常百姓家的鸡，而是吴桥县大户王象春家的鸡。王家是明朝晚期的名门望族，家族成员多在朝中为官。王象春本人担任过南京吏部郎中，他的堂兄王象乾更是担任过兵部尚书。

所谓抢鸡也要看主人，这样一个显赫的家族，显然不是孔有德这样一个参将得罪得起的。于是当王家的仆人将士兵抢鸡的事告诉孔有德后，孔有德不得不执行军法，下令将这名抢鸡的士兵用箭贯穿耳朵，并游营示众，结果惹恼了营中的士兵。

对于这些已经在饥寒交迫中忍耐了许久的苦大兵来说，管你们王家有多大的势力，到了这个时候，别说是一个王家的仆人，就是天王老子来了也不管用。愤怒的士兵们很快聚集起来，将王家的仆人杀死泄愤。

这样一来，王家人更加愤怒，王象春的儿子向孔有德施压，要求给王家一个交代。消息传出之后，孔有德手下的士兵们怒气冲天，干脆一不做二不休，又去焚毁了王家的庄园。

孔有德眼见事情越闹越大，正愁难以收场，之前被孙元化派去购买马匹的另一位参将李九成回来了。李九成受孙元化之命购买马匹，马没买到，却把买马的钱花了个精光，也正愁没法交差。他眼看孔有德这回麻烦大了，便伙同儿子李应元煽动士兵，胁迫孔有德叛变。

孔有德明白自己手下的士兵闯下如此大祸，自己肯定吃不了兜着走，于是心一横，也决定造反算了。

叛军就此在孔有德和李九成的率领下，倒戈杀回山东，接连攻克临邑、商河、青城等地，更是在参将耿仲明的接应下，攻占了登州，俘获了孙元化。后孙元化虽被叛军释放，但最终却被明廷追究责任，惨遭处死。

登州失陷后，明廷对这股叛军重视起来，先后调集多路军队前来平叛。在明军的重兵围剿下，叛军接连战败，李九成战死。孔有德眼看自己在山东是待不下去了，于是与耿仲明一起率残兵渡海投奔后金。

历时一年半的"吴桥兵变"虽然就此结束，但它对明末局势所产生的影响却是相当巨大的，大致有以下几个方面：

第一，兵变发生后，叛军席卷了大半个山东，让明朝损失了大量的人口物资，丧失了支援辽东前线的后方基地。

第二，叛军战败后，转而投奔后金，不仅让后金获得了一批包括红夷大炮在内的火器，更将一批枪炮手和火器工匠带给了后金，大大增强了后金军的实力，尤其是在火炮铸造和使用方面的技术实力。

第三，叛军一度攻占登州，不仅让城内的葡萄牙教官付出了十二人死亡、十五人受伤的重大伤亡，更俘获了孙元化。后孙元化虽被叛军释放，但却被明廷追究责任，惨遭处死。葡萄牙教官的损失与孙元化之死，重创了明朝引入西方科学技术进行军事技术革新的行动，削弱了明军的力量。

第四，领导和参与了这场兵变的孔有德和耿仲明，更是在日后为清朝征战天下立下了汗马功劳。

总的来说，"吴桥兵变"彻底改变了自宁远之战以来，明军依托城池、堡垒、关隘，利用红夷大炮抵挡后金军进攻的相持局面，让明朝丧失了军事技术领域的优势，改变了明清双方的力量对比，不仅大大加速了明朝的灭亡，更为日后清军入关击破大顺与南明势力提供了巨大的帮助，对中国的历史走向产生了极为深远的影响。

既然"吴桥兵变"影响如此之大，那解析这场兵变的起因无疑很有必要。然而让人遗憾的是，以往很多人对此的结论似乎过于简单。一直以来，"一只鸡引发兵变"的说法广为流传，一些历史学家又从士兵抢鸡这件事出发，进一步推导出了"吴桥兵变"的起因：明朝末年，由于国家财政十分困难，官僚体系又极为腐败，导致孔有德部明军给养短缺，饥肠辘辘的士兵被迫去抢王象春家的鸡，最终酿出了这场兵变。

这样的说法看似很有道理，但如果我们仔细检索相关史料，就能够发现其中存在不少问题。

首先，抢鸡之事是否真的存在，本来就是有争议的。

目前对"吴桥兵变"记载最为详细的史书，当数清代早期文人毛霦专门为记录该兵变所著的《平叛记》。毛霦的父亲毛伟是"吴桥兵变"的亲历者，而且毛霦在撰写《平叛记》时，参考了《视师纪》《围城纪》等作品，这些作品的作者也都经历过"吴桥兵变"。因此对于研究"吴桥兵变"而言，《平叛记》的史料价值真可谓是不言而喻。

不过由于清朝统治者大兴文字狱，大肆毁书禁书，《平叛记》在清朝历经波折，一度被禁，在流传的多个版本中，有不少涉及孔有德、耿仲明及后金军的内容被删改。虽然命运坎坷，但可喜的是，这本书至今仍有一些早期刻本存世，为我们还原了"吴桥兵变"的始末。现将其中一段原文摘录如下：

> 适部卒与生员相争，有德笞之，众遂哗然。次日，千总李应元与其父九成缚有德于演武场，首倡反谋，有德从之，回戈东指，大肆抢掠，所过无遗。

这段记载，叙述了孔有德在李九成、李应元的"胁迫"下起兵叛乱的情况，文中只说是"适部卒与生员相争"，并未提到抢鸡之事。《平叛记》作为一本专门记录"吴桥兵变"的书，对这场叛乱的诸多细节都交代得十分详细，却唯独不提"抢鸡"，那说明"吴桥兵变"的不少亲历者们很可能并不知道有抢鸡这回事，既然如此，抢鸡这事的真实性自然就大打折扣了。其实，所谓孔有德手下士兵抢鸡的事，除在《崇祯长编》等野史笔记中出现外，在清朝官方编著的《四库全书》中也有记载，原文如下：

> 经月抵吴桥，天大雨雪，众无所得食，新城邑绅王象春者有庄在吴桥，有德兵屯其地，卒或攫鸡犬以食。（《四库全书·史部·编年类·御定资治通鉴纲目三编》卷三十五）

有的人或许会说，抢鸡这事，既然连《四库全书》这样的官方著作都记了，那应该是真的。我想说的是，大家不妨仔细看看原文，在"攫鸡犬以食"前面，其实还有个"或"，而"或"这个字，在古代文言文中，是"可能""也许"的意思。

编写《四库全书》的清朝御用文人们，在记载历史事件时，还是相当严谨的。他们在文中这样写，说明抢鸡这事到底有没有发生过，其实他们也搞不清楚，所以只能以不确定的语气说："可能有这件事。"

综合来看，抢鸡这件事可能发生过，也可能是一些文人瞎传的，可信度并不高。因此，很多人将"吴桥兵变"归因于鸡，未免有冤枉鸡之嫌。

不过虽然"抢鸡"很可能并不存在，但另一件事，却是实打实的，那就是当孔有德部明军到达吴桥县时，军中缺粮，士兵饿肚子了。这就引出了另一个问题，这支军队为什么会缺粮？难道真是像某些人推测的那样，是因为明朝财政困难、政治腐败，事先没备足军粮吗？其实不是的。

实事求是地说，明朝末年，由于财政困难外加政治腐败，军队拖欠军饷、给养不足的情况确实比较普遍。可偏偏这次孔有德部明军缺粮，却不是这方面的原因造成的。

综合《平叛记》《崇祯长编》等书记载，这次孔有德率军驰援大凌河城，经过大致如下：

孙元化秉朝廷旨意，于崇祯四年（1631年）九月命孔有德率军走海路赴辽东。孔有德率军出发后，却借口说海上刮大风，逗留不肯前往。（"有德托言风汛不利，逗留不前。"）

孙元化无奈之下，只得让孔有德先率军回登州，修整之后再走陆路前往辽东。临行前，孙元化竭尽所能，为军队备足了给养。为此，他还特地向朝廷上疏说："历来派出援兵，就没有物资准备如此齐全的。"（"从来援兵未必若此之盔甲、器械、锅帐、辎车悉全者。"）

孔有德于是在崇祯四年（1631年）十月二十九日再次率军出发，踏上了支援大凌河城的征程。耐人寻味的是，率军驻守大凌河城的祖大寿，其实已经在孔有德第二次出发的前一天，也就是十月二十八日，因粮尽援绝，向皇太极投降了。

虽然大凌河城的明军已经投降，但此时辽东局势依然紧张，孔有德部明军也未接到撤回的命令，自然还得向辽东进军，而孔有德这个骄横不法之徒，根本不愿意去前线，再次出发后，他依然是带着手下将士们磨磨蹭蹭，犹豫观望。（"骄悍不法，初无往意，勉强前赴，沿途观望。"）

直到约两个月后的闰十一月二十七日，孔有德部明军才刚出山东，到达了北直隶境内的吴桥县。一路上，孔有德手下的士兵军纪败坏，多有骚扰劫掠地方的行为，以致所到之处老百姓纷纷闭门不纳，士兵得不到食宿保障，怨气冲天。（"时官兵屡过地方，多骚扰，以故，民皆闭门，兵无食宿，皆怨。"）

由此可以看出，"吴桥兵变"之所以会发生，并非事先没备足给养，而是因为孔有德带着他的军队以蜗牛般的速度在山东境内磨蹭了约两个月。如此龟速行军之下，就算是准备再多的军粮，迟早也会被吃光，再加上这支明军军纪败坏，导致老百姓纷纷闭门不纳，就更加剧了买粮困难，士兵们饥饿难耐，最终酿成兵变。

还需要指出的是，领导叛军杀回山东的孔有德、李九成以及在登州接应叛军的耿仲明，都是原东江镇总兵毛文龙的部将。崇祯二年（1629年）六月，毛文龙被蓟辽督师袁崇焕所杀。毛文龙死后，明廷将其部属分散安置，孔有德、李九成、耿仲明转而被调到孙元化手下效力。这三个人一直对毛文龙之死愤愤不平，对明廷心怀怨恨。因此，他们并无为国效力的真心，一旦有了兴风作浪的机会，起兵造反，也就在情理之中了。

由于孔有德在起兵叛乱后率军投奔后金，被皇太极赐予王爵，后来更是在清军征战天下的过程中出了不少力。因此，清朝官方编著的《明史》和《四库全书》在谈到"吴桥兵变"时，都以"为尊者讳"的基调为孔有德开脱罪责，甚至借此来贬低明朝，大谈孔有德部明军兵变是因为缺粮，却对缺粮的原因避而不谈。清朝官方史料这种带有倾向性的表述，让很多人对这段历史产生了一定的误解，一味将兵变的原因归结到了明朝的财政困难与政治腐败上。

从上述内容可以清晰地看出，"吴桥兵变"的发生并不是因为没有备足给养，也很可能与鸡无关。之所以会出现这样一场大规模且影响深远的兵变，主要还是因为孔有德等人的私心与野心在作祟。当然倘若此时明朝国力强盛，那纵然将领有私心与野心，也不敢生出反心。所以从根本上说，"吴桥兵变"也不过是大明王朝彻底崩塌前的一次小垮塌罢了！

把明朝藩王煮了吃

——李自成究竟有没有办过"福禄宴"

崇祯十四年（1641 年）的大明王朝，已经在内忧外患中苦苦支撑了十多年，可以说是摇摇欲坠了。在这年的正月二十日，李自成统率的农民起义军攻陷了河南重镇洛阳，并由此引出了一桩骇人听闻的惨案——"福禄宴"。

大家可不要被"福禄宴"这个名称给误导了，以为是什么喜气温馨的宴会，按照一直以来流传的说法，所谓的"福禄宴"，其实是一场吃人肉的活动，而被吃掉的人，是明末最为著名的藩王——福王朱常洵。

近代以来，一些人绘声绘色地描述说："李自成攻陷洛阳之后，抓住了福王朱常洵。李自成见这位藩王体形巨胖，于是下令将他剥光洗净，又从后花园弄来几头梅花鹿宰杀，然后将还活着的朱常洵和被宰杀后的梅花鹿一起放到大锅里煮。朱常洵在大锅中上下翻滚、痛苦哀号，最终被活活煮死。起义军将士们将锅里的福王肉和鹿肉分而食之，名为'福禄宴'。"

如此骇人听闻的说法，真的是事实吗？要说清楚这个问题，我觉得还是得基于史料出发，因此我先列举两段与此有关的记载，给大家看看。

> 贼杀王，并见害。王体肥，重三百余斤，贼置酒大会，以王为菹，杂鹿肉食之，号福禄酒。（《明季北略》卷十七）

> 福王及世子由崧缒城走，王以体肥，不能远去，贼得而杀之，

197

称其肉，重三百六十余斤，脔分股割，与鹿肉烹，群贼脔食，名曰
福禄宴（《鹿樵纪闻》卷下）

两段记载的具体内容虽然有所不同，但都说农民起义军先将福王朱常洵
杀死，然后将他的尸体放进锅里和鹿肉一起煮了吃，而并非民间流传的那样，
将活着的朱常洵扔进锅里去煮。

既然根据史书上的记载，朱常洵并没有被活活煮死，那么他被农民起义
军吃掉，又是不是事实呢？恐怕也不是。

关于朱常洵死时的具体情况，除计六奇所著的《明季北略》和吴伟业所
著的《鹿樵纪闻》外，在《崇祯实录》《流寇志》《明史纪事本末》《寄园寄
所寄》《明儒学案》等各种野史笔记上也都有记载，具体内容十分混乱。有的
书上只记载了朱常洵被农民起义军杀害，并没有提到吃人肉的事；有的书上
则说朱常洵的尸体是被分吃了；也有的书上说，从朱常洵身上割下一大块肉，
放进锅里煮着吃了，并没有被整个吃掉；还有的书上没提吃人肉的事，却说
朱常洵的血被起义军将士蘸着鹿肉吃了……

要在如此众说纷纭的史料中厘清一件事，显然太不容易了。不过可喜的
是，1924 年，河南省洛阳市孟津县麻屯乡庙槐村附近出土了一件文物，为我
们今天再看这桩历史疑案提供了有力的支持。这件文物是南明弘光皇帝朱由
崧为父亲福王朱常洵所立的墓碑，制作十分精美。

该墓碑的墓志碑文如下：

王讳常洵，乃神宗显皇帝之第三子，母恭恪惠荣和靖皇贵妃郑
氏。万历十四年正月初五日生，二十九年十月十五日册封为福王，
四十二年三月二十四日之国河南府。王居国，敦厚和平，亲贤乐
善，遇士大夫有礼，人称其有东平河间之风。崇祯十四年正月二十
日，突有流贼数万攻陷府城，民军逃窜，王独挺身抗节，指贼大骂。
二十一日遂死难焉。一时官眷内官相率赴义，冒刃投缳者百余人。
王享年五十六岁。妃邹氏，子一人，讣闻。上辍朝三日，特遣咸监

科诸臣诣府察勘予祭。葬从优，一切丧礼视诸藩倍厚。赐谥曰："忠"。更为之立庙、建坊赐额，以表其烈。竖碑以纪其事。东宫及在京文武官皆为致祭，以崇祯十六年正月初八日葬于邙山之原。呜呼！王以帝室至亲，享有大国，著声藩辅，而慷慨激烈，与城俱亡，刚肠浩气，虽死犹生。孔曰成仁，孟曰取义。王庶几其无愧焉！爰述其概，勒之贞珉，用垂不朽云。

孝男嗣王由崧泣血书石

作为朱常洵的儿子，朱由崧在给朱常洵撰写墓志时，自然少不了要吹捧一番。诸如"王独挺身抗节，指贼大骂""慷慨激烈，与城俱亡，刚肠浩气，虽死犹生"之类的话，明显是朱由崧给自己已死的父亲脸上贴金的，并不可信。虽然内容不完全属实，但这篇墓志却重点提到了另一个方面，那就是朱常洵的葬礼。从墓志内容可以看出，朱常洵死后，明廷为其举行了极其盛大的祭奠仪式，这显然与诸多史书上所载的"福禄宴"相矛盾。如果朱常洵真的被农民起义军吃掉了，连个尸首都没有，明廷又怎么能为其举行如此隆重的葬礼呢？

在清朝官方编著的《明史》中，也有一段记载可以与墓志的内容相对应：

常洵缒城出，匿迎恩寺。翌日，贼迹而执之，遂遇害。两承奉伏尸哭，贼捽之去。承奉呼曰："王死某不愿生，乞一棺收王骨，枪粉无所恨。"贼义而许之。桐棺一寸，载以断车，两人即其旁自缢死。（《明史》卷一百二十·列传第八·诸王五）

从《明史》的这段记载来看，朱常洵被农民起义军杀害后，他身边的两个承奉，也就是贴身太监抱着他的尸体大哭，乞求收殓朱常洵的尸体，农民起义军于是用棺材将朱常洵的尸体装了起来。

在《明史》的另一部分内容中，关于朱常洵之死的记载，则又有所不同。

　　　　福王常洵遇害。自成兵为王血，杂鹿醢尝之，名"福禄酒"。

　　（《明史》卷三百九·列传第一百九十七·流贼）

　　当然不管是收尸还是用朱常洵的血蘸肉，《明史》中关于此事的记载都没有涉及吃人肉的内容。

　　对《明史》这部作品有所了解的人应该都明白，《明史》作为清朝的官修正史，政治倾向性是相当强的，这一点在明末历史上表现得尤为明显。由于明末清初之际，清军是打着为明朝崇祯皇帝报仇的旗号入关的，因此在《明史》中，对李自成、张献忠等人领导的农民起义军评价很低，在文中提到时，基本都用"贼""流贼"之类的词来指代。所以按常理说，如果李自成的军队真的将福王朱常洵杀了吃肉，《明史》显然应该大肆宣扬此事，作为彰显"流贼"灭绝人性、凶残毒辣的罪证，而《明史》中对吃福王肉之事只字未提，足见这类说法并没有得到编写《明史》的清朝史官们的认可，不足为信。

　　纵观李自成的一生，他虽然对贵族、官员、地主等权贵富人多有迫害，也杀了一些明朝藩王，却并没有吃人肉的癖好。那他攻陷洛阳之后，又为什么会反常地下令把福王朱常洵给吃了呢？显然是很难说得通的。

　　综合来看，人肉版"福禄宴"的说法，应该是以讹传讹的结果。

　　既然福王朱常洵被吃掉的说法属于不实的谣言，那么这个说法又为何会流传甚广，以至于让很多人信以为真呢？

　　我觉得主要有两个原因：一是当时的很多文人对农民起义军抱有很深的偏见，故意将其妖魔化；二是朱常洵本人的身世与行为引发了很多人的憎恨，人们普遍希望他死得越惨越好。所谓福王朱常洵被李自成手下将士吃掉的谣言，就是在这样的舆论背景下滋生并迅速滋长的。

　　纵观各种野史书籍上关于"福禄宴"的内容，虽然言之凿凿，但这些书籍的作者，如计六奇、吴伟业、彭孙贻等人，其实都没有亲眼见过农民起义军吃掉朱常洵。他们在书中记录的说法都是在道听途说中得来的。由于这些文人基本都出身于明朝的官僚地主家庭，有些甚至本人就是明朝官员，因此他们对农民起义军极度仇视，动辄进行抹黑。例如，在计六奇所写的《明季北略》和彭孙贻所写的《流寇志》中，都说洛阳被李自成攻陷后，有数十万士民被杀，对农民起义军的恶意污蔑，可谓是十分明显。

对于这些仇视农民起义军的文人来说，朱常洵这个死在农民起义军手上的藩王，到底有没有被吃掉，其实根本不重要。重要的是，这是一个可以将"流贼"描绘成食人恶魔的典型案例，值得大书特书。

说完了第一个原因，再来说说另一个原因。

朱常洵虽然是一位没有政治权力的藩王，但却是一位对明朝晚期的政局产生了重大影响的人物，一些历史学家甚至认为，朱常洵是一个祸国殃民的家伙，他的出现在无形中大大加速了明朝的灭亡。要解释清楚这一切，还要从朱常洵那敏感尴尬的身世说起。

朱常洵是明神宗朱翊钧的第三个儿子，他的生母郑贵妃是明神宗宠妃。由于爱屋及乌，明神宗对朱常洵也是极其喜爱，非常希望能立他为太子，将来继承自己的皇位。然而麻烦的是，在朱常洵出生前，明神宗已经有了皇长子朱常洛，因此按照古代的宗法制度，明神宗的皇位理应由朱常洛来继承，并没有朱常洵的份。

明神宗一再试图立朱常洵为太子的举动，遭到了大臣们的强烈反对，由此引发了旷日持久的"国本之争"。虽然这场争端最终以明神宗向群臣屈服而告终，但却严重恶化了君臣关系，加剧了朝堂上的党同伐异之风，给晚明的政治生态带来了极其恶劣的影响，自然也在一定程度上加速了明朝走向灭亡的步伐。

在这一片剑拔弩张的反对声中，晚生了几年的朱常洵最终没能当上太子，而是受封福王，前往封地河南洛阳"就藩"。对于这个没能当上太子的爱子，明神宗心中自然是充满了愧疚，因此他不仅赏赐了大量的土地和金银珠宝，还将部分盐税额外划拨，作为供养这位宝贝儿子的费用。朱常洵在父皇的关照下，就此在洛阳的福王府中过上了穷奢极欲的生活。

转眼到了明末崇祯年间，旱灾、蝗灾在北方多省接踵而至，大量饥寒交迫的农民被天灾和苛捐杂税逼到走投无路，纷纷揭竿而起。

面对危机，已经坐享数十年清福的朱常洵似乎并没有警觉，不仅没有捐款赈灾，还依旧逼迫耕种自己土地的农民交纳地租，自然引发了广大贫苦农民的强烈不满。

　　因此无论在当时文人的眼中，还是在百姓的心中，朱常洵都是一个非常让人厌恶的角色。因为他的出生不仅给国家的政局带来了巨大的困扰，更给百姓带来了无尽的苦难。在这样的情况下，朱常洵被农民起义军分食的谣言，可以说是大快人心，自然也就广为流传了。

被皇太极的礼贤下士所感动？
——洪承畴降清的原因浅析

　　崇祯十五年（1642 年）二月十八日夜，清军在明军副将夏承德的接应下，攻入了已经粮尽援绝的松山城。城内以蓟辽总督洪承畴为首的一批明朝官员，就此成了清军的俘虏。

　　洪承畴被俘后，不久就选择降清，后在清军征战天下的过程中出了不少力。然而松山失陷的消息传到北京后，崇祯帝和文武百官都认为洪承畴一定是壮烈殉国了，还在北京为他举行了盛大的葬礼。

　　明朝方面为洪承畴办葬礼，固然是闹出了笑话。由此可以看出，在当时，人们普遍认为洪承畴这个人是不可能投降的。应该说，像洪承畴这样一位饱读圣贤书，极为重视名节的朝廷重臣，为何会投降，确实是一个颇为让人费解的问题。一直以来，关于洪承畴为何会降清流传着很多种说法，尤以"庄妃色诱"和"皇太极礼贤下士"两个故事广为流传。

　　首先要说的是"庄妃色诱"，即皇太极派自己的嫔妃，也就是后来的孝庄太后，用美色诱惑洪承畴的说法，是缺乏史料依据的民间传说。民国时，学者蔡东藩将这种说法写进了自己的作品《清史演义》中，也不过是作为小说之语，根本不可信。皇太极纵然再怎么想招降洪承畴，也绝不可能把自己的老婆搭进去。

　　既然"庄妃色诱"属于无稽之谈，那么"皇太极礼贤下士"，是不是事实呢？

要说清这个问题，还是先从这个说法本身开始说起。按照一直以来流传的故事，洪承畴降清的具体过程是这样的：

俘获洪承畴后，当时的清国皇帝皇太极十分想要招降这个明朝能臣，于是派手下的汉人官员范文程前去探视。洪承畴见了范文程后，破口大骂，声称自己只求速死。范文程见状，绝口不提招降之事，与洪承畴谈古论今，伺机观察他的一举一动。两人谈话间，房梁上有灰尘落到洪承畴的衣服上，洪承畴随即用手拂去。

范文程辞别洪承畴回报皇太极："洪承畴必然不会死，他连自己的衣服都如此爱惜，何况是他的身体呢？"

皇太极自此对招降洪承畴胸有成竹。他亲自来到关押洪承畴的囚室，解下自己的貂皮大衣披在洪承畴身上，关切地问道："先生不冷了吧？"

皇太极如此"情真意切"的举动，让洪承畴大为感动，他盛赞皇太极乃真命天子，随即叩头请降。皇太极十分高兴，不仅赏赐了洪承畴大量财物，还下令"置酒陈百戏"来庆贺。

总之，按照这个故事的说法，原本宁死不屈的洪承畴，突然膝盖一软，向敌人投降，主要还是因为皇太极礼贤下士，招降工作做得太好了。

应该说，这个故事之所以会广为流传，甚至被不少人奉为信史，是因为它出自一份较为权威的史料——《清史稿》。

需要指出的是，《清史稿》这部书虽然在清史研究领域有着很高的价值，但它成书于民国时期，当时距离明末清初时期已经过去了约三百年。因此它的记载来源于众多的史籍，书中的有些内容，其实未必靠谱。通过查阅史料可以看出，《清史稿》中的这部分内容，源自清代礼亲王昭梿所编著的《啸亭杂录》。在该书卷一中，有这样一段记载：

> 松山既破，擒洪文襄归。洪感明帝之遇，誓死不屈，日夜蓬头跣足，骂詈不休，文皇命诸文臣劝勉，洪不答一语。上乃亲至洪馆，解貂裘与之服，徐曰："先生得无冷乎？"洪茫然视上久之，叹曰："真命世之主也！"因叩头请降。上大悦，即日赏赉无算，

陈百戏以作贺。

在该书卷八中，又出现了范文程发现洪承畴拂去衣服上灰尘的内容，原文如下：

> 闻范冢宰建丰言，洪被擒时，文皇命先文肃公往说，洪谩骂不已。文肃以善言抚之，因与谈论今古事，时有梁间积尘落洪襟袖间，洪屡拂拭之。文肃遽辞归，奏文皇曰："承畴不死矣！其敝衣犹爱惜若此，况其身邪？"后文襄果降，如公所料云。

从这两段记载来看，《清史稿》中关于皇太极礼贤下士劝降洪承畴的记载，其实只是将《啸亭杂录》中的相关内容整合了一下，并非出自清朝官方的原始资料。

应该说，这一说法看似言之凿凿，其实可信度很低。因为编著《啸亭杂录》的昭梿，是清朝乾隆至嘉庆时期的人物，对于明末清初之事，他并非亲历者，而且作为清朝宗室王爷，昭梿在编著书籍时不会忘记将自己的祖先好好吹捧一番，用一些绘声绘色的小说之语往皇太极脸上贴金，自然也是十分正常的事。

既然《清史稿》和《啸亭杂录》对于此事的记载不可信，那可信的记载在哪里呢？我觉得，应该是在《清太宗实录》里。因为《清太宗实录》不仅是清朝的官方史书，而且成书时间早，是相对原始的资料。

关于洪承畴降清的具体情况，《清太宗实录》中记载得不多，但却明确说洪承畴是被关押了一段时间后主动投降的。洪承畴降清后，受到皇太极的召见。不过此时的皇太极对洪承畴比较冷淡，只是与洪承畴简单寒暄了几句，就结束了会面。不仅如此，皇太极还在与洪承畴交谈时，说了一段颇为让洪承畴难堪的话：

> 昔阵前所获张春，亦曾养之，彼不能为明死节，又不能效力事

朕，一无所成而死，尔慎勿如彼之所为也。(《清太宗实录》卷六十)

皇太极话中所提的张春，是明朝原监军兵备道，于崇祯四年（1631年）的大凌河之战中战败被俘。张春被清军俘获后，虽然受到皇太极优待，却坚决不肯投降，十年后绝食自尽。

皇太极此时在洪承畴面前突然拿张春说事，实在是意味深长，大体上包含了两层意思：一是告诫洪承畴，既然投降了，就好好为我效力，不要心怀异志；二是讥讽洪承畴，当年官职比你低、影响力比你小的张春被我俘虏，都一直不肯投降，结果你洪承畴被俘后没多久就投降了，也太没节操了吧！

虽然《清太宗实录》没有记载洪承畴听完这句话后的反应，但我觉得，当时的洪承畴内心恐怕很不是滋味，只不过已经身为降臣的他不敢在新主子面前表现出不满罢了。

《清太宗实录》对于洪承畴降清这段历史的记载，与《清史稿》和《啸亭杂录》中的相关内容可以说是大相径庭，却最贴近历史真相。

事实上，皇太极对洪承畴非但没有过什么礼贤下士的举动，在洪承畴降清之后，也一直与他保持着一种不冷不热的状态。在经济和礼仪上，皇太极是给了洪承畴不少好处的，不仅赏赐了房屋、土地、仆人，还频频让洪承畴参加祭祀和宴会，以此来展现自己优待明朝降臣的态度；但在政治上，皇太极对洪承畴却极为冷淡，一直没有授予他任何官职，对这位明朝降臣可谓一点也不信任。直到皇太极死后，多尔衮掌权，坐了许久冷板凳的洪承畴才时来运转，被委以重任，在清朝征服天下的过程中立下了汗马功劳。

既然洪承畴的降清并不是像一直以来流传的那样，是被皇太极礼贤下士的举动打动了。那么，这位位高权重的明末重臣又为何会投降呢？其实纵观洪承畴为明朝效力的经历，他的投降并不难理解。

洪承畴，福建南安人，万历四十四年（1616年）进士。明末农民起义爆发后，时任陕西参政的洪承畴在镇压农民起义军的韩城之战中，因为指挥军队打了胜仗而崭露头角。

在之后的近十年时间里，原本默默无闻的洪承畴在官场上迅速崛起，一再升官，辗转各地与农民起义军拼死鏖战。军事天赋极高的洪承畴也十分争气，在战场上屡立战功，成了大明王朝的护国重臣。

然而，明末的华夏大地上天灾人祸，各种尖锐复杂的社会矛盾无法解决，风起云涌的农民起义大潮自然也就不可能停止。洪承畴就这样在延绵无期的战争中疲于奔命，实在是十分辛苦。

到了崇祯十二年（1639 年），由于辽东局势危急，洪承畴又被任命为蓟辽总督，负责与清军作战。洪承畴上任后，制定了用攻守兼备的持久战来对付清军的策略，一度取得了不错的战果。不过最终在崇祯皇帝、兵部尚书陈新甲等人的制约与干扰下，明军在松锦之战中遭遇惨败，连主帅洪承畴也成了清军的俘虏。

像洪承畴这样的能臣在明末的官场上混迹多年之后，不可能看不出此时腐朽的大明王朝已是摇摇欲坠、大厦将倾，因此在兵败被俘之后，他的内心对于明朝有多绝望，实在是不必多言。

相比之下，当时雄踞辽东的清国，却已经在努尔哈赤、皇太极两代帝王的征战和治理下迅速崛起，因此洪承畴投降清国，无疑很有前途。

应该说，洪承畴之所以会在被俘后降清，一方面固然是贪生怕死；另一方面也是出于对局势的判断，尤其是对明朝的心灰意懒。

值得注意的是，对于降清的洪承畴，长久以来，人们普遍都是抱着否定与批判的态度，甚至连清朝乾隆皇帝也将其列入《贰臣传》。

对此我觉得，我们在看待历史人物时，还是应该充分尊重当时的现实情况。洪承畴在明末清初两朝互相对峙、民族矛盾尖锐的时代里，背叛了自己的国家，如此行为难以清洗。

兵临北京却又想归顺明朝?

——李自成在北京城下议和之谜

崇祯十七年（1644年）三月，李自成率领"大顺"农民起义军兵临北京城。三月十九日，起义军攻入北京，明朝崇祯皇帝朱由检在煤山自缢身亡。然而就在北京城破和崇祯帝自尽前夕，却发生了一件极为奇怪的事，那就是李自成派人向崇祯帝求和。

按照一般的说法，当时的情况大致是这样的：兵临北京城下后，李自成派已经向自己投降的原明朝监军太监杜勋等人进入北京，向崇祯帝说明求和之意，表示只要崇祯帝愿意割让西北一带，封李自成为王，并犒赏军饷白银百万两，李自成就愿意退兵，还愿意为明廷内遏群贼、外制辽沈，但不奉诏入朝觐见。

李自成在这个时候开出这样的条件实在是显得不可思议，他的大军都已经来到了北京城下，拿下北京可以说是弹指间的事，他居然还愿意归顺已经濒临灭亡的明朝?

由于有悖于常理，因此自明末以来，一直有不少人认为李自成在攻破北京城前夕跟崇祯帝谈判的事是有些人瞎编出来的，根本就是子虚乌有。那么，这件事真的不存在吗?

要说清楚这个问题，还是需要借助史料。我查阅了一下，记载此事的史籍非常之多，大致有《明季北略》《国榷》《明史纪事本末》《甲申传信录》《依水园文集》《绥寇纪略》《甲申纪事》《烈皇小识》《怀陵流寇始终录》《平寇志》等。

有如此多的史籍记载，如果说此事真是子虚乌有，恐怕真的很难说得过去。不过需要指出的是，正是由于记载众多，才给今天的我们再看这件中国历史上的奇事带来了很大的困扰。因为写的人多了，出入自然也就多了，不同的史籍上对此事的记载差别很大，而且由于很多当时和后世的文人对"正统皇帝"崇祯帝十分同情，对"流贼头目"李自成又十分痛恨，立场问题让他们对这次谈判的具体情况遮遮掩掩，更给此事增添了不少神秘色彩。对此事记载较为详细的史籍，当数明末清初文人戴笠所写的《怀陵流寇始终录》，原文如下：

> 今后，闯复令杜勋求成，莫敢奏。内侍微言之。上召入，勋言李欲割西北一带，敕命封王，并犒军银百万，退守河南。受封后，愿为朝廷内遏群贼，外制辽沈，但不奉召入觐。因劝上如请为便。上语魏藻德曰："今事已急，卿可决之。"藻德默然，曲躬俯首。时上忧惑，于坐后倚立，再四以询。藻德终无语。上谓勋曰："朕即定计，有旨约封。"（《怀陵流寇始终录》卷十七）

从这段记载来看，对于李自成要求割让西北一带、封王、犒赏军饷白银百万两的谈判条件，虽然当时的首辅魏藻德因为怕担责任不肯表态，但崇祯帝本人却已经大体上答应了。

按常理来说，如果李自成真的在兵临北京城之后向崇祯帝提出了这样的条件，那不管他是出于真心还是假意，在崇祯帝已经"有旨约封"的情况下，都是应该暂缓攻城的，至少应该逼崇祯帝交出一百万两白银的巨款再作打算。然而，之后的情况却与此大相径庭，李自成的大军以极快的速度攻入了北京，把崇祯帝逼到了上吊自杀的地步。

李自成如此前后矛盾的表现实在让人费解。我在查阅了大量史料后认为，李自成在北京城下派人与崇祯帝谈判的事确实是存在的，但《怀陵流寇始终录》等书所记载的谈判条件却是以讹传讹的结果，并非历史真相。我们不妨来看一看另一段记载：

> 李自成对彰义门设座，晋王、代王左右席地坐。太监杜勋射书城中约降，因呼城上人："莫射，我杜勋也。可缒一人以语。"守者曰："留一人下为质，请公上。"勋曰："我杜勋，无所畏，何质为？"提督太监王承恩缒之上，同入大内，盛称贼人马强壮，锋不可当，皇上当自为计。守陵太监申芝秀自昌平降贼，亦缒城入，备述贼不道语，请逊位，帝怒叱之。（《平寇志》卷九）

从这段记载可以看出，李自成除了派出杜勋外，还派另一位已经向自己投降的原明朝太监申芝秀进入北京找崇祯帝谈判，李自成所开出的谈判条件，也并不是要一百万两白银和割让西北为王，而是要求崇祯帝退位。

除《平寇志》外，《明季北略》《国榷》《明史纪事本末》等书也都有李自成要求崇祯帝退位的记载。结合明末的历史背景来看，这一说法显然比前一种广为流传的说法要合理得多。

崇祯十七年（1644年）正月，李自成在西安称帝，定国号为"大顺"，改年号为"永昌"。之后，李自成挥师东征，于当年三月杀到北京城下。当李自成兵临北京城时，西北早已经在李自成的统治之下，根本不需要崇祯帝"割让"。更何况之前李自成已经在西安建立了大顺政权，试问一个已经当了皇帝并昭告天下的人，又怎么可能在即将攻破"敌国"首都时放弃皇位，转而归顺自己的敌人当藩王呢？

自己归顺敌人不可能，但让敌人归顺自己却是可能的。对于此时的李自成来说，虽然形势一片大好，北京城指日可破，但攻下北京之后，下一步该如何走，却是一个相当棘手的问题。由于当时南方绝大部分地区仍在明朝统治之下，因此这个时候李自成考虑的重点，自然已经不是如何攻破北京，而是在拿下北京后该如何收拾南方的明朝残余势力。在这样的情况下，倘若能让崇祯帝主动退位归顺自己，那对李自成将来收取江南、一统天下，无疑是十分有利的。

当然，李自成试图招降崇祯帝的举动遭到了崇祯帝的拒绝（"帝怒叱之。"）。所以接下来的情况自然是李自成的大军攻入了北京城，崇祯帝在绝望中自缢身亡。

既然所谓"割西北一带，敕命封王，并犒军银百万"的说法并非事实，那它又为什么会被不少文人记载在书中并广为流传呢？我觉得这和明末清初的一系列情况有很大关系。

李自成进入北京城后，对投降的明朝官员极为残暴，通过严刑拷打的方式逼他们交纳钱财。后来李自成兵败，清军入关后，以多尔衮为首的清朝统治集团和军队又施行了剃发易服、占房、圈地、投充、捕逃等暴行恶政，引起了民众的普遍不满与反抗。这一切，都让当时处于社会中上层的大量汉族文人对"大顺"和"大清"大失所望，转而思念起了已经崩溃的明朝。在这样一种缅怀"故国"的思潮之下，李自成在攻破北京城前最后一刻仍愿意归顺明朝的说法，自然容易被文人们所接受，被大量的书籍所采纳，也就不足为奇了。

太监曹化淳开北京城门向李自成投降？
——明末北京陷落之谜

看过金庸先生大作《碧血剑》的人，应该都会对书中的反派人物曹化淳咬牙切齿。这个太监在李自成率领"大顺"农民起义军进攻北京城之际，带头当了叛徒，下令打开城门投降，把信任自己的崇祯皇帝朱由检逼到了上吊自杀的地步。

《碧血剑》虽然是一本虚构的武侠小说，但书中的不少内容却是有历史依据的。曹化淳在历史上确有其人，他出生于北直隶武清县（今天津市武清区），年少净身入宫当差，后成为深得崇祯帝宠信的司礼监太监，而且在诸多史料上，都有他开北京城门向李自成投降的记载。不过，曹化淳是否开城门投降，也是明末的一大疑案，也有他并未开城门投降的说法。

事实上，明末坚固的北京城为何会在大顺军的进攻下迅速陷落，是史学界的一大疑团。当时是否有人开城门投降？如果有人开城门，那献城投降的人又是谁？也一直让历史学家和历史爱好者们争论不休。

关于此事的记载十分混乱。在明末官员赵士锦所著的《甲申纪事》中，只记载了大顺军攻占北京的大致过程，并未提到有人开城门投降。不过这种说法，在谈及明末北京陷落的众多说法中属于极少数派，绝大部分记载这段历史的文人都认为北京的陷落，是由于有人打开城门导致的。

综合来看，当时有人献城投降应该是事实。但记载此事的文人们，对于究竟是谁开的哪一个城门，却又众说纷纭、莫衷一是。我粗略统计了一下，与此有关的说法，大致有太监曹化淳开彰义门说、太监王德化开德胜门说、太监王相尧开宣武门说、太监张永裕开齐化门说、兵部尚书张缙彦开正阳门说、成国公朱纯臣开齐化门说。除此之外，还有大顺军内应开城门说、百姓开城门说、回民开城门说等。

如此多的说法实在是让人难以一一辨析，不过在这一团乱麻的历史疑案中，最出名、影响最广的说法，则是太监曹化淳献城投降说。这种说法不仅出现在《明季北略》《国榷》《明史纪事本末》等明末至清朝的野史书籍中，甚至还被收录进清朝官方编著的《明史》。虽然记载众多，但前文也说了，一直以来，也有人认为曹化淳根本没有开城门投降。那么，曹化淳究竟有没有干过这事呢？我们还是通过史料来看一看。

对于明末大顺军攻陷北京城一事记载最详细的史书，当为明末清初文人计六奇所著的《明季北略》，由于这部作品影响较大，也一直被很多人视为曹化淳献城投降的主要依据。在此将该书的三段相关原文摘录如下：

> 贼攻西直门，不克，攻彰义门，申刻门忽启，盖太监曹化淳所开。得胜、平子二门亦随破。或云：王相尧等内应也。

> 诸本皆云：十八，彰义门启，惟甲乙史云，十七夜漏，曹化淳开彰义门，迎贼守城，勋卫尽逃，外城已陷，而内城竟不知。

> 太监曹化淳同兵部尚书张缙彦，开彰义门迎贼。一云张缙彦坐正阳门，朱纯臣守齐化门，一时俱开。二臣迎门拜降，闻城中火起，顺成、齐化、东直三门，一时俱开。贼先入东直门。一云辰刻得胜、平子、顺成、齐化、正阳五门，一时俱开。

从以上这些内容来看，计六奇在文中罗列了关于开城门投降的三种说法：一是曹化淳同张缙彦一起开彰义门；二是张缙彦守正阳门、朱纯臣守齐化门，两人同时开门；三是得胜、平子、顺成、齐化、正阳五门一起开门。

他针对曹化淳开彰义门的记载，也是采纳了当时一些野史记载的结果，用他自己的话说就是"惟甲乙史云"。由此可见，计六奇虽然在书里洋洋洒洒写了一大堆，但他对于大顺军攻陷北京城时的情况其实并不是十分清楚。这样一种似是而非、模棱两可的记载，可信度显然不高。

看完了野史的记载，我们再来看一看官修正史《明史》，对此又是如何记载的：

> 日暝，太监曹化淳启彰义门，贼尽入。(《明史》卷三百九·列传第一百九十七·流贼)

> 广宁门之启，或曰太监曹化淳献之，或曰化淳实守东直门，而化淳入国朝，上疏奏辨甚力，时仓卒莫能明也。(《明史》卷三百五·列传第一百九十三·宦官二)

从以上内容来看，《明史》作为堂堂官修正史，在曹化淳是否开城门投降这个问题上的记载，是很不尽如人意的。在《明史·列传第一百九十七·流贼》中，肯定了曹化淳开城门的说法，然而到了《明史·列传第一百九十三·宦官二》中，又变成了可能是曹化淳献城投降，实在是让今天再看这段历史的人感到无奈。

不过值得注意的是，《明史》中提到，曹化淳在清朝时，曾就该问题上疏极力为自己辩护（"上疏奏辨甚力。"），那我们就不妨从这个角度切入，来一探究竟。

其实，当清初之际"曹化淳开北京城门投降"的说法流传开来之后，当时还在世的曹化淳本人反应十分激烈，不仅写了一些文章和诗为自己辩护，还曾就此事上疏清廷。在乾隆七年（1742年）编撰的《武清县志》中，就对曹化淳上疏自辩一事有较为详细的记载：

> 迨怀宗不讳，义不辞难，亲为含殓，上疏乞封陵安厝，诚恳悉

沥肝膈。世祖章皇帝览其悃忱，召侍讲幄，准不受职。时有流言，诬以广宁东直门事者，上疏奏办。奉旨："化淳无端抱屈，心迹已明，不必剖陈。该部知道，钦此。"此后康熙二十四年、三十一年，蒙圣祖仁皇帝两次谕祭，恩遇之隆，光及泉壤。其乞殡三疏见艺文。

这段话的大致意思是，崇祯帝死后，曹化淳向清廷上疏，请求保护崇祯帝的陵墓，得到了清朝顺治帝的召见和赞许。当时有流言诬蔑曹化淳曾开北京城门向李自成投降，曹化淳听闻后，也上疏为自己辩护。对此顺治帝下旨，指出曹化淳在此事上是"无端抱屈"，而且自己对于曹化淳的心迹已经清楚，不必再专门上疏陈述。此后，康熙帝曾分别在康熙二十四年（1685年）和三十一年（1692年），两次下谕旨祭奠已故的曹化淳，恩遇之隆，可谓罕见。

《武清县志》的主要编纂者之一，是曹化淳哥哥曹化雨的后人、清朝中期官员曹涵。作为曹化淳的本家亲戚，曹涵在给家乡武清县编写县志时，自然免不了要为曹化淳说一通好话，但说好话的记载，并不意味着没有史料价值。在清朝严酷的"文字狱"背景下，文人在编纂公开出版发行的县志时，如若涉及清朝皇帝的圣旨，绝不敢随意捏造。也就是说，顺治帝下过申明曹化淳并未开城门投降的旨意，必然是事实。

那么，是曹化淳假称自己被人冤枉，成功欺骗了顺治帝吗？恐怕不可能。因为明末清初之际，清军是打着为明朝崇祯帝报仇的旗号入关的，这一吊民伐罪的旗号，是清朝统治集团坐拥天下的重要理论基础。因此，为了能让自己的统治尽可能地显得"顺天应人"，入关后的清朝统治者除隆重祭奠崇祯帝外，还大力褒奖表彰忠于崇祯帝的明朝臣子。在这样的情况下，顺治帝在下旨肯定曹化淳对自己的辩护之前，应该是派人进行过调查的。从时间上看，当时距离大顺军攻陷北京城过了没多久，大量的当事人都还在世，清廷要想搞清楚这点事，显然不难。

由此推断来看，曹化淳开城门投降之说基本不会是史实，这样一个不实谣言在众多对太监抱有偏见的文人们的一再渲染下，几乎成了信史，真可谓是"三人成虎"的典型案例。

那么，如果曹化淳没有献城投降，北京城的城门又是被谁打开的呢？事实上，当大顺军进攻北京城时，城内早已是人心惶惶，有人开城门投降是再正常不过的事，而且由于城门众多、人员混杂，当时被打开的恐怕不止一个城门，开城门的恐怕也不止一个群体，太监、贵族、官员、百姓，甚至是守城的将士，都有可能参与其中。大明王朝的首都北京，就这样在内外夹击下轻易沦陷了。

嗟尔明朝，气数已尽！

明朝灭亡时仍有白银三千多万两？

——朱由检的内帑之谜

之前讨论了李自成攻占北京之前和攻占北京过程中的两大历史疑团，其实在李自成攻占北京之后的历史中，也衍生出了一个让人匪夷所思的传言，那就是崇祯皇帝朱由检所谓的"巨额内帑"。

中国古代朝廷的财政储备系统，大体可以分为两部分：一是国库，国库的钱属于国家的公款，用于国家开支，因此被称为"国帑"；二是内库，内库的钱属于皇帝的"私房钱"，主要用于皇室宫廷开支，因此被称为"内帑"。

李自成攻占北京后，不少文人在书中绘声绘色地写道：李自成的大顺农民起义军在明朝皇宫的内库中搬出了大量白银，竟有数千万两之多！

这样的说法实在是让人感到不可思议。因为自明朝中期以来，财政就一直较为困难，到了明末，天下大乱，明朝财政更是已经濒临崩溃，连军队都普遍面临拖欠军饷的窘境。在濒临亡国的危局之下，崇祯帝居然还死守着皇宫中的钱财不放，宁可亡国也不肯动用内帑，这可能吗？

虽然不合常理，但由于相关的记载较多，还是有不少人以此为据，痛斥崇祯帝财迷心窍当守财奴。那么，崇祯帝难道真如他们所说，是个要钱不要命的人吗？答案是否定的。

关于"李自成攻破北京后获得崇祯帝巨额内帑"的说法，最常引用的资料，来自《甲申核真略》和《甲申纪事》，两本书中的相关原文如下：

内有镇库锭，五百两为一锭，铸有永乐年字，每驮二锭，无物包裹，黄白溢目。其其寻常元宝则搭包□□。按贼入大内，括各库银共三千七百万两，金若干万。(《甲申核真略》)

贼载往陕西金银锭上有历年字号，闻自万历八年以后，解内库银尚未动也。银尚存三千余万两，金一百五十万两。(《甲申纪事》)

由于《甲申核真略》的作者杨士聪和《甲申纪事》的作者赵士锦均为明末官员，因此一些人对他们书中的内容信以为真。事实上，这两个人在明末官职都不高，更接触不到内帑。更何况从这两则记载来看，一则说这些白银上刻的是永乐字号，是永乐年间的银锭，一则又说这些白银是万历八年之后的，显然自相矛盾。下面，我们不妨从永乐年间和万历八年后两个时间段来分析一下，这些所谓的记载到底真实性如何？

先来看第一个说法，永乐是明成祖朱棣的年号，朱棣作为明朝第三位皇帝，统治时期位于明朝早期，距离明末已经有两百多年了。要说永乐年间有三千多万两白银存放在明朝内库，一直到明末都没有动用，根本就是无稽之谈。

《甲申核真略》中的相关记载明显不可信，而《甲申纪事》给出的说法也未必靠谱。

万历是明神宗朱翊钧的年号，明神宗虽然是明朝晚期的皇帝，在位时间与明末相距不远，但他在位的前十年，正值张居正改革，而这场改革的主要目的，就是让明朝摆脱财政困境。要说明神宗在自己统治的前十年，就拥有三千多万两白银的内帑，显然是不现实的。

或许有人会说，明神宗在统治后期加征过矿税等赋税，能收到不少钱。不过根据一些历史学家的考证，明神宗加征的赋税其实数额并不是太多，最终还因为引发"江南民变"而被迫中止，以数额最大的矿税为例，前后所征收的税款应在白银五百万两至六百万两，且大多用于各方面的开销，并没有太多结余。

值得注意的是，虽然明神宗统治后期，国家和宫廷在各方面开销较大，明神宗留下多少内帑也没有明确数字，但从《明实录》中的一些记载来看，明神宗死时，内帑应该还是有点儿"底子"的：

> 谕兵部并敕护卫官兵戒严中外，发帑金一百万犒九边，奉遗旨也。（《明光宗实录》卷二）

从该记录可以看出，明神宗刚死不久，他的儿子明光宗朱常洛就发帑金一百万犒赏戍边将士。之后，发帑金用于军费、赈灾、修筑宫殿等各项开支的记载在光宗、熹宗两朝的实录中频频出现，光是发放一百万两白银以上的就有七次之多。虽然由于史料记载的简略，这些钱到底是出自国帑还是内帑，已经难以说清，但从明末国库空虚的情况来看，只怕其中的大部分还是出自内帑。

因此，从明神宗到明熹宗统治时期的财政收支来看，崇祯帝能继承数千万两白银的内帑，显然是不可能的。

明熹宗朱由校死后，由于没有子嗣，其弟信王朱由检继位，定年号为"崇祯"。崇祯帝即位后，铲除权倾天下的大太监魏忠贤，并抄没了他的家产。

于是又有一些人说，崇祯帝抄没魏忠贤的家产能得一大笔钱。这样的说法未免想当然了。关于抄没魏忠贤的家产到底抄出了多少钱，由于没有明确的记载，一直是一个谜。

按理说，魏忠贤这样一个曾经权倾天下，又在朝野上下树敌无数的大太监，一旦垮台被抄家，如果家产数目多，崇祯帝自然会将他的家产数目公布，魏忠贤的政敌们自然也会紧紧抓住这一点，痛斥魏忠贤贪污受贿、祸国殃民。

然而一个非常有意思的情况是，魏忠贤虽然一直以来被人们以各种理由狂喷怒骂，可从古至今骂魏忠贤的文人学者和历史学家们，却似乎都在魏忠贤家产的问题上集体哑火，选择避而不谈。

既然如此，那么最合理的解释就是，魏忠贤的家产其实并不多，远没有多到能被拿出来作为魏忠贤一大罪状的地步。

除魏忠贤外，阉党中被抄家的其他成员，家产在各类史书的记载中也普遍不多，不可能让崇祯帝瞬间拥有数千万两白银。

要进一步说明崇祯帝不可能拥有巨额内帑，还需要介绍一下内帑来自哪里。由于史料缺乏，在明朝初期，皇帝的内帑来自哪里，已很难说清；而从正统年间开始，内帑的主要来源是"金花银"。

明成祖朱棣迁都北京之后，由于用于给武官发放俸禄的夏税秋粮仍运往南京，给在北京的众多武官领取俸禄造成了困扰。到了正统元年（1436 年），明廷为了解决京城武官的俸禄发放问题，将南直隶、浙江、江西、湖广、福建、广东、广西的夏税秋粮折合成白银征收，约一百零一万两，输送到北京内承运库作为皇帝的内帑，谓之金花银，自此成为定例。

白银百万两，虽然从数量上看不能算很少了，但这笔由皇帝支配的钱，其实并不是皇帝可以任意花的。正如前文所述，设立"金花银"的目的是给京城的武官们发放俸禄，因此这笔钱中的约二十万两白银其实是要发放的。其余部分则要用于庞大的宫廷开支，能给皇帝自由支配的并不多。

或许有人会问，除"金花银"外，难道明朝皇帝就没有其他收入了吗？我想说的是，有倒是有，不过少得可怜。

除去"金花银"，内帑的收入来源大致还有皇庄（皇帝私人土地）的收入和一些地方上交的"供奉"，但是这些收入每年不过数万两白银而已，根本不可能让皇帝积累起数千万两白银的内帑。

既然崇祯帝不可能继承巨额遗产，内帑的收入也不多，那么到他统治的末期，内帑到底有多少呢？答案是几乎为零。明末官员史惇在自己的著作《恸余杂记》中这样写道：

> 吴喧山曰：吾尝司计，请发内帑，上令近前密谕曰，内库无有矣，遂堕泪。

这段记载的大致意思是，户部侍郎吴喧山请崇祯帝发放内帑，崇祯帝表示内库已经没有钱了，甚至为此流泪。

另据《三垣笔记》《国榷》《烈皇小识》等当时和后世的文人所写的书中记载，由于国家财政极度困难，崇祯帝不仅自己节衣缩食，还派人将皇宫中的器具、人参拿出宫去卖，并多次向贵族官僚募捐。倘若他真的有数千万两白银的内帑，又怎么可能如此委屈自己呢？

既然无论从哪个角度来看，崇祯帝拥有巨额内帑都是不可能的，那为什么又会出现这样一个完全不切合实际的谣言呢？其实原因在于李自成的大顺农民起义军。

事实是，李自成的大军进入北京城后，通过严刑拷打逼北京城内的贵族、官员、宦官、商人交纳钱财。大顺军通过这种方式究竟弄到了多少钱，不同的史料记载差异较大，有说弄到了七千万两白银，有说弄到了三千万两白银。当然不管究竟有多少，大顺军在北京确实是得到了一大笔钱。关于此事，我们还是来看看史料：

> 所掠输共七千万。大约勋戚、宦寺十之三，百官、商贾十之二。先帝减膳撤悬，布衣蔬食，铜锡器具尽归军输，城破之日，内帑无数万金。贼淫掠既富，扬言皆得之大内，识者恨之。（《国榷》卷一百零一）

《国榷》中的这段记载说得很明白，大顺军在北京通过拷掠贵族、官员、宦官、商人共计得白银七千万两，而此时内帑已经没有什么钱了。（"内帑无数万金。"）李自成和他手下的将士们大概觉得通过拷掠的方式榨取钱财不太好意思，于是声称自己获得的钱财取自皇宫大内的内帑。

《国榷》的作者是明末清初著名历史学家谈迁，向来以治史严谨著称，因此他写的内容可信度很高。类似的记载不仅存在于《国榷》，在彭孙贻的《平寇志》和毛奇龄的《后鉴录》中也有出现，可以互相印证。

这样一来，情况就清楚了，所谓的"崇祯帝拥有巨额内帑"的说法，其实源头来自大顺军的谎言，后被一些不辨真伪的文人记录下来，以至于越传越广，逐渐演变成了史学界的一大疑团。

对于此事，崇祯帝倘若泉下有知，估计也只能苦笑了："朕当年如果还有那么多钱，恐怕不至于落得上吊自杀的下场啊！"